[redacted]

徳島県の教員採用試験過去問シリーズ❸

2025年度版

徳島県の国語科

過去問

協同教育研究会 編

協同出版

本書には，徳島県の教員採用試験の過去問題を収録しています。各問題ごとに，以下のように5段階表記で，難易度，頻出度を示しています。

難　易　度

非常に難しい	☆☆☆☆☆
やや難しい	☆☆☆☆
普通の難易度	☆☆☆
やや易しい	☆☆
非常に易しい	☆

頻　出　度

◎	ほとんど出題されない
◎◎	あまり出題されない
◎◎◎	普通の頻出度
◎◎◎◎	よく出題される
◎◎◎◎◎	非常によく出題される

※本書の過去問題における資料，法令文等の取り扱いについて

本書の過去問題で使用されている資料や法令文の表記や基準は，出題された当時の内容に準拠しているため，解答・解説も当時のものを使用しています。ご了承ください。

はじめに～「過去問」シリーズ利用に際して～

教育を取り巻く環境は変化しつつあり、日本の公教育そのものも、教員免許更新制の廃止やＧＩＧＡスクール構想の実現などの改革が進められています。また、現行の学習指導要領では「主体的・対話的で深い学び」を実現するため、指導方法や指導体制の工夫改善により、「個に応じた指導」の充実を図るとともに、コンピュータや情報通信ネットワーク等の情報手段を活用するために必要な環境を整えることが示されています。

一方で、いじめや体罰、不登校、暴力行為など、教育現場の問題もあいかわらず取り沙汰されており、教員に求められるスキルは、今後さらに高いものになっていくことが予想されます。

本書の基本構成としては、出題傾向と対策、過去5年間の出題傾向分析表、過去問題、解答および解説を掲載しています。各自治体や教科によって掲載年数をはじめ、「チェックテスト」や「問題演習」を掲載するなど、内容が異なります。

また原則的には一般受験を対象としております。特別選考等については対応していない場合があります。なお、実際に配布された問題の順番や構成を、編集の都合上、変更している場合があります。あらかじめご了承ください。

最後に、この「過去問」シリーズは、「参考書」シリーズとの併用を前提に編集されております。参考書で要点整理を行い、過去問で実力試しを行う、セットでの活用をおすすめいたします。

みなさまが、この書籍を徹底的に活用し、教員採用試験の合格を勝ち取って、教壇に立っていただければ、それはわたくしたちにとって最上の喜びです。

協同教育研究会

C O N T E N T S

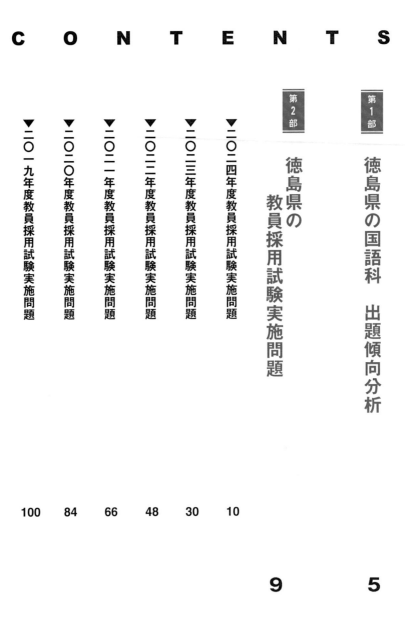

第１部

徳島県の
国語科
出題傾向分析

徳島県の国語科　傾向と対策

出題分野は、現代文(評論)、古典(古文・漢文)、学習指導要領である。問題は、現代文と古典は中学校・高等学校共通で、学習指導要領のみ中・高で異なっている。解答の形式は学習指導要領以外は記述式である。

評論は大岡信・谷川俊太郎『詩の誕生』からの出題。①漢字の読みと書き取り　②外来語　③表現の抜き出し(十六字)、指示内容の抜き出し(二問)　④傍線部説明二問(四十字以上五十字以内、九十字以上百字以内)　⑤理由説明(八十字以上九十字以内)などが問われている。難易度は標準以上。

評論は論理的・体系的な文章である。そのため語句の検討からスタートし、文の組立て、文と文のつながりをふまえ、段落相互の関係を考えながら大意や要旨をとらえ主題を把握することが大切である。

古文は『おくのほそ道』からの出題。①文法的意味　②傍線部の意味　③傍線部に関する物語　④傍線部の心情説明(三十字以上三十五字以内、三十字以上三十五字以内、三十字以上四十字以内の三問)　⑤傍線部の中の主語の違い　⑥古典文学史などが問われている。難易度は標準以上。

古文では、基礎的な知識から、内容説明・理由説明まで幅広く問われている。学習を行う上では、まずは、歴史的仮名遣い、古語の意味、文法、敬語などの基礎的な知識について確実に押さえておくことが大切である。和歌については三大和歌集の歌風・作者・修辞法を学習し整理しておく必要がある。

漢文は『韓非子』からの出題。①漢字の読み　②返り点　③現代語訳　④傍線部の理由説明(二十字以上三十字以内)　⑤内容説明(五十五字以上六十五字以内)　⑥中国文学史などが問われている。難易度は標準。

漢文の学習でも、古文の学習と同様に、基礎的な知識を習得しておくことが重要になる。漢語の読み・意味、句形、訓点、書き下しなどの知識が重要になる。漢詩については例年出題されていないが近体詩についての学習も計画表に加えておく必要がある。

学習指導要領は、中学校では、第1学年の目標、第1学年の内容〔知識及び技能〕の「我が国の言語文化に関する指導事項」、第2学年の「B　書くこと」、第3学年の「C　読むこと」「指導計画の作成と内容の取扱い」の一部などからの出題。高等学校では、「言語文化」の〔知識及び技能〕の一部、「国語表現」の〔思考力・判断力・表現力等〕の「B　書くこと」の一部、「古典探究」〔思考力・判断力・表現力等〕の「A　読むこと」などからの出題であった。問題は全て空欄補充であり、難易度は標準。

学習指導要領は、中教審答申や文科省の学習指導要領改訂の趣旨をふまえ教科目標、中学では学年目標と指導内容、高等学校では科目目標と科目の内容について「確かな学力」育成との関連を考えながら、三領域の指導と言語活動例を整理することが大切である。

全体的な対策としては、各分野の基礎知識の徹底を図り、その応用として過去問の演習をし、出題傾向を把握することが大切である。

過去5年間の出題傾向分析

●：中高共通　◎：中学　○：高校

分類	主な出題事項	2020年度	2021年度	2022年度	2023年度	2024年度
現代文	評論・論説	●	●	●	●	●
	小説					
	随筆					
	韻文（詩・俳句・短歌）					
	近代・文学史					
古文	物語				●	
	説話	●		●		
	随筆					
	日記		●			●
	和歌・俳句					
	俳論					
	歌論					
	能楽論					
	古典文学史	●	●	●	●	●
漢文	思想・政治			●		●
	漢詩文					
	漢詩					
	歴史		●			
	説話	●			●	
	中国古典文学史					●
	学習指導要領	◎　○	◎　○	◎　○	◎　○	◎　○
	学習指導法					
	その他					

第2部

徳島県の
教員採用試験
実施問題

二〇二四年度　実施問題

【中高共通】

【一】次の文章を読んで、(1)～(7)の問いに答えなさい。（設問の都合上、表記を改めた箇所がある。）

大岡　どうも言葉というのは、それが表現しているらしき現実の事象とは、どこかでスパッと切れている。といっても切れて遠くに離れているのじゃなくて、剃刀の刃で切れ目を入れたみたいにわずかな切れ目で切れていて、しかし絶対別のものになっちゃってる。そういうふうなものじゃないかなという気がする。

谷川　でも言葉だけが残るってことは、実際にはあり得ないんじゃない？　たとえばアンケートなんかで、日本語のなかであなたがいちばん美しいと思う言葉は何ですかという種類の愚問があるよね。その種の問にいつも ア トウワクするのだけれども、言葉だけを取りあげて答えることはどうしてもできないわけよ。「ありがとう」とか「さようなら」とかいう言葉を挙げる人が多いけど、だけどそれを言った瞬間に、その人間の感情とかその場の状況とかがどうしてもくっついてきているわけでしょう。だから僕の考えるいちばん自分にぴったりする回答は、「アイウエオ、カキクケコです」というのだな。

そういう意味で、僕は基本的に言葉ってものを現実から切り離されたものとして、自分の外に対象化することができない。詩人がいかに言葉を現実から切り離された次元で使っても、その言葉はやはり実体を引きずってくる。実体を引きずってくるから、言葉は生きるんだ、という気持が僕にはとてもある。

大岡　そうそう。剃刀の刃ぐらいで切り離されている状態といったのは、A そういうことなんだ。言葉だけが存在していると考える考え方は間違っている。そんなものあり得ないんですよ、絶対に。ただ、詩作品になっている言葉の群は、現実のなにかにビタッとくっついているのじゃなくて、そのものから切れているから、われわれの頭のなかに不思議な空虚な広がりみたいなものを喚び起すんだと思うんだね。それを僕の言葉で言うと、剃刀の刃ぐらいの [イ]スキマでスパッと切れてる、けれども少し離れて見ればくっついてる状態に近い。

谷川　それを僕の言い方でいうと、こういうふうに言えるような気がするんだ。つまり、言葉の基本的な因子として語というものがあるよね。それぞれの語をそれぞれの分子と考えると、語がいくつか結びついて、ある有機物的なものが出てくる。日常生活ではその有機物というのは、日常生活に適当なある機能を持って機能している有機物だと思う。ところが詩の言葉と言葉のつながりというのは、ある特定の分子と分子が結びつくと通常の論理を越えて活性化するように、非常に活発な有機物になる。分子そのものは[B]日常生活で機能しているものとまったく同じ分子なんだけれども、結びつけかたによって活性化して、日常生活では思いもかけないようなものに変貌してしまうみたいなさ。生命体とのそういう[a]アナロジーで言葉というものは語れるような、そんな感じがあるんだな。

大岡　同感だな。

谷川　『きりん』という雑誌が[ウ]ヘンシュウした「おとうさん」「おかあさん」という有名な二部作があって、「おとうさん」の巻の最初に二歳の子供の三行詩、というか言葉が載っていて、関西弁で、

　　おほしさんが　一つでた
　とうちゃんが
かえってくるで

というのよね。これは詩と詩じゃないものとの淵にいるようなものなんで、詩の誕生を考える上でおもしろい

と思うんだ。

この三行詩とほとんど意味内容の違わない言葉は、いくつでも作れるよね。たとえば、「五時の時報や、とうちゃんがかえってくるで」「一番星が出た、とうちゃんがかえってくるで」「星がひとつ出た、おとうさんがかえってくるよ」というように、無数のヴァリエーションができるんだけれども、そのどれよりも原詩のほうがいいわけよね。こうしてみると、詩というものの成り立ち方が、わりあいはっきり目の前でわかるような気がするんだけどさ。

二歳の子供にはまったく詩というものの意識はないはずだよね。だけど、この言葉を聞きとって記録した大人の意識は明らかに存在しているわけでしょう。子供が書いた詩まがいのものは詩ではないという立場があって、それは明快な考え方なようでいて実は境界が曖昧な言葉だと思う。つまり、子供が書いたってことを伏せておいて読ませて、そこに詩を感じちゃったら、それはやっぱり詩なわけだ。だから僕は、子供のつづりかたのなかにも当然ほんとうの詩があり得るという立場なんだよね。

二歳の子供が言ったこの詩の場合には、二歳の子の発した無数の言葉のなかから、この三行詩を選びとったという大人の意識が介入していて、そこに詩というものを考える上での契機があると思うんだ。大人がこれを選びとったということの根底にある、その大人の「詩」とはなにかってこと。

おとうちゃんが帰ってくるという、家族のあいだの愛情みたいなもの。そこには一種の安心感もあり、なつかしさもあり、そういうものとお星さまという遠いものとの結びつきがある。これは感情としては普通人の日常的な感情だと思うんだな。子供にとっても、おそらくこの詩を書きとったお母さんにとってもそうだと思う。だから聞きすごしてしまってもちっともかまわない会話だし、こういう会話は毎日無数に行なわれていると思えるのに、それでもこれを記録したということのなかに、「詩の誕生」を考える上での大きなきっかけがあるという感じがするんだ。

（中略）

谷川　だから言葉てのは、もしかするとそういう詩的な感情をからめとるものとして出てきたというふうにも言えるかもしれない。いまわれわれは、言葉というのは物に名前をつけるとか、何かと何かを区別するとか、非常に明示的なものとして出てきたもののように思いがちだよね。だけど案外そうではなくて、明示するよりも先に、非常に曖昧なものをからめとろうみたいなさ。区別するよりも先に総合して受けとめて、それを人にも伝えようというような感じがあるんだな。そうだとすると、言葉よりも詩が先といえるんじゃない？

大岡　そうね。かりに「詩」と名づけることのできる、ある思いだね。

谷川　そうそう。だから言葉が存在した瞬間には、すでに詩は絶対に存在していたはずだと思う。それがどんなに貧しい言葉であっても、必ず詩はそのなかに組みこまれていたはずだよね。だから、詩を持たなかった民族があるなんていう説は、僕は信じられない。それは詩と呼ばないだけの話であって、文字がなくたって口誦としてあったはずだし、歴史に残らないだけだという感じだな。

大岡　春とか夏とかいう季節の言葉をはじめて使ったときのことを考えてみても、実際にはそれ以前にも季節のめぐりはあるわけだね。そういう変化に対しての肉体的な感覚も、人類が発生したときからある。ながい時を経てやがてある時期からなぜか人類は時間というものを意識しはじめて、一年間というものを感じとり、日本の場合には春夏秋冬という四季の別を感覚として感じてきたときに、春なら春という言葉がやっと生まれたと思うんだよね。しかし、春という言葉の生まれる以前に感じていた春があるわけだよな。

古今和歌集でたとえば紀貫之が春という言葉を使うときには、ものが芽生えてきて、一つ一つのつぼみがだんだん張ってくる状態とくっつけて考えている。貫之のb「わが背子が衣はるさめ降るごとに野べのみどりぞ色まさりける」というのは、若妻が夫の衣を染めて、それを戸外で張っている、そういう季節に春雨が降る、降るたびに野辺の緑も色濃くなって(やはりこれも張ってくるというふうに、一つの歌にいくつかの認識が重なり合って表現されている。重ね合わせの表現というのは高度な言語意識を示すけれども、いずれにせよ詩的な感情ははじめからあるわけだ。それを「はる」という言葉でからめとった瞬間に形が出てきて、春だなってことと衣を張るってことと、ものの芽が張ってくるってことと、全部がいっしょくたになってくる。短い言葉のなかにそういういくつかの認識を混合して表現するというところで、c言語化された詩があらためて出発するのだと思うね。それ以前のもっと素朴な形の詩に対して、層をなして重なり合うイメージの群れに喚起される詩という、もう一つの詩が加えられた。古今和歌集というのはそういう意味で、日本の詩のなかのはっきりと新しい言語意識の出発だと僕は思う。詩の歴史というのは、そういういくつかのものが重層的に重なり合ってできているものじゃないかという気がする。

(大岡信・谷川俊太郎『詩の誕生』より。)

(1) 波線部ア～エのカタカナは漢字に直して書き、漢字には読みがなを書きなさい。

(2) 二重傍線部aの意味として適当な語を、次のア～エから一つ選び、記号で答えなさい。

ア 文脈　イ 比喩　ウ 論理　エ 類推

(3) 二重傍線部bの和歌について、修辞表現を説明した次の文の空欄に入る適当な語を、漢字で答えなさい。

この和歌では「わが背子が衣」が「はる」を引き出す(　　)になっている。

(4) 傍線部Aとあるが、その指示内容を表している最も適当な一文を抜き出し、最初の五字を答えなさい。

(5) 傍線部Bとあるが、大岡はどのように表現しているか。十六字で抜き出しなさい。

(6) 傍線部Cとあるが、大岡は古今和歌集のどのような点を評価しているか。四十字以上五十字以内で答えなさい。

(7) 大岡と谷川は詩と言葉の関係性をどのようなものと捉え、詩はどのように誕生すると考えていると言えるか。「詩的な感情」「つながり」という言葉を用いて、九十字以上百字以内で答えなさい。

(☆☆☆◎◎◎)

【二】 次の文章を読んで、(1)～(8)の問いに答えなさい。(設問の都合上、表記を改めた箇所がある。)

福井は三里計《ばかり》なれば、夕飯したためて出づるに、たそかれの道たどたどし。爰《ここ》にA等栽と云ふ古き隠士有り。いづれの年①にや、江戸に来たりて予を尋ぬ。遥か十とせ余りなり。いかに老いさらぼひて有るにや、将《はた》死にけるにやと、人にa尋ね侍れば、「いまだ存命して、そこそこ」と、bをしゆ。市中ひそかに引き入りて、Bあやしの小家に夕顔・へちまのはえかかりて、鶏頭・ははき木に戸ぼそをかくす。「さては此のうちにこそ」と門をたたけば、i侘しげなる女の出でて、「いづくよりわたり給ふ道心の御坊にや。あるじは、このあたり何某《なにがし》と云ふものの方に行き②ぬ。もし用あらば尋ね給へ」と云ふ。かれが妻なるべしとしらる。むかし物がたりにこそかかる風情は侍れと、iiやがて尋ねあひて、その家に二夜とまりて、名月はつるがの湊にとc旅立つ。等栽も共に送らんと、裾をかしうからげて、道の枝折とCうかれ立つ。やうやう白根が嶽《だけ》かくれて、比那が嵩《だけ》あらはる。あさむづの橋を渡りて、玉江の芦は穂に出でにけり。鶯の関を過ぎて、湯尾峠を越ゆれば燧《ひうち》が城、かへる山に初雁を聞きて、十四日の夕暮、つるがの津に宿をもとむ。其の夜、月殊に晴れたり。「あすの夜もかくあるべきにや」といへば、「越路のならひ、なほ明夜の陰晴はかり難し」と、あるじに酒すすめられて、けひの明神に夜参す。

(『おくのほそ道』より。)

(注)「等栽」＝神戸氏。福井俳壇の古老。
「つるがの湊」「あさむづの橋」「玉江」「鶯の関」「かへる山」＝すべて歌枕。
「枝折」＝道案内。　「越路」＝北陸道の古称。

(1) 波線部①・②の文法的意味をそれぞれ答えなさい。
(2) 波線部ｉ・iiの意味をそれぞれ答えなさい。
(3) 二重傍線部ａ～ｄのうち、主語が異なるものを一つ選び、記号で答えなさい。
(4) 傍線部Ａとあるが、芭蕉は等栽の近況をどのように案じていたか。三十字以上四十字以内で答えなさい。
(5) 傍線部Ｂに関する記述は、ある物語を連想させる。その作品名を漢字で答えなさい。
(6) 傍線部Ｃとあるが、このときの等栽の心情を、三十字以上三十五字以内で答えなさい。
(7) この場面の翌日、芭蕉は「名月や北国《ほっこく》日和定めなき」という句を詠んだ。このことについて、次の(a)・(b)の問いに答えなさい。
(a) この句が詠まれたのは、陰暦の何月か答えなさい。
(b) この句に詠まれた芭蕉の名月に対する思いを、宿の主人とのやり取りから考え、三十字以上三十五字以内で答えなさい。

(8)　旅から旅への生活を続けた松尾芭蕉が敬慕した先人で、『山家集』を著した人物の名前を漢字で答えなさい。

(☆☆☆☆◎◎◎)

【三】次の漢文を読んで、(1)～(5)の問いに答えなさい。(設問の都合上、表記を改めた箇所がある。)

　桓《くわん》公《こう》問ヒテ二管《くわん》仲《ちゆう》ニ一曰ク、治ムルニハレ国ヲ最モ奚《なに》ヲカ患《うれ》フルト。①対曰ク、最モ患フト二社鼠ヲ一矣。公曰ク、‖何患フル二社鼠ヲ一哉ト。対曰ク、君亦見シ二夫《か》ノ②為レ社ヲ者ヲ一乎。樹《た》テレ木ヲ而塗ルレ之ニ、鼠穿《うが》チ二其ノ間ヲ一、掘リテレ穴ヲ託ス二其ノ中ニ一、燻《くん》セバレ之ヲ③則恐ルレ焚《や》カンコトヲレ木ヲ、灌《そそ》ガバレ之ニ則恐ル二塗《と》ノ陁《やぶ》レンコトヲ一、此レ社鼠之所以不得也。(A)

　今、人君之左右、出デテハ則為シテ二勢ノ重キヲ一而収メ二利ヲ於民ニ一、入リテハ則比周シテ而蔽《おほ》フ二悪ヲ於君ニ一。内ハ間《うかが》ヒテ二主之情ヲ一以テ告ゲレ外ニ、外内為シ二重キヲ諸臣百吏《ニ》一、以《テ》為《シ》レ富《ヲ》、吏不《バ》レ誅《ちゆうセ》則乱《リ》レ法《ヲ》、誅《セバ》レ之《ヲ》則君不レ安《ンゼ》、拠《よりテ》而宥《ゆるス》レ之《ヲ》、此《レ》亦国之社鼠也。（中略）左右又為《リテ》二社鼠《ト》一而間《ヘドモ》二主之情《ヲ》一矣、人主不レ覚《さとラ》。如《クバ》レ此《クノ》主焉《クンゾ》得《ンヤ》レ無《キヲ》レ壅《ふさがルル》、B国焉《クンゾ》得《ン》レ無《キヲ》レ亡《ほろブル》乎。

（『韓非子』より。）

（注）「桓公」＝春秋時代の斉の君主。　「管仲」＝桓公の家臣。
「社」＝社稷(国家を指す)の神社。　「樹木」＝板を地に立てつけ、それを芯にして壁を造る。

「塗陁」＝壁土がゆるみ崩れる。　「勢」＝君主の権勢。

「収利於民」＝人民から財産を召し上げる。　「比周」＝人々が結託する。

「為重諸臣百吏」＝群臣や役人ににらみを利かせて賄賂を取る。　「壅」＝目や耳をふさがれる。

(1) 波線部①～③の漢字の読みを送り仮名も含めてすべて現代仮名遣いのひらがなで書きなさい。

(2) 二重傍線部と同じ意味の漢字を次のア～エから一つ選び、記号で答えなさい。

ア 況　イ 安　ウ 孰　エ 与

(3) 傍線部Aについて、次の(a)・(b)の問いに答えなさい。
(a) 白文に返り点を適切に付けなさい(送り仮名は不要)。
社 鼠 之 所 以 不 得 也 。
(b) 管仲がこのように述べる理由を、二十字以上三十字以内で答えなさい。
(4) 傍線部Bについて、次の(a)・(b)の問いに答えなさい。
(a) 現代語訳しなさい。
(b) 第二段落で、「亡」の原因となる三者の行動が指摘されているが、そのうちの二者(「左右」「吏」)の行動について五十五字以上六十五字以内で簡潔に説明しなさい。ただし、二者はそれぞれ現代語に改めること。
(5) 出典の『韓非子』と関連の深いものを次のア～エから一つ選び、記号で答えなさい。
ア 儒家　イ 道家　ウ 法家　エ 墨家

(☆☆☆◎◎◎)

【中学校】

【一】中学校学習指導要領「第2章　各教科」「第1節　国語」の内容について、次の(1)～(5)の問いに答えなさい。
(1) 次の文は、「第2　各学年の目標及び内容」〔第1学年〕「1　目標」の一部である。[①]～[④]にあてはまる語句を答えなさい。

> (2) 筋道立てて考える力や豊かに感じたり想像したりする力を養い、[①]における人との関わりの中で[②]を高め、自分の思いや考えを確かなものにすることができるようにする。

(3) 言葉がもつ③に気付くとともに、進んで④をし、我が国の言語文化を大切にして、思いや考えを伝え合おうとする態度を養う。

(2) 次の文は、「第2　各学年の目標及び内容」〔第1学年〕「2　内容」〔知識及び技能〕の一部である。①～④にあてはまる語句を答えなさい。(同じ番号には、同じ語句が入るものとする。)

(3) 我が国の言語文化に関する次の事項を身に付けることができるよう指導する。
ア　音読に必要な①や訓読の仕方を知り、古文や漢文を音読し、古典特有の②を通して、古典の世界に親しむこと。
ウ　共通語と方言の果たす③について理解すること。
エ　書写に関する次の事項を理解し使うこと。
(イ)　漢字の④の基礎的な書き方を理解して、身近な文字を④で書くこと。

(3) 次の文は、「第2　各学年の目標及び内容」〔第2学年〕「2　内容」〔思考力、判断力、表現力等〕の〔B書くこと〕の一部である。①～④にあてはまる語句を答えなさい。

(1) 書くことに関する次の事項を身に付けることができるよう指導する。
ア　①に応じて、社会生活の中から題材を決め、多様な方法で集めた②を整理し、伝えたいことを明確にすること。
オ　表現の工夫とその効果などについて、③からの助言などを踏まえ、自分の文章のよい点

や ④ を見いだすこと。

(4) 次の文は、「第2　各学年の目標及び内容」〔第3学年〕「2　内容」〔思考力、判断力、表現力等〕の〔C 読むこと〕の一部である。 ① ～ ④ にあてはまる語句を答えなさい。

(1) 読むことに関する次の事項を身に付けることができるよう指導する。
イ　文章を ① に読みながら、文章に表れている ② や考え方について考えること。
ウ　文章の構成や ③ 、表現の仕方について ④ すること。

(5) 次の文は、「第3　指導計画の作成と内容の取扱い」の一部である。 ① ～ ④ にあてはまる語句を答えなさい。

3　教材については、次の事項に留意するものとする。
(2) 教材は、次のような観点に配慮して取り上げること。
キ　我が国の伝統と文化に対する ① を深め、それらを ② 態度を育てるのに役立つこと。
ク　広い視野から ③ を深め、日本人としての自覚をもち、 ④ の精神を養うのに役立つこと。

(☆☆☆◎◎◎)

【高等学校】

【二】高等学校学習指導要領「第2章　各学科に共通する各教科」「第1節　国語」の内容について、(1)～(3)の問いに答えなさい。

(1)　次の文は、「第2款　各科目」「第2　言語文化」「2　内容」〔知識及び技能〕の一部である。文章中の ① ～ ⑤ にあてはまる語句を答えなさい。

> (2)　我が国の言語文化に関する次の事項を身に付けることができるよう指導する。
> ア　我が国の言語文化の ① や我が国の文化と外国の文化との関係について理解すること。
> イ　 ② の世界に親しむために、作品や文章の歴史的・ ③ 背景などを理解すること。
> オ　言文一致体や和漢混交文など歴史的な ④ の変化について理解を深めること。
> カ　我が国の言語文化への理解につながる ⑤ の意義と効用について理解を深めること。

(2)　次の文は、「第2款　各科目」「第5　国語表現」「2　内容」〔思考力、判断力、表現力等〕の「B　書くこと」の一部である。文章中の ① ～ ⑤ にあてはまる語句を答えなさい。

> (1)　書くことに関する次の事項を身に付けることができるよう指導する。
> ア　目的や意図に応じて、 ① の問題や自分に関わる事柄の中から適切な題材を決め、 ② の組合せなどを工夫して、伝えたいことを明確にすること。
> イ　読み手の ③ が得られるよう、適切な ④ を効果的に用いるとともに、 ⑤ な

どを想定して論理の展開を考えるなど、文章の構成や展開を工夫すること。

(3) 次の文は、「第2款　各科目」「第6　古典探究」「2　内容」〔思考力、判断力、表現力等〕の「A　読むこと」の一部である。文章中の［①］～［⑤］にあてはまる語句を答えなさい。

(1) 読むことに関する次の事項を身に付けることができるよう指導する。
イ　文章の［①］を踏まえて、古典特有の表現に注意して内容を［②］に捉えること。
ウ　必要に応じて書き手の考えや目的、意図を捉えて内容を解釈するとともに、文章の構成や展開、表現の特色について［③］すること。
エ　作品の成立した背景や他の作品などとの関係を踏まえながら古典などを読み、その内容の解釈を深め、作品の価値について［④］すること。
オ　古典の作品や文章について、内容や解釈を自分の［⑤］と結び付け、考えを広げたり深めたりすること。

(☆☆☆◎◎◎)

解答・解説

【中高共通】

【二】(1) ア　当惑　イ　隙間　ウ　編集　エ　こうしょう　(2) エ　(3) 序詞　(4) 詩人がいか

(5) 不思議な空虚な広がりみたいなもの　(6) 掛詞という表現技法により言葉に多層的なイメージを持たせることで、詩に新たな言語意識をもたらした点。(四十九字)　(7) 言葉以前から存在している詩的な感情をからめとるものとして言葉が生まれたと捉え、言葉と言葉のつながりによって生み出された飛躍の中に、詩的な感情を発見する鋭敏な意識があって詩は誕生すると考えている。(九十七字)

〈解説〉(1) 文脈に整合するように、同音(訓)異義語や類似の字形に注意すること。(2) アナロジー(analogy)は、「類比」とも訳される。二つのものに共通点があるとしたうえで、一方にある性質が他方にもあると考えること。(3) 序詞(じょし、じょことば)は、和歌の修辞法の一種である。音やイメージの連想からある語句を導き出すもの。枕詞と同じような働きをするが、枕詞が特定の語句につくのに対して、序詞には音数制限がなく、導く語句への続き方も自由である。(4) A「そういう」以降で、大岡は、「言葉だけが存在していると考える考え方は間違っている」と言葉の独立性を否定しながら、詩の言葉は「現実のなにかにビタッとくっついているのじゃなくて、そのものから切れている」と、同時に言葉と現実の断続性も主張している。これと同じ内容の文言を、谷川の発言から探す。(5) B「日常生活では思いもかけないようなもの」について、谷川は、詩の言葉のつながりは通常の論理を越えて活性化していると述べている。その通常性を越えたという内容の表現が答えとなる。(6) bの歌では、「はる」に「衣を張る」と「春雨」のように、複数のイメージが重ね合わされている。掛詞によるこのような技法に対して、古今和歌集は「日本の詩のなかのはっきりと新しい言語意識の出発」と評価されている。(7) 谷川は、二歳の子供の三行詩を例にして、普通人の日常的な感情の中からの「詩の誕生」について言及し、言葉は人間の詩的感情をからめとるものとして出てきたのかもしれないと言っている。文章の前の方では、詩における言葉と言葉のつながりは通常の論理を越えて非常に活発なものになると述べている。一方、大岡は、言語以前の実感について触れたあと、掛詞などによるイメージの重ね合わせについて話を進め、詩の歴史はそれらの積み重ねにあるのではないかと述べている。

【二】(1) ① 断定　② 完了　(2) i みすぼらしい　ii すぐに　(3) b　(4) どんなに老いぼれてしまっているだろうか、あるいは、死んでしまったのだろうか。(三十八字)　(5) 源氏物語　(6) 久しぶりに再会した芭蕉と一緒に過ごし、道案内できることを喜ぶ心情。(三十三字)　(7) (a) 八月 (b) 期待していた中秋の名月なのに、天気が悪く、見られなくて残念な思い。(三十三字)　(8) 西行

〈解説〉(1) ①「に」は、断定の助動詞「なり」の連用形。②「ぬ」は、完了の助動詞「ぬ」の終止形。(2) i 「侘しげなる」は、「侘しげなり」(形動)の連体形で、「みすぼらしい」の意。ii 「やがて」は、「そのまま、すぐに」の意の副詞。(3) a・c・dの主語は芭蕉。bの主語は、aで尋ねた相手の人。(4) 文中の「いかに老いさらぼひて有るにや、将死にけるにや」が芭蕉の案じた等栽の近況である。「老いさらぼふ」は、「老衰する」の意。「にや」のあとに「あらむ」が省略されている。(5) 「あやしの小家」は、「粗末な小家」のこと。物語について芭蕉は、以下の文に「むかし物がたりにこそかかる風情は侍れ」と述べている。『源氏物語』の「夕顔」の巻に「昔の物がたりなどにこそかかることは聞け」とあるのを芭蕉は思い出し、等栽の家の様子に似た風情を感じているのである。(6) 等栽は、十数年前に江戸に出て来て、芭蕉を訪ねていた。その時以来の再会で喜んでおり、道案内も積極的にしようという気持ちになっている。(7) (a) 「名月」は、秋の季語。陰暦八月十五夜の月、また、陰暦九月十三夜の月。第二段落の最後の文に、「十四日の夕暮」

と書かれている。　(b)　出題の句の前には、「十五日、亭主の詞にたがはず、雨降る」とある。十四日の夜、宿の主人は「越路のならひ、なほ明夜の陰晴はかり難し」(北陸地方の常として、天気が変わりやすいから、中国の詩句にもあるように、明日の夜はくもるか晴れるか予想できかねます)と話していた。ここの中国の詩句とは、宋の孫明復による漢詩の「明夜陰晴不可知」を指す。案の定、十五日は雨で、名月を眺めることができなかった。この無念さを「北国日和定めなき」と詠んだ。　(8)　『山家集』は、西行(一一一八〜一一九〇)の私家集である。自然や旅の歌に特徴がある。

【三】(1)　①　こたえて　②　つくる　③　すなわち　(2)　イ　(3)　(a)　社 鼠 之 所㆓-以 不㆑得 也 。　(b)　鼠を追い出そうとする行動が、神社を壊すことにつながるから。(二十九字)
(4)　(a)　国はどうして滅びずにすむだろうか、いや、必ず滅びる。　(b)　君主の側近が君主に悟られないように特権を利用して私腹を肥やし、役人が君主の機嫌を損ねることを避けるために側近の不正を見逃すこと。(六十四字)　(5)　ウ

〈解説〉(1)　①「対」は、「返答する」の意味。②「為」を動詞として読む場合、他に「なス」「なル」「おさム」「たリ」「ためニス」などがある。③「則」は、「〜すれば、〜すると」の意の条件を表す接続詞。　(2)「何」は「なんゾ」と読み、原因・理由を問う。「安」は、「いづクンゾ」と読み、同じく原因・理由を問う。ア「況」は、「いはンヤ」と読み、抑揚の表現をつくる。ウ「孰」は「たレ」「いづレカ」と読み、人物・選択に関する疑問をつくる。エ「与」は、「と」と読み、並列の表現をつくるなどする。　(3)　(a)「社鼠の得られざる所以なり」と書き下す。返読文字「所」「不」に注意して返り点をつける。　(b)「熏之則恐焚木、灌之則恐塗阤」とある。神の社に木を立てて壁土を塗っても、これに穴をあけ巣をつくるので、もしいぶせば板が焼け、水を

そそげば壁が崩れてしまう、そのため鼠を捕捉できない、というのである。(4) (a) 「国焉くんぞ亡ぶる無きを得んや」(反語形)の口語訳。(b) 「左右」は、斉の君主の側近。「吏」は、国に仕える役人。「左右」については、「出則為勢重而収利」(外に対しては君主の権勢を利用し、人民から利を貪る)、「入則比周而蔽悪於君」(内においては仲間がぐるになり、悪事を君に見せないで隠す)と述べられている。「吏」については、「不誅則乱法、誅之則君不安、拠而宥之」(姦臣を罰しなければ法が乱れるが、罰すると君主にも迷惑が及ぶので見逃してしまう)と述べられている。(5) 『韓非子』は、法家の代表的学者である韓非の敬称による著作名。二十巻・五十五編で、法治主義による君主の政治の方法を論じた書である。アでは、孔子、孟子、荀子が代表的な人物である。イでは、老子、荘子が代表的な人物である。エでは、墨子が代表的な人物である。

【中学校】

【一】 (1) ① 日常生活　② 伝え合う力　③ 価値　④ 読書　(2) ① 文語のきまり　② リズム　③ 役割　④ 行書　(3) ① 目的や意図　② 材料　③ 読み手　④ 改善点　(4) ① 批判的　② ものの見方　③ 論理の展開　④ 評価　(5) ① 関心や理解　② 尊重する　③ 国際理解　④ 国際協調

〈解説〉学習指導要領では、これからの予測困難な情報化・国際化による社会の変化に対応し、主体的に生きる力を育成するため、教育課程全体を通して育成を目指す資質・能力を、①生きて働く〔知識及び技能〕の習得、②未知の状況にも対応できる〔思考力、判断力、表現力等〕の育成、③学びを人生や社会に生かそうとする〔学びに向かう力、人間性等〕の涵養の三つの柱(目標)に整理するとともに、教科等の目標や内容も、この三つの柱に基づいて再整理された。内容の構成についても、目標が三つの柱に整理されたのを受けて、従前「話すこと・聞くこと」「書くこと」「読むこと」の三領域及び〔伝統的な言語文化と国語の特質に関する事項〕

で構成していたものを、〔知識及び技能〕〔思考力、判断力、表現力等〕に構成し直している。(1) 第1学年における目標の〔思考力、判断力、表現力等〕と〔学びに向かう力、人間性等〕の内容を示している。(2) 第1学年における内容について、我が国の言語文化に関する事項を示している。(3) 第2学年における内容の「書くこと」の中で、アは「題材の設定、情報の収集、内容の検討」の指導事項、オは「共有」の指導事項にあたる。(4) 第3学年における内容の「読むこと」の中で、「精査・解釈」の指導事項にあたる。
(5) 教材の選定では、各学年の目標に示す資質・能力を育成するために、ア～クの八項目の観点を示している。

【高等学校】

【一】(1) ① 特質 ② 古典 ③ 文化的 ④ 文体 ⑤ 読書 (2) ① 実社会 ② 情報 ③ 同意 ④ 根拠 ⑤ 反論 (3) ① 種類 ② 的確 ③ 評価 ④ 考察 ⑤ 知見

〈解説〉学習指導要領では、これからの予測困難な情報化・国際化による社会の変化に対応し、主体的に生きる力の育成を目指して、①〔知識及び技能〕、②〔思考力、判断力、表現力等〕、③〔学びに向かう力、人間性等〕の三つの柱で整理し、教科目標や科目目標及び内容の基本としている。また、国語における科目も「現代の国語」と「言語文化」を共通必履修科目とし、「論理国語」「文学国語」「国語表現」「古典探究」を選択科目としている。(1) 「言語文化」は、我が国の言語文化に対し、幅広い知識を習得しそれを活用する資質・能力を育成することを目指す科目である。このことを踏まえ、上代から近現代に受け継がれてきた我が国の言語文化への理解を深めることに主眼を置いている。〔知識及び技能〕において、ア・イは「伝統的な言語文化」についての指導事項、オは「言葉の由来や変化、多様性」についての指導事項、カは「読書」の指導事項である。(2) 「国語表現」は、表現の効果や特徴を理解したうえで、自分の思いや考えをまとめ、適切かつ効果的に表現して他者と伝え合う能力を育成する科目である。「書くこと」において、アは「題材の設定、情報の収集、内容の検討」の指導事項、イは「構成の検討」の指導事項である。　(3)「古典探究」は、古典を主体的に読み深めることを通して、自分と自分を取り巻く社会にとっての古典の意義や価値について探究する科目である。「読むこと」において、イは「構造と内容の把握」の指導事項、ウとエは「精査・解釈」の指導事項、オは「考えの形成、共有」の指導事項である。

二〇二三年度　実施問題

【中高共通】

【一】次の文章を読んで、(1)～(6)の問いに答えなさい。（設問の都合上、表記を改めた箇所がある。）

アートに触れる意味、aあるいは意義、価値、面白さ、楽しさ、魅力があるとすれば、それは何でしょうか。私はアーティストが投げかける「問い」を感じ取ることだと思っています。

アートシーンの最前線を走るアーティストのアート作品には、現代社会で考えるべき鋭い「問い」が必ず潜んでいます。鑑賞者はそれを非言語的に感じ取りながら、同時に今までになかったものの見方や感じ方、意識の壁、思考の幅を拡張していくことで、自分なりに「問い」に対する答えを探していくのです。

このようにアートに触れた経験は、その後の鑑賞者に多かれ少なかれ何らかの影響を与えます。その影響は、ときに鑑賞者の見方や発想、生き方にも及びます。それがアート作品がこの社会に存在する意味だと私は思っています。

「アート思考」というのは、このように「問い」を感じ取って自分なりに新しいものの見方や感じ方を身に付けて答えを探し出す力なのではないかと、私は思っています。現実の社会の中で今まで見たことも聞いたこともない物事や状況に直面し、それと自分の間に生じるズレや問題は何かを感じ取り、それを「問い」として受け止め、自分の立場や仕事、あるいは生き方やスタイルの中で答えを見つけて行動していく。そのことが、社会で以前よりも強く求められるようになっているとも感じます。

私は、アートに触れれば触れるほど「問い」を感じ取る力が身に付くと思っています。そして、この力が身に付くほど、アート以外のものからも「問い」を感じられるようになるとも思っています。また、私はアート鑑賞を繰り返していく中で、さまざまなものごとに対する直感力のようなものも身に付けてきたと思っています。例えば、初めての人や物を見るとき、新しいビジネスを始めるとき、あるいは新たな社会現象に触れたときに、無意識に近いところで、新鮮な感覚や違和感のようなものに数多く気付けるようになったと実感しています。そして、その感覚は私が仕事をする上でとても役立ってきました。

おそらく、人は新しい気付きを得るとき、たいてい何かを見ているのです。本やメディアの記事を読んだり聞いたりして気付きを得ることもあると思うのですが、多くの場合、何か新たなものを見たときに、あるいは新たな角度でものを見たときに、新しい気付きを得るのではないかと感じます。

また、社会の中で新しい概念が生まれるときというのも、まず言語的でない状態があるのだと思います。その状態が社会の中でさまざまに作用する中で少しずつ言語化されて、やがて社会で共有される概念になっていく。まずあるのは現象であり、それを見るという体験があって、やがて概念化される。これは鑑賞者がアートに触れて「問い」を感じ取って考えるということにとても似ているように思います。

新しいものの考え方や感じ方を得るために、美術館に足を運んでアート作品を見てみる。そんなアート鑑賞が広まってほしいと願っています。アート鑑賞に「この作品はこうやって見る」というルールや作法はありません。ただただ、作品に向き合えばいいのです。そして自分が感じていることに意識を向ける。それが「観る」あるいは「鑑賞」ということなのだと思います。

私は、「観る」あるいは「鑑賞」というのは、自分の既成概念の壁を越えるための「眼差し」を自ら持つことであると思っています。また、アートはその眼差しを純化させる活動であるとも思います。

（中略）

文芸評論家の小林秀雄先生（1902～1983年）からも物を観るときの姿勢というようなものを学ばせていただきました。

小林先生の場合は、凝視するように鑑賞するのです。美術品に限らず、何かを観ると決めたら徹底的に凝視して、そのものの奥にある何かが見えてくるまで、とにかく観続ける。その間、一言も発せず、その対象をじっくりと観ていくのでした。

例えば、茶碗を観るときは、それを両手で持っていろいろな角度に動かし、いつまでも観ていらっしゃいました。そして、何か言葉を発しようとするのですが、すぐにその言葉を飲み込み、さらにまた凝視するのです。それを何度も何度も繰り返す姿を私はたびたび見ました。自分の好みの作品であろうとなかろうと、あるいはア真贋が分からないものであろうとも、ただただ無心に向き合って観ていく。同時に、それを持ってきた人、そこに居合わせた人にも配慮しながら、何度も自分の中で言葉を作り直して、それから感想や意見を簡潔に静かに話されるのでした。

今思い返すと、そのときの言葉はいつも余計なものが一つもなかったように思います。見事に必要なものだけが洗練された形で並べられていました。しかも、固定観念のような決めつけがまるでないのです。画廊では分かったつもりになって話す人が多くいましたが、小林先生がそのような話し方をするのを私は一度も見たことがありません。

とにかく物の奥に潜む何かを見つけようとあらゆる角度から凝視して、それを伝えるために必要な言葉を見つけ出そうとしていらっしゃいました。鋭い眼光を放ちながら物を観る小林先生の表情にはイイゲンがあり、近寄りがたい怖ささえ感じました。そんな物の見方は「眼差し」という言葉がぴたりと当てはまるのではないかと、今となっては思います。

今の情報社会が悪いと決めつけるつもりはありませんが、情報が多くなり、何についても検索できるようになると、人はどうしても物事が分かったつもりになりがちです。アーティストやアート作品についても、インターネットで検索すれば、どのような評価や解釈をされているのかがシュンジに分かります。作品をよく観ずにそれを読んでしまえば、「こんな感じで理解すればいいんだ」と思ってしまい、それが思考の壁、意識の壁となり、物や人、社会現象、自然現象を観るという行為を雑にしてしまうように思います。インターネットで検索する前に、目の前にいる物や人をもっとじっくりと観て、いろいろな角度で感じたり考えたりしようとすれば、世界はもっと面白くなっていくのではないか。そう思うのは私だけでしょうか。

物の表面を見るだけでは、何も分からないのです。表面的なことだけを知っても、それは物事を理解したことにならないのです。小林先生が今も生きていらっしゃったら、もしかしたらそんなことを思ったのではないかとハイサツします。物を観るとは、強い眼差しを何度も向けること。出てきそうな言葉があっても何度も飲み込み、浮かんできそうな思考があっても何度も打ち消し、あらゆる角度でどこまでも対象を見つめ直していく。そんな鑑賞からしか生まれない気付きや発見、言葉が、逆にマルチタスクの現代社会では希少性を持っているのではないかと、この数年私は強く感じています。

かつて、印象派をり開いたセザンヌは見たものをそのまま描くのではなく、その自然の奥に潜む美しさを感じ取ってからキャンバスに描くことが重要だということを言っています。情報社会だからこそ、あえて事前に何も調べず、気になる展覧会があれば、飛び込んでアート作品にじっくりと向き合ってみたり、社会で気になる人や物があれば、いろいろな角度で観たり思考したりしてはどうでしょうか。すぐに言葉にせず、どこまでも強い眼差しを向けていく。もしかしたら、今まで見えなかったものが見えるようになって、求めているものを見いだせるかもしれません。

（吉井仁実『〈問い〉から始めるアート思考』より。）

(1) 波線部ア～エの漢字には読みがなを書き、カタカナは漢字に直して書きなさい。
(2) 二重傍線部ａ・ｂの品詞名を漢字で答えなさい。
(3) 傍線部Ａを別の言葉で言い換えている部分を十二字で抜き出しなさい。
(4) 傍線部Ｂとあるが、どういうものか。小林秀雄の例を踏まえて、「見方」という言葉で終わる形になるように、五十字以上六十字以内で答えなさい。
(5) 傍線部Ｃとあるが、筆者は「マルチタスクの現代社会」をどのような課題のある社会だと考えているか。「情報」という言葉を用いて、四十五字以上五十五字内で答えなさい。
(6) 傍線部Ｄとあるが、筆者がアート作品にじっくり向き合うことを提案しているのはなぜか。八十字以上九十字以内で答えなさい。

（☆☆☆◎◎◎）

【二】次の文章を読んで、(1)～(7)の問いに答えなさい。（設問の都合上、表記を改めた箇所がある。）

三条の右の大臣、中将にｉいますかりける時、祭の使ひにさされていでたちたまひけり。通ひたまひける女の、①絶えて久しくなりにけるに、「かかることにて②なむいでたつ。扇もたるべかりけるを、さわがしうてなむ忘れにける。ひとつたまへ」といひやりたまへりける。よしある女なりければ、Ａよくておこせてむと思ひたまひけるに、色などもいと清らなる扇の、香などもいとかうばしくておこせたる。ひき返したる裏のはしの方に書きたりける。

ゆゆしとて忌むとも今はかひもあらじ憂きをばこれに思ひ寄せてむ

とあるを見て、いとあはれとおぼして、返し、

ゆゆしとて忌みけるものをわがためになしといはぬはたがつらきなり

（『大和物語』より。）

(1) 波線部①・②の文法的意味をそれぞれ答えなさい。

(2) 二重傍線部ｉ・iiをそれぞれ現代語訳しなさい。

(3) 傍線部Aとあるが、男はどのようなことを思ったのか。男がそう思った理由も含めて、三十五字以上四十字以内で答えなさい。

(4) 傍線部Bについて、女がそう思った理由が分かる箇所を本文中から十字程度で抜き出しなさい。

(5) 次の文は、傍線部Cについて述べている。以下の古詩をもとに、空欄に入る文を考えて答えなさい。

『文選』に収められている古詩を踏まえて、扇は（　十字以内　）ものであり、男女間で贈答することが忌み嫌われていた。

新タニ裂ケバ二斉ノ紈《ぐわん》素ヲ一　皎《けう》潔《けつ》ニシテ如シ二霜雪ノ一

裁チテ為《な》セバ二合歓ノ扇ト一　団《だん》団《だん》トシテ似タリ二明月ニ一

出二入シ君ガ懐《くわい》袖《しう》ニ一　動揺シテ微風発ス
常ニ恐ル秋節ノ至リテ　涼風奪ヒ二炎熱ヲ一
棄二捐セラレ篋《けふ》笥《し》ノ中《うち》ニ一　恩情中道ニ絶エンコトヲ

（班婕妤《はんせふよ》「怨歌行」）

（注）「紈素」＝白い練り絹。　「合歓扇」＝表と裏の両面に貼り合わせた扇。
「篋笥」＝書物や衣服などを入れる箱。

(6)　傍線部Dは「三条の右の大臣」の、「女」の「どのような行為」に対する、「どのような心情」を表しているか。四十字以上四十五字以内で説明しなさい。

(7)　『大和物語』よりあとの時代に成立した作品を、次のア～エから一つ選び、記号で答えなさい。
ア　伊勢物語　　イ　今昔物語集　　ウ　土佐日記　　エ　古今和歌集

（☆☆☆◎◎◎）

【三】次の漢文を読んで、(1)～(6)の問いに答えなさい。(設問の都合上、表記を改めた箇所がある。)

晋書ニイフ、楽広字ハ彦《げん》輔《ぽ》、南陽淯《いく》陽《やう》ノ人ナリ。遷ル二河南ノ尹《いん》ニ一。常《かつ》テ有リシニ二
親客一、久闊不二復タ来一タラ。広問フ二其ノ故ヲ一。答ヘテ曰ハク、前ニ在リテレ坐ニ、蒙《かうむ》ルレ賜フヲレ酒ヲ。
方《あたり》ニレ飲ムニ、①忽見テ二盃中ニ有ルヲレ蛇、意甚ダ②悪ムレ之ヲ。既ニ飲ミテ而疾《や》メリト。于《に》レ時河
南庁事ノ壁上ニ有リ二角弓一、漆画ニテ作レリレ蛇ヲ。広意《おも》フ、盃中ノ蛇ハ即チ角
弓ノ影ナラント也。復タ置キ二酒ヲ於前処ニ一、謂ヒテレ客ニ曰ハク、盃中復タ有リヤレ所レ見ル不《いな》ヤト。
答ヘテ曰ハク、A所レ見ル如シレ初メノ。広③乃告グ二其ノ所以ヲ一。B客豁《くわつ》然《ぜん》トシテ意解ケ、沈痾
頓《とみ》ニ癒ユ。
広所在ニ為スレ政ヲ。無キモ二当時ノ功誉一、毎ニレ去ルレ職ヲ、C遺愛為ニ二人所レ

思。凡ソ論ズルニレ人ヲ、必ズ先ツ称スレバ二其ノ所ヲレ長ズル一、則チ所ハレ短トスル不シテレ言ハ而自ラ見《あらは》ル。後

代ハリ二王戎ニ一、為ル二尚書令ト一。始メ戎薦メレ広ヲ、而シテ終ニ踐《ふ》ム二其ノ位ヲ一。D時人美《ほ》ムレ

之ヲ。

（『蒙求』より。）

（注）「尹」＝長官。　「久闊」＝久しく消息しないこと。
「庁事」＝役所。　「角弓」＝角で飾った弓。
「沈痾」＝長患い。　「遺愛」＝世に遺した功績。
「尚書令」＝尚書省（詔勅を執行する機関）の長官。
「踐」＝（位に）就く。

(1) 波線部①～③の漢字の読みを送り仮名も含めてすべて現代仮名遣いのひらがなで書きなさい。
(2) 傍線部Aとあるが、どういう状態か。十字以上二十字以内で具体的に答えなさい。
(3) 傍線部Bとあるが、それはなぜか。三十字以上四十字以内で具体的に答えなさい。
(4) 傍線部Cを書き下しなさい。また、「思」の内容を明らかにして現代語訳しなさい。
(5) 傍線部Dについて、当時の人は「楽広」と「王戎」の両者について、何を褒め称えたのか。それぞれ十字

以上二十字以内で答えなさい。

(6)　本文の前半部分から「杯中蛇影」という故事成語が生まれた。類義の故事成語を、次のア～エから一つ選び、記号で答えなさい。

ア　先憂後楽　　イ　荒唐無稽　　ウ　孤影悄然　　エ　疑心暗鬼

(☆☆☆◎◎◎)

【中学校】

【一】中学校学習指導要領「第2章　各教科」「第1節　国語」の内容について、次の(1)～(5)の問いに答えなさい。

(1)　次の文は、「第2　各学年の目標及び内容」〔第3学年〕「1　目標」の一部である。［①］～［④］にあてはまる語句を答えなさい。(同じ番号には、同じ語句が入るものとする。)

> (1)　［①］に必要な国語の知識や技能を身に付けるとともに、我が国の［②］に親しんだり理解したりすることができるようにする。
>
> (3)　言葉がもつ価値を認識するとともに、［③］を通して［④］を向上させ、我が国の［②］に関わり、思いや考えを伝え合おうとする態度を養う。

(2)　次の文は、「第2　各学年の目標及び内容」〔第1学年〕「2　内容」〔知識及び技能〕の一部である。［①］～［④］にあてはまる語句を答えなさい。

(2) 話や文章に含まれている情報の［①］に関する次の事項を身に付けることができるよう指導する。

ア ［②］と結果、意見と根拠など情報と情報との関係について理解すること。

イ 比較や分類、［③］などの情報の整理の仕方、［④］の仕方や出典の示し方について理解を深め、それらを使うこと。

(3) 次の文は、「第2 各学年の目標及び内容」〔第2学年〕「2 内容」〔思考力、判断力、表現力等〕の〔A話すこと・聞くこと〕の一部である。［①］～［④］にあてはまる語句を答えなさい。

(1) 話すこと・聞くことに関する次の事項を身に付けることができるよう指導する。

ウ ［①］や［②］を用いるなどして、自分の考えが分かりやすく伝わるように表現を工夫すること。

エ ［③］の展開などに注意して聞き、話し手の考えと［④］しながら、自分の考えをまとめること。

(4) 次の文は、「第2 各学年の目標及び内容」〔第1学年〕「2 内容」〔思考力、判断力、表現力等〕の〔B書くこと〕の一部である。［①］～［④］にあてはまる語句を答えなさい。

(1) 書くことに関する次の事項を身に付けることができるよう指導する。
イ　書く内容の [①] が明確になるように、[②] などを意識して文章の構成や展開を考えること。
オ　[③] の明確さなどについて、読み手からの助言などを踏まえ、自分の文章のよい点や [④] を見いだすこと。

(5) 次の文は、「第3　指導計画の作成と内容の取扱い」の一部である。[①]～[④] にあてはまる語句や数字を答えなさい。

2　第2の内容の取扱いについては、次の事項に配慮するものとする。
ウ　書写の指導については、第2の内容に定めるほか、次のとおり取り扱うこと。
(ア) 文字を正しく整えて [①] 書くことができるようにするとともに、書写の能力を [②] に役立てる態度を育てるよう配慮すること。
(エ) 書写の指導に配当する授業時数は、第1学年及び第2学年では年間 [③] 単位時間程度、第3学年では年間 [④] 単位時間程度とすること。

(☆☆☆◎◎◎)

【高等学校】

【一】高等学校学習指導要領「第2章　各学科に共通する各教科」「第1節　国語」の内容について、(1)～(3)の問いに答えなさい。

(1) 次の文は、「第2款　各科目」「第1　現代の国語」「2　内容」〔思考力、判断力、表現力等〕の「A　話すこと・聞くこと」の「(1)　ア」である。このうち、傍線部「様々な観点から情報を収集、整理」することについて、学習活動の具体例を挙げ、また、その活動を通して生徒がどのような資質や能力をどのように身に付けるか、分かるように説明しなさい。なお、解答を作成する際には、「生徒が～する活動を通して、～(する資質や能力)を身に付ける。」などという形を取ること。

> (1) 話すこと・聞くことに関する次の事項を身に付けることができるよう指導する。
> ア　目的や場に応じて、実社会の中から適切な話題を決め、様々な観点から情報を収集、整理して、伝え合う内容を検討すること。

(2) 次の文は、「第2款　各科目」「第3　論理国語」「2　内容」〔思考力、判断力、表現力等〕の「A　書くこと」の一部である。文章中の［①］～［⑤］にあてはまる語句を答えなさい。

> (1) 書くことに関する次の事項を身に付けることができるよう指導する。
> イ　情報の［①］や信頼性を吟味しながら、自分の立場や論点を明確にして、主張を支える適切な［②］をそろえること。

ウ　[③]の異なる読み手を説得するために、[④]に読まれることを想定して、効果的な文章の構成や[⑤]を工夫すること。

(3)　次の文は、「第2款　各科目」「第4　文学国語」「2　内容」〔知識及び技能〕の一部である。文章中の[①]～[⑤]にあてはまる語句としてふさわしいものを、以下のa～jから選び、記号で答えなさい。

(1)　言葉の特徴や使い方に関する次の事項を身に付けることができるよう指導する。
ア　言葉には、[①]を豊かにする働きがあることを理解すること。
イ　情景の豊かさや[②]を表す語句の量を増し、文章の中で使うことを通して、[③]を磨き語彙を豊かにすること。
エ　文学的な文章における[④]や修辞などの表現の技法について、[⑤]に理解し使うこと。

a　文体の特徴　　b　文章の様式　　c　体系的　　d　独創的　　e　言語能力
f　想像や心情　　g　視野や観念　　h　心情の機微　　i　語感　　j　感性

(☆☆☆◎◎◎)

解答・解説

【中高共通】

【一】(1) ア しんがん イ 威厳 ウ 瞬時 エ 拝察 (2) a 接続詞 b 形容動詞 (3) 固定観念のような決めつけ (4) 物の奥に潜む何かを見つけようと、いろいろな角度から観て、一言も発せず、さらに凝視するというのを何度も繰り返す見方。(五十七字) (5) 情報が多く、何についても検索できるので、物の表面だけを見て、物事を理解したつもりになりがちな社会。(四十九字) (6) アートには鋭い「問い」があり、触れれば触れるほどアート以外からも「問い」を感じられるようになり、自分なりに新しいものの見方や感じ方を身に付けて、答えを探し出せるようになるから。(八十八字)

〈解説〉(1) 漢字の読み書き問題では「拝察」など、普段使わない言葉も出題されることから、問題集を解くだけでなく、新聞や雑誌などを読み、漢字に慣れておくことも求められる。 (2) aは「または、もしくは」と同義の接続詞、b「新鮮な」は「新鮮だ」(形容動詞)の連体形である。 (3) 「既成概念」とは、「(一定のある状態を動かせないものとしてすでに成り立っている考え」のこと。個人や世間一般など、さまざまな状況で使われるが、ここでは個人について述べていることを踏まえて考えるとよい。 (4) B「眼差し」とは、アートを鑑賞するための「観る」姿勢を指す。筆者は後文で小林秀雄の鑑賞眼を紹介しているので、この内容をまとめればよい。 (5) 「マルチタスク」とは複数の作業を同時並行、もしくは短期間で切り替えながら同時進行で行うこと。問題文から「情報」社会のデメリットを述べることとなるため、前の段落「今の情報社会が悪いと決めつけるつもりはありませんが～」の内容をまとめればよい。 (6) 文全体の内容をまとめるような問題だが、一般的に筆者の主張は冒頭か、最終段落にまとめられていることが多いので、最初に確認しておくとよい。主張の骨格が固まったら、主張をさらに発展させるような文言を本文から抜き出し、所定の字数でまとめればよい。

【二】(1) ① 同格　② 強調　(2) i いらっしゃった　ii つらい気持ち　(3) 風流心のある女なので、きっとすばらしいものを送ってくるだろうということ。(三十六字)　(4) 絶えて久しくなりにける。　(5) 秋が来ると捨てられる　(6) 不吉だと分かりながら扇を渡した行為に対する、本当に薄情なのは女の方だと責める心情。(四十一字)　(7) イ

〈解説〉(1) ①「の」は、体言(女)に付いた「の」で同格の助詞で、「で」と訳す。②「なむ」は強意の係助詞で、結辞は活用語の連体形「いでたつ」である。　(2) iは「あり」の尊敬語「いますかり」(自ラ変)の連用形に、過去の助動詞「けり」の連体形「ける」が付いた形、ii「憂き」は「憂し」(形・ク)の連体形で「心苦しい、つらい」という意味。ここでは「つらい気持ち」と訳す。　(3)「よく」は、「よし」(形・ク)の連用形、「て」は「状態」を表す格助詞、「おこせてむ」の「おこせ」は、「おこす」(他サ下二)の連用形で、「てむ」は完了の助動詞「つ」の未然形に推量の助動詞「む」のついたもので、強い推量を表す。ここでは「きっとすばらしい扇を送ってくるだろう」と訳す。その理由はAの前文「よしある女なりければ」である。「よし」は「趣、風流、優雅」という意味である。　(4)「あらじ」の「じ」は打消推量で「今はなんの甲斐もないでしょう」という意味である。その理由は「絶えて久しくなりにける」、つまり中将との逢瀬が絶えてしまっていたことをあげている。　(5) 古詩を要約すると、「動揺微風を発する合歓の扇も」秋節が到来し、炎熱を奪えば箱の中に棄てられ、恩情も中途で絶えてしまう。そのことをいつも恐れている、である。それを踏まえ空欄に入る表現を考えるとよい。　(6)「たがつらきなり」は「たがつらきなりや」の意味で「いったい誰がつれないことになるのでしょうか」と訳す。前の句は、「(男女の間柄で扇を贈物にするのは)世間では、不吉であると忌

み嫌ってきたことなのに、扇はないとおっしゃらないのは」と解釈する。この歌意から心情をまとめるとよい。
(7) 『大和物語』の成立は九五一年ごろといわれている。ア『伊勢物語』は九〇三年ごろ、イ『今昔物語』は一〇七七年ごろ、ウ『土佐日記』は九三五年ごろ、エの『古今和歌集』は九〇五年の成立といわれる。

【三】(1) ① たちまち ② にくむ ③ すなわち (2) 杯の酒の中に蛇がいるという状態。(十六字)
(3) 楽広の説明で、杯の酒の蛇が、実は酒に映った蛇の絵に過ぎないと分かったから。(三十七字) (4) 書き下し文…遺愛 人の思ふ所と為る。 現代語訳…世に遺した功績が人々にすばらしいと思われた。
(5) 楽広…尚書令にふさわしい人物であったこと。(十八字) 王戎…楽広が適任であると見抜いていたこと。(十八字) (6) エ

〈解説〉(1) ①「忽」は「にわかに、突然」、②「悪」は「憎く思う」、③「乃」は「そこで」という意味である。
(2) A「如初」は「方飲忽見盃中有蛇」を指す。 (3)「豁然」は「疑いや迷いが、はっきり解けるさま」、「意解」とは、「事情が理解できた」ことを指す。楽広が、盃中の蛇は河南庁事の壁上の角弓の蛇の絵が映ったことを説明したことで、客は納得したのである。 (4) C「遺愛為ル二人ノ所トレ思フ」の書き下し文。「人の思ふ所」とは、遺愛に対して人々が賞賛することをいう。 (5) 楽広は、職務を去るごとに人々から世に遺した功績を賞賛され、一方、王戎は楽広を尚書令に適任だとして彼を推薦している。 (6)「杯中蛇影」は疑い始めると、何でもないことにも怯え、疑い深くなること。アは先に苦労した者は、後に楽になれること、イは話の内容などが、でたらめでばかばかしいこと、ウは一人ぼっちでしょんぼりしているさまを指す。

【中学校】

【一】(1) ① 社会生活 ② 言語文化 ③ 読書 ④ 自己 (2) ① 扱い方 ② 原因

③　関係付け　④　引用　(3)　①　資料　②　機器　③　論理　④　比較　(4)　①　中心
②　段落の役割　③　根拠　④　改善点　(5)　①　速く　②　学習や生活　③　20　④　10

〈解説〉学習指導要領は現在抱える教育課題を踏まえ、生徒にどう指導するかをまとめたものであり、教員志望者は必ず学習することが求められている。特に、今回の改訂では学習面について、「何を学ぶか」だけでなく、「どのように学ぶか」「何ができるようになるか」といった視点からも目標や学習内容が見直されている。空欄補充形式問題ではキーワードとなる文言を中心に学習することになるが、小論文や模擬授業、面接などでは内容理解だけでなく、その知識を授業でどのように生かすかといった応用力が問われることもある。学習する際は、その点も意識するとよいだろう。

【高等学校】

【一】 (1)　生徒が複数の識者のインタビューを表に分類する活動を通して、立場や文化的背景の相違によって様々なものの見方があることを理解し、多面的に考察する力を身に付ける。　(2)　①　妥当性　②　根拠
③　立場　④　批判的　⑤　論理の展開　(3)　①　f　②　h　③　i　④　a　⑤　c

〈解説〉学習指導要領は現在抱える教育課題を踏まえ、生徒にどう指導するかをまとめたものであり、教員志望者は必ず学習することが求められている。特に、今回の改訂では学習面について、「何を学ぶか」だけでなく、「どのように学ぶか」「何ができるようになるか」といった視点からも目標や学習内容が見直されている。空欄補充形式問題ではキーワードとなる文言を中心に学習することになるが、(1)や小論文、模擬授業、面接では内容理解だけでなく、その知識を授業でどのように生かすかといった応用力が問われる。学習する際はその点も意識し、学習指導要領だけでなく学習指導要領解説もあわせて学習しておきたい。

二〇二二年度　実施問題

【中高共通】

【一】次の文章を読んで、(1)～(6)の問いに答えなさい。（設問の都合上、表記を改めた箇所がある。）

コミュニケーションの権利は、人権の一つです。コミュニケーションを禁じられたり、コミュニケーションが存在しなかったりする生活を、望ましい人間的生活だと考えている人はいないでしょう。

最近、生存権とは、衣食住の保障だけでなく、貧困者やマイノリティを社会から排除せず、社会の中にアホウセツしなければ、人権の保障にはならない、ということが強く主張されるようになりました。それは言い換えれば、コミュニケーションの場を保証するということです。

なぜなら、人間は、個人であると同時に社会人であるからです。

すでに見てきたように、「コミュニケーションこそ、人間が発達していく場であり、個性と社会性をつなぐ環であり、創造性の培養地である」と言ったヴィゴツキーおよびバフチンは、学校という学びの集団や、地域社会のコミュニティの中で、対話という人と人とのかかわりの大切さ、共有し分かち合う場の大切さを人びとに知らせたのでした。

A対話はコミュニケーションの始まりでもあり、コミュニケーションの中でとりわけ大きな役割を果たしています。

そのことを本能的に知っている親は、誕生直後の乳児に対してさえ言葉をかけ、乳児もまた親から働きかけられる言葉を待っている存在であり、応答したがっている存在なのだと確信しています。相手が分かっても分からなくても話しかけたり抱きあげたりして、乳児が反応らしきものを表現すると、大喜びしてさらに愛情を込めた働きかけを強めます。

乳児が応答しないときは、手を替え品を替えては子どもの応答をさそい、声には声を、笑顔には笑顔を、泣き声には緊急の反応を返して、子どもに応答されている安心感を与えます。

「対話」は、個人の存在や発達の前提になっているだけではありません。力づくで他者を征服しようとする暴力的手段をイキヒして、人間として応答し合い、相互の利益をすり合わせ、合意によって解決しようとする、民主主義の土台にもなっています。人間が特権として持っている草の根の対話が下敷きになり、民主主義は実現されているのです。

思い出されるのは、東京大学教授であり、アイヌの民族的叙事詩『ユーカラ』を翻訳してこの世に伝えた言語学者、金田一京助の「片言をいうまで」（『科学画報』一九三一年に収録、のちに「心の小径」と改題、平凡社その他から出版）というエッセイの一文です。

金田一は、明治四〇（一九〇七）年の夏、口承のアイヌ語や叙事詩を収集するため、樺太《からふと》にウオモムキます。しかし、はるばる訪ねてきた金田一に対してアイヌの人は冷たく、がらんどうの住家にひとりぽつんと居るだけ。

四日目に外に出て、遊んでいる子どものスケッチをしていたところ、そばに寄ってきた子どもたちが絵の中の目を指して「エトゥ・プイ！」と叫びます。一計を案じた金田一が、「何？」という言葉がほしくて、鉛筆でぐるぐるとわけのわからない線を描くと、子どもが首をかしげて「ヘマタ！」と言ったのです。金田一が小石を指して「ヘマタ？」と言い、草を指して「ヘマタ？」と言うと「スマ」「ムン」と次々に名前を教えてくれるのでした。たちまち七四個の言葉を採集した金田一はうれしくなり、川原でマスを捕まえている大人のところに行って、覚えたての言葉を使います。すると、これまで顔をそむけていた人が、みなうれしそうに笑い、いろいろな言葉を投げかけてくれます。夜はがらんどうの住家に入りきれないほどの人が集まって、踊ったり、歌ったり、しゃべったりするようになります。金田一は書いています。

「たった、こうした間に、私と全舞台との間をさえぎっていた幕が、いっぺんに、切って落とされたのである。さしも越え難かった禁園の垣根が、はたと私の前に開けたのである。ことばこそ堅くとざした、心の城府へ通う唯一の小道であった」

「ヘマタ(何)」というのは、応答を誘う言葉です。対話を始める言葉です。とくに金田一はアイヌの人に対して、口承の文化を持つ偉大な民族として尊敬する心を持っていました。相手の言葉を一心に聞こうとしました。対話するための、B ぴったりの資格条件を持っていたのです。彼が『ユーカラ』を翻訳できたのも、アイヌの人への尊敬を持って対話することができたからだと思います。

本土から来た役人は金田一に問うています。自分たちがアイヌの人に話しかけても、みな難しい顔をして、そっぽを向いてしまう。でも金田一が言葉をかけると、みな、うれしそうに笑顔で答える。その魔法の言葉は何か、と。

それは、「イランカラプテ(なつかしや)」というただのエ アイサツの言葉だったのです。

対話とは、ただの言葉ではありません。その人が持つ、人柄、対話的な態度と生き方なのです。

人間のコントロール(倫理性)が働いている限りでは、市場での商品交換もまた、対話的手段の一つです。対話こそは暴力・戦争に対する真の意味での反対語なのです。

ところが、最近の社会は、対話しにくい、むしろ対話の価値を認めようとしない社会になりつつあります。

市場の競争に勝つために効率性が優先されれば、個人的な対話から始まる考え方の共有や対話の中で生まれる新しい発想は、不確実でまだるっこしいやり方に見えて、イライラさせられてしまいます。初めから結論ありきの会議では、一方的な伝達や職務命令を出す、てっとり早い結論の出し方が歓迎されます。論拠をあげて何かを言おうとすると、「つまり何が言いたいんですか」と、いなされてしまいます。

大規模な組織の中では、上意下達による管理がすでに習慣化していますから、自己防衛的意識を身につけた人びとは、会社の意向を忖度し、自分が本当に感じている、疑問や意見を率直に言葉にすることを避けます。

C定型化された通達や、簡便な電子機器による伝達が、いまや普遍的な意思疎通の手段と解釈され、主流になりつつあります。

そのため、それだけでは意思疎通が十分でないと考える人が、個別に自分の体験を通しての具体的な情報を伝えようとしても、その機会がなかなか得られないのです。

とくに、下請けや非正規の派遣労働者などが、幾重にも重なっている現在の働き方の中では、プロとして蓄積した技術や高度な判断の伝達は重視されず、紙に書かれた仕様書やタブレットの文字や、形式化した会議が、すべてと考えられています。汎用的な仕様書がつくられる背後には、いろいろな体験や失敗の実例が議論され、一般性を持つ仕様書にまとめられていく過程があるはずなのですが、できあがった仕様書からは、それらの多様な実例を想像することはできません。

D定型化、汎用化とは質的に違う対話的伝達の方法が、小規模な組織や、人間関係を仕事の基本にしている世界(医療や福祉、教育など)では、いまなお不可欠なものとして尊重されています。先輩経験者と行動を共にして、規範となる動作を見習い、対話を重ね、現場の具体的な事実を前に、チームワークで知恵を出し合いながら意思疎通をはかるその方法こそ、その後の生き方や行動に影響を与えるのです。ある医者は研修医時代に自分を指導してくれた教授の言葉、ささいな動作が今日の自分をつくったと言いました。それは人間の全体性をかけた意思疎通の方法なのです。

（暉峻淑子『対話する社会へ』より。）

(1) 波線部ア～エのカタカナを漢字に直して書きなさい。ただし、波線部ウは、送り仮名も付けて書くこと。
(2) 二重傍線部の品詞名と活用の種類を答えなさい。
(3) 傍線部Aとあるが、「コミュニケーションの始まり」を別の言葉で言い換えている部分を十一字で抜き出しなさい。
(4) 傍線部Bとあるが、金田一京助がもっていた「ぴったりの資格条件」とはどういうものか。本文中の言葉を用いて、「態度」という言葉で終わる形になるように三十字以上四十字以内で答えなさい。
(5) 傍線部Cとあるが、社会がどうなってきていると作者は述べているか。本文中の言葉を用いて、「社会」という言葉で終わる形になるように三十字以上四十字以内で答えなさい。
(6) 傍線部Dとあるが、筆者は本文において、「定型化、汎用化とは質的に違う対話的伝達の方法」とはどういうものだと述べているか。六十字以上七十字以内で答えなさい。

（☆☆☆◎◎◎）

【二】次の文章を読んで、(1)～(7)の問いに答えなさい。（設問の都合上、表記を改めた箇所がある。）

仁和寺の大御室の御時、成就院僧正の、いまだ阿闍梨と申しけるころ、白河の九重の御塔供養ありけり。御室、「このたびの賞あらば、かならず譲らむ」と御約束ありければ、かしこまり申し給ふほどに、思ひのごとく供養とげられて、賞行はるる時になりて、京極大殿の御子息、阿闍梨にて、御弟子にて候ひ給ひけるに、大殿、御対面の次に、「今度の賞は、小法師にぞたまはり侍りぬ」と、かねてより悦び申し給ひければ、仰せられやるべきかたなくて、[B]法眼になり給ひにけり。

御室は、「かの阿闍梨、いかに[a]くちをしと思ふらむ」と、胸ふさがりておぼしめしけるに、その日、ふつと見えざりければ、[C]「さるらむ。もし修行に出でたるか。また、うらめしさのあまりにや」と思しめし乱れたるに、日高くなりて、御前に出でたりけるに、[b]あやしく思しめして、「いづくへゆかれたりつるぞや」と仰せられければ、「新法眼の御悦びにまかり侍る」と、うち聞えて、[D]つゆもうらみたる気色なかりけり。

御室、うれしくも、あはれに思しめしければ、今度こそ越えられにけれども、次々の勧賞、あまた譲りて、僧正までなりて、鳥羽院の御時は、生き仏と思しめしければ、世をわがままにして、法師関白とまでいはれ給ひけり。

[E]いみじかりける人なり。

（『十訓抄』より。）

(注)「大御室」＝性信法親王(一〇〇五～八五)。平安時代の僧。

(1) 二重傍線部a・bの意味をそれぞれ答えなさい。

(2) 傍線部Aについて、「申し」と「給ふ」の敬語の種類を答えなさい。また、「給ふ」は誰に対する敬意を表したものか、本文中から抜き出して答えなさい。

(3) 傍線部Bの主語を本文中から抜き出して答えなさい。

(4) 傍線部Cについて、御室はなぜそのように思ったのか、原因となった出来事を踏まえて二十五字以上三十字以内で説明しなさい。

(5) 傍線部Dを現代語訳しなさい。

(6) 傍線部Eについて、なぜそのように評されたのか。四十字以上五十字以内で説明しなさい。

(7) 『十訓抄』と成立した時代が同じである作品を、次のア～エから一つ選び、記号で答えなさい。

ア 無名草子　イ 大鏡　ウ 奥の細道　エ 栄花物語

(☆☆☆☆◎◎◎)

【三】次の漢文を読んで、(1)～(5)の問いに答えなさい。(設問の都合上、表記を改めた箇所がある。)

貞観六年、太宗謂ヒテ二侍臣一ニ曰ク、古人云フ、危フクシテ而不レ持タ、顛《くつがへ》リテ而不ンバレ扶《たす》ケ①、焉用ヒント二彼ノ相ヲ一。君臣之意、得ンレ不ルヲ二尽クシテレ忠ヲ匡《きやう》救《きう》セ一乎。朕嘗テ読ミレ書ヲ、見下桀ノ殺シ二関龍逢ヲ一、漢ノ誅スルヲ中鼂《てう》錯《そ》ヲ上、A未三嘗不二廃レ書歎息一。公等但《ダ》②能正詞直《ちよく》諫《かんシ》、裨《ひ》二益《えきセヨ》政教ヲ一。終ニ不下以テ二犯シレ顔ヲ忤《さから》フヲレ

旨、妄《みだりニ》有誅責。朕比《この》来《ごろ》臨朝断決、亦有乖《そむク》於律令者。公等以為小事、遂不執言。凡大事皆起於小事。小事不論、大事又将不可救。社稷傾危、莫不由此。隋主残暴、身死匹夫之手、率土蒼生、罕《まれナリ》聞嗟痛《つう》。願公等為朕思隋氏滅亡之事、朕為公等思龍逢・鼂錯之誅、君臣保全、豈不美哉。

（『貞観政要』より。）

（注）「太宗」＝唐の第二代皇帝。　「相」＝付き添い。
「匡救」＝悪を正して危険を救う。　「桀」＝夏王朝最後の王。暴君。
「関龍逢」＝夏の桀王の臣。　「漢」＝ここでは漢の景帝を指す。

「鼂錯」＝漢の景帝の臣。　「廃」＝読むことを止める。
「裨益」＝補って役に立つ。　「断決」＝裁く。
「率土」＝天下。　「蒼生」＝人民。
「嗟痛」＝悲しみいたましく思う。

(1) 波線部①～③の漢字の読みを送り仮名も含めてすべて現代仮名遣いのひらがなで書きなさい。
(2) 傍線部Aを現代語訳しなさい。
(3) 傍線部Bについて、「大事」「小事」とはそれぞれ何を指すか。説明しなさい。
(4) 傍線部Cを書き下し、現代語訳もしなさい。
(5) 本文において、太宗は、よりよく国家を保つためにどのようなことが大切だと考えているか。全体の内容を踏まえ、「君主」「臣下」という言葉を用いて三十字以上四十字以内で具体的に答えなさい。

（☆☆☆◎◎◎）

【中学校】

【二】中学校学習指導要領「第2章　各教科」「第1節　国語」の内容について、次の(1)～(5)の問いに答えなさい。

(1) 次の文は、「第2　各学年の目標及び内容」〔第2学年〕「1　目標」の一部である。[①]～[④]にあてはまる語句を答えなさい。

(2) 論理的に考える力や［①］する力を養い、社会生活における［②］の中で伝え合う力を高め、自分の思いや考えを広げたり深めたりすることができるようにする。

(3) ［③］を認識するとともに、読書を［④］に役立て、我が国の言語文化を大切にして、思いや考えを伝え合おうとする態度を養う。

(2) 次の文は、「第2　各学年の目標及び内容」〔第1学年〕「2　内容」〔思考力、判断力、表現力等〕の〔A　話すこと・聞くこと〕の一部である。［①］～［④］にあてはまる語句を答えなさい。

(1) 話すこと・聞くことに関する次の事項を身に付けることができるよう指導する。

エ　必要に応じて［①］しながら話の内容を捉え、［②］などを踏まえて、自分の考えをまとめること。

オ　［③］を捉えながら話し合い、互いの発言を［④］考えをまとめること。

(3) 次の文は、「第2　各学年の目標及び内容」〔第2学年〕「2　内容」〔思考力、判断力、表現力等〕の〔B　書くこと〕の一部である。［①］～［④］にあてはまる語句を答えなさい。

(1) 書くことに関する次の事項を身に付けることができるよう指導する。

イ　伝えたいことが分かりやすく伝わるように、［①］などを明確にし、［②］を工夫すること。

ウ　根拠の適切さを考えて［③］を加えたり、［④］を考えて描写したりするなど、自分の考えが伝わる文章になるように工夫すること。

(4)　次の文は、「第2　各学年の目標及び内容」〔第3学年〕「2　内容」〔知識及び技能〕の一部である。［①］～［④］にあてはまる語句を答えなさい。

(2)　話や文章に含まれている［①］に関する次の事項を身に付けることができるよう指導する。
ア　［②］など情報と情報との関係について［③］こと。
イ　［④］の確かめ方を理解し使うこと。

(5)　次の文は、「第3　指導計画の作成と内容の取扱い」の一部である。［①］～［④］にあてはまる語句を答えなさい。

3　教材については、次の事項に留意するものとする。
(2)　教材は、次のような観点に配慮して取り上げること。
イ　伝え合う力、［①］を養い言語感覚を豊かにするのに役立つこと。
エ　［②］、論理的に物事を捉え考察し、［③］のに役立つこと。
カ　［④］などについての考えを深めるのに役立つこと。

(☆☆☆◎◎◎)

【高等学校】

【一】高等学校学習指導要領「第2章　各学科に共通する各教科」「第1節　国語」の内容について、(1)～(3)の問いに答えなさい。

(1) 次の文は、「第2款　各科目」「第2　言語文化」「1　目標」の一部である。文章中の［①］～［⑤］にあてはまる語句を答えなさい。

> 言葉による［①］を働かせ、言語活動を通して、国語で的確に理解し効果的に表現する資質・能力を次のとおり育成することを目指す。
>
> (1) ［②］にわたる社会生活に必要な国語の知識や［③］を身に付けるとともに、我が国の言語文化に対する理解を深めることができるようにする。
>
> (2) ［④］に考える力や深く共感したり豊かに想像したりする力を伸ばし、［⑤］との関わりの中で伝え合う力を高め、自分の思いや考えを広げたり深めたりすることができるようにする。

(2) 次の文は、「第2款　各科目」「第3　論理国語」「2　内容」〔知識及び技能〕の一部である。文章中の［①］～［⑤］にあてはまる語句を答えなさい。

> (1) 言葉の特徴や使い方に関する次の事項を身に付けることができるよう指導する。
>
> ア　言葉には、［①］を認識したり説明したりすることを可能にする働きがあることを理解す

ること。

イ　［②］したり学術的な学習の基礎を学んだりするために必要な語句の量を増し、文章の中で使うことを通して、語感を磨き［③］を豊かにすること。

(2)　文章に含まれている情報の扱い方に関する次の事項を身に付けることができるよう指導する。

ア　主張とその前提や［④］など情報と情報との関係について理解を深めること。

イ　情報を重要度や抽象度などによって［⑤］して整理する方法について理解を深め使うこと。

(3)　次の文は、「第2款　各科目」「第5　国語表現」「2　内容」〔思考力、判断力、表現力等〕のA「話すこと・聞くこと」の一部である。文章中の［①］～［⑤］にあてはまる語句を答えなさい。

(1)　話すこと・聞くことに関する次の事項を身に付けることができるよう指導する。

ア　目的や場に応じて、［①］の問題や自分に関わる事柄の中から話題を決め、他者との［②］を想定しながら情報を収集、整理して、伝え合う内容を検討すること。

イ　自分の主張の［③］が伝わるよう、適切な［④］を効果的に用いるとともに、相手の反論を想定して［⑤］を考えるなど、話の構成や展開を工夫すること。

(☆☆☆◎◎◎)

解答・解説

【中高共通】

【二】(1) ア　抱摂　イ　忌避　ウ　赴き　エ　挨拶　(2) 品詞名…動詞　活用の種類…サ行変格活用　(3) 個人の存在や発達の前提　(4) 相手に対して尊敬する心をもち、相手の言葉を一心に聞こうとする態度。(三十三字)　(5) 対話の価値を認めようとせず、市場の競争に勝つために効率性が優先される社会。(三十七字)　(6) 師範の属するチームで模範動作を見習い、対話を重ね知恵を出し合うことで、その後の人間の生き方や行動に影響を与える意思疎通の方法。(六十三字)

〈解説〉(1) 漢字の表意性、類似の字形に注意し、楷書で書くこと。(2) 「表現する」は動詞(他動詞)でサ行変格活用の終止形。(3) ヴィゴツキーのコミュニケーションの大切さを述べた言葉を要約している第八段落の冒頭の言葉を抜き出す。(4) 金田一京助は口承文化を持つ民族であるアイヌ人を尊敬する心を持ち、相手の言葉を一心に聞こうとしたことを、傍線部Bの前で述べている。この態度をまとめる。(5) 傍線部Cの三段落前に「最近の社会は、～対話の価値を認めようとしない社会になりつつあります」とあり、次の段落で「個人的な対話」と「効率性」について述べられている。市場競争激化のため利益重視による効率性が優先され、対話による人間関係や合意形成による価値が軽視される社会である。(6) 今日の企業の複雑化・多様化の世界では、対話で生まれる新しい発想より効率と利益優先のため定型的な汎用的伝達方法が主流になっているが、小規模な組織や医療・福祉・教育等の世界では、対話的伝達が尊重されていると筆者は述べ、傍線部D以下の文でそのことを例証している。「先輩経験者と行動を共にし～その後の生き方や行動に影響を与えるのです」の内容をまとめる。

【二】(1) a がっかりだ　b 不思議に　(2) 申し…謙譲語　給ふ…尊敬語　誰に…成就院僧正　(3) 京極大殿の御子息　(4) 約束した賞を譲ることができず、罪悪感をもっているから。(二十七字)　(5) 少しも怨みに思っている様子がなかった。　(6) 自分の出世が叶わなかったことにこだわらず、他の阿闍梨の出世を喜ぶことができる立派な人物だったから。(四十九字)　(7) ア

〈解説〉(1) a 「くちをし」(形容詞・シク活用)は、「くやしい。残念だ」の意。 b 「あやしく」は、「あやし」(形容詞・シク活用)の連用形で、「不思議に」の意。　(2) 傍線部A 「かしこまり申し給ふ」の「申し」(サ行四段活用の連用形)は、「お願い申し上げる」の意の謙譲語で、作者より大御室への敬意。「給ふ」(補助動詞ハ行四段活用)は、作者から成就院僧正への尊敬語。二方面に対する敬語表現である。　(3) 傍線部Bは「法眼(僧の位の中位)におなりになった」と訳す。　(4) 傍線部Cの「さるらむ」は、「そうであろう」の意。御室の成就院僧正への約束が果たされず、京極大殿の御子息が賞を受けて「法眼」になったために、御室は罪悪感で心のうちをかき乱されたのである。　(5) 傍線部Dの「つゆもうらみたる気色なかりけり」の「つゆも」は、「少しも」の意の副詞。「うらみたる」の「たる」は、断定の助動詞「たり」の連体形。「気色」(けしき)は、「様子」。「なかり」は、「なし」(形容詞・ク活用)の連用形。「けり」は、過去の助動詞。　(6) 「いみじかりける人なり」とは、「すばらしかった人である」の意。文中の「今度こそ越えられにけれども～法師関白とまではいはれ給ひけり」が成就院僧正の人物評価の内容である。他者の出世を悩み嘆かず、他者の出世を寿ぐ寛容さと豊かな人間性が世人からの高い評価を得たのである。　(7) 『十訓抄』の成立は、鎌倉時代中期(一二五二年)。アの『無名抄』は鎌倉時代初期(一二〇一年)、イの『大鏡』は平安時代後期、ウの『奥の細道』は江戸時代中期、エの『栄花物語』は平安時代後期。

【三】(1) ① いずくんぞ　② よく　③ およそ　(2) 今までに書物を読むのをやめて嘆息しなかったことはない。　(3) 大事…国家が傾いて危険な状態になること。　小事…臣下が法律の定めに違反したものを見逃すこと。　(4) 書き下し文…豈に美ならずうや(と)。　現代語訳…なんと立派なことではないか。

(5) 臣下は誠意を尽くして君主の過ちを正し、君主は諫めた臣下を処罰しないこと。(三十六字)

〈解説〉(1) ① 「焉」は、「どうして～しようか」の意の疑問副詞。② 「能」は、「うまく」の意。③ 「凡」は、「おおよそ。大体」の意。(2) 傍線部A「未嘗不～」は、二重否定の句形で、「いまダかつテ～ずンバアラず」と訓読する。「まだ今まで一度も、～しなかったことはない」と訳す。「廃書歎息」は、「書物を読むのをやめて嘆息する」という意である。これを二重に否定して解釈する。(3) 傍線部B「大事」は重大な事をいう。「社稷傾危、莫不由此」の「社稷傾危」(国家の危険な状態)である。「此」は、「小事」をさす。困難は必ずと言っていい程、小事によって起る、というのである。「小事」については、「有乖於律令者。公等以為小事、遂不執言」を指す。律令に違反した者を、小事としてとがめず見逃したことをいう。(4) 傍線部C「豈不美哉」の「豈～哉」は、「あニ～ンヤ(と)」と訓読する反語形である。「美」は、「すぐれて立派なこと」をいう。(5) 太宗の「君臣保全」の思いは、隋主が自らの残暴により滅亡したことを踏まえ、桀や漢の時代に直諫した家臣を誅殺した横暴な行為をしないことを前提としている。臣下に対しての太宗の願いは、「公等但能正詞直諫、裨益政教」である。思うことをはばからず言って太宗の過ちを諫め、国政を助けることである。

【中学校】

【一】(1) ① 共感したり想像したり　② 人との関わり　③ 言葉がもつ価値　④ 生活

(2) ① 記録したり質問したり　② 共通点や相違点　③ 話題や展開　④ 結び付けて

(3) ① 段落相互の関係　② 文章の構成や展開　③ 説明や具体例　④ 表現の効果　(4) ① 情

報の扱い方　② 具体と抽象　③ 理解を深める　④ 情報の信頼性　(5) ① 思考力や想像力
② 科学的　③ 視野を広げる　④ 人間、社会、自然
〈解説〉学習指導要領では、これからのグローバル化の進展や絶え間ない技術革新等により社会構造の変化とともに予測困難な時代となっている今日、学校教育では、生徒たちが多様な変化に主体的に向き合い、他者と協働して課題を解決していく「確かな力」を育成することを目指している。そのため、全ての教科等の目標及び内容は、(1)「知識及び技能」、(2)「思考力、判断力、表現力等」、(3)「学びに向かう力、人間性等」の三つの柱で整理されている。前学習指導要領の三領域は、「思考力、判断力、表現力等」の構成内容に整理されている。また、前学習指導要領の「伝統的言語文化と国語の特質に関する事項」は、「知識及び技能」に整理されている。設問(5)の、教材選定に当たっては、内容の面でも教材の話題、題材を偏りなく選定するよう、八項目の観点が示されている。

【高等学校】

【一】(1) ① 見方・考え方　② 生涯　③ 技能　④ 論理的　⑤ 他者　(2) ① 言葉そのもの
② 論証　③ 語彙　④ 反証　⑤ 階層化　(3) ① 実社会　② 多様な交流　③ 合理性
④ 根拠　⑤ 論理の展開
〈解説〉学習指導要領は、これからのグローバル化した予測困難な社会を主体的に生きぬくための資質・能力を一層確実に育成することを目指している。そのため、教科の目標も(1)「知識及び技能」、(2)「思考力、判断力、表現力等」、(3)「学びに向かう力、人間性等」の三つの柱で整理され、科目の目標も教科の目標と同じに整理されている。また、三つの柱の資質・能力を育成するためには、生徒が「言葉による見方・考え方」を働かせることが必要であることを示している。(1)「言語文化」は、「現代の国語」とともに共通必履修科目で、上

代（万葉の時代）から近現代につながる我が国の言語文化への理解を深める科目として、「知識及び技能」では、「伝統的な言語文化に関する理解」を中心としながら、それ以外の各事項も含み、「思考力、判断力、表現力等」では、全ての力を総合的に育成する。(2)「論理国語」は、選択科目で、多様な文章等を多面的・多角的に理解し、創造的に思考して自分の考えを形成し、論理的に表現する能力を育成する科目であり、主として「思考力、判断力、表現力等」の創造的・論理的思考の側面の力を育成する。(3)「国語表現」は、選択科目で、主として「思考力、判断力、表現力等」の他者とのコミュニケーションの側面の力を育成するため、実社会において必要となる、他者との多様な関わりの中で伝え合う力の育成を重視した科目である。

二〇二一年度 実施問題

【中高共通】

【一】次の文章を読んで、(1)～(6)の問いに答えなさい。（設問の都合上、表記を改めた箇所がある。）

人びとのつながりを求める心情は、ふるさとへの回帰現象にアケンチョに現れている。

試しに、ある全国紙の新聞記事データベースを使って、ふるさとに関連する言葉（ふるさと、故郷、古里、故里、ふる里）を含む新聞記事の数を拾ってみた。一九八〇年代から年々増え続けており、特に一九九七年頃からの増加傾向が目立つ。

こうした近年の回帰現象については、国民の中のA量的なエネルギーの大きさという面と、ベクトルの多様さという質的な面に分けて考えることができる。

量的な面では、高齢者人口の拡大がその背景にある。新しいふるさと観を担っているのは、一九六〇年代に自由を求めて活発に活動した団塊の世代を中心としたエネルギーである。団塊の世代と呼ばれる約六八〇万の人びとが、組織を離れ始動し、地域社会の形に量的な影響を与え始めている。

生まれ故郷を離れ、高度成長の中の都会で激しい競争を経験してきた企業戦士である団塊の世代が、退職を迎えている。企業社会からは解放されたのだが地域社会との長い切断があり、望郷の念の寄るべは用意されていない。新しい孤独が始まり、思い出や懐かしさなど再びふるさとの自然や人と人とのつながりを求める。

このふるさとに向かう流れは集合体になると大きい。ふるさと関連の新聞記事が大きく増えた一九九七年は、団塊の世代が五十代に達する時期であった。

平均 イ ジュミョウが大きく伸び、多くの人たちがこれから自分も長生きをすると思っている。退職後の時間を余生ではなく、人生の第二ステージとして大切にしたいという意識が生まれている。「長い老後」を「普通の生活」として、また、自然の中でゆとりを持って、よりよく生きたいという思いが、今住む地域でのライフスタイルの ウ モサクと同時に、ふるさとに向かう一般的な心情に強く結びついているように思える。

一方、ふるさと志向のベクトルには、質的な変化が出てきていることにも注目する必要があるだろう。単なる移住ではなく、新しい目的意識が見られるようになっている。

ふるさとに移住を望む人のうち、約四割が「仕事をしながら」の定住を希望している。そして仕事をしたいという人たちについては、その三割は農林漁業を希望している。このアンケートからは、かつての避暑や避寒のための別荘生活のように、 エ フユウな人びとに限られたものではなく、近年、より多くの人が田舎暮らしや二地域居住といった生活の一部あるいは全部を地方に移すような生き方に共感し、希望していることがわかる。

そうした人びとは、田舎を選びそこで畑を耕し、人びととふれあう日常の普通の生活を送る。都会暮らしでは得られない健康や安心、都市で失われた生き生きとした場所の感覚を求めているのだろう。

「田舎暮らし」関係の雑誌が毎月何十万部も売れているというのも驚きではない。ふるさとに向かうエネルギーの方向も多様に広がりつつあるのだ。

このほか、地方のさまざまな出来事に対し、一時的ではあってもつながりを持ち具体的な行動に表そうとする動きも出てきている。

そして地方サイドでも、長年生活して当たり前と思っている自分たちの土地を、ふるさととして再認識し、自覚的な活動をし始めている。地産地消やスローフードの運動など、自分たちが住む地域や人びとを大切にしようという動きも芽生えている。

このようなふるさとという場において、人びとは心情的にどんな利益や満足を求めようとしているだろうか。

もちろん、人生の比較的早い時期にふるさとを選んだ人たちにとって、都会に比べて地方での実質的な生涯所得の大きさ、マイホームの取得の容易さ、仕事におけるストレスの少なさといった物質面、健康面での「生活の満足」は無視できない。

しかし、どのような人生の段階であっても、自ら選びとった「新しいふるさと」は、「自己的な満足」にとどまるものではないだろう。たとえそれが個人益につながるものでも、ボランティア精神や周囲の人たちの生活をどう支えるかといった意識など、同時に「共に分かちあう満足」を含んだ充実感のある性質のものだ。

ふるさとが我々に与える安定感は、市場で取引きされるさまざまな保障や保険などとは異なった意味での「分かち合い」を含むものである。個人が独りに置かれない、人間的な信頼性のあるコミュニティに生きているのは、ふるさとであり田舎である。

B ふるさとは他人との「つながり」による満足を約束するはずであるが、つながりには不思議な性質がある。つながりは、だれにとっても初めから存在するものではない。各人がつながりをつくり出す行動を起こし、つながりを持つことにより、実はそこに初めからつながりがあったことを発見するのである。行動という体験によって、つながりの存在が信じられることになるのだ。

ふるさとを維持し、新たなものをつくるためには、「行動」を積み重ねる長い時間が必要である。

短期間で計算できる目先の利益に対しては、ふるさとは十分期待に応えることができないかもしれない。しかし、人生全体を長い目で眺め、これを大切にする人びとにとっては、ふるさとは生涯にわたる幸福を与えてくれるものと映るに違いない。

「新しいふるさと」は、人びとが行動する立場から見ると、どういう構造をしているものであろうか。

そもそも、ふるさとという観念は相対的なものである。

ふるさとは、外からの視点と内からの視点の双方を持ち、そのことが、ふるさとの内と外をつなぐ一つの接点になる。

こうしたことを踏まえれば、まず、「新しいふるさと」には、外に開かれ他の地域に住む人びとと結びついていく、という観点が欠かせない。古いふるさとのように、部外者に対し内向きに閉じるのではなく、それを超えて、外に向かって積極的につながりや連携を生み出す動きを欠かすことはできない。

もう一つは、ふるさとという意識と一体感を持つ人びとの内なる活動という観点である。ある地域に住んでいる人びとの帰属意識（アイデンティティ）や参加意識を強める主体的な活動に着目するのである。

もちろん、実際には、「新しいふるさと」において外への動きと内への動きが二つの部分に截然と分かれているわけではない。

地域の人たちは、ふるさとの中で、のびのびと積極的に活動する。これは内なるふるさとづくりと見なすことができる。

しかし、このような活動は、外との接触によって触発されて起こされることが多い。地域が育んできた良いところは、外の目で発見されることが多い。まちづくりは、地域外の人たちの力が活かされていっそう豊かになる。農村を訪れ、農業を楽しむ人たちと交流をし、都会からの移住者と一緒にまちづくりをする。より良いふるさとをつくるためには、地域は開かれたものでなければならないし、外からやって来る人たちにとって、喜びとなることも必要なのだ。何よりも、自分と違う経験を持ち、異なる考え方を持つ人びとと出会い、話をすることは、生活の中の大きな楽しみになるのだ。

（西川一誠『「ふるさと」の発想―地方の力を活かす』より。）

(1) 波線部ア～エのカタカナを漢字に直して書きなさい。

(2) 点線部「激しい競争を経験してきた」を例にならって単語に分けなさい。

（例）雨｜が｜やみ｜雲間｜から｜光｜が｜さす。

(3) 二重傍線部「解放」の対義語を漢字二字で答えなさい。

(4) 傍線部Ａ「量的なエネルギーの大きさという面と、ベクトルの多様さという質的な面」とあるが、「量的な面」と「質的な面」とはどういうことか。それぞれ三十字以上四十字以内で答えなさい。

(5) 傍線部Ｂ「ふるさとは他人との『つながり』による満足を約束するはずである」とあるが、その理由を八十字以上九十字以内で答えなさい。

(6) 筆者は本文において、「新しいふるさと」とはどういうものだと述べているか。八十字以上九十字以内で答えなさい。

（☆☆☆◎◎◎）

【二】次の文章は、作者の子が賭弓《のりゆみ》（宮中で行われる弓の競技）の射手に選ばれたことに関する内容が書かれている。これを読んで、(1)～(7)の問いに答えなさい。

人は、めでたく造りかかやかしつるところに、明日なむ、今宵なむと、ののしるなれど、われは、A思ひしもしるく、かくてもあれかしになりにたるなめり。されば、げに懲りにしかばなど、思ひのべてあるほどに、三月十日のほどに、内裏の賭弓のことありて、いみじくいとなむなり。幼き人、しりへの方にとられて出でにたり。「方勝つものならば、その方の舞もすべし」とあれば、このごろは、よろづ忘れて、このことを急ぐ。舞ならすとて、日々に楽をしののしる。出居につきて、賭物とりてまかでたり。Bいとゆゆしとぞうち見る。

十日の日になりぬ。今日ぞ、ここにて試楽のやうなることする。舞の師、多好茂《おほのよしもち》、女房よりあまたの物かづく。男方も、ありとあるかぎり脱ぐ。「殿は御a物忌なり」とて、をのこどもはさながら来たり。事果てがたになる夕暮に、好茂、胡蝶楽舞ひて出で来たるに、黄なるb単衣脱ぎてかづけたる人あり。折にあひたるここちす。また十二日、「しりへの方人さながら集まりて舞はすべし。ここには弓場なくて悪しかりぬべし」とて、Cかしこにののしる。「殿上人数を多くつくして集まりて、好茂埋もれてなむ」と聞く。われはいかにいかにとD、うしろめたく思ふに、夜更けて、送り人あまたなどしてものしたり。さて、とばかりありて、人々あやしと思ふに、はひ入りて、「これがいとらうたく舞ひつること語りになむものしつる。みな人の泣きあはれがりつること。明日明後日、物忌、いかにおぼつかなからむ。五日の日、まだしきに渡りて、ことどもはすべし」など言ひて、帰られぬれば、E常はゆかぬここちも、あはれにうれしうおぼゆることかぎりなし。

（『蜻蛉日記』より。）

（注）「人」＝作者の夫。（この時、夫は新邸を造営したばかりであった。）
「しりへ」＝（弓の競技の）後手組。

「出居」＝練習場。
「五日の日」＝十五日。（この日に賭弓が催されることとなった。）

(1) 二重傍線部a・bの漢字の読みを、それぞれ現代仮名遣いで答えなさい。

(2) 次の文は、波線部「なめり」について説明したものである。空欄にあてはまる言葉を答えなさい。
「なめり」は断定の助動詞の［①］形に［②］の助動詞の終止形が接続した「なるめり」の撥音便「［③］」の撥音が無表記となったものである。

(3) 傍線部A・Bを、それぞれ現代語訳しなさい。

(4) 傍線部Cについて、「かしこ」の指す内容を明らかにして、現代語訳しなさい。

(5) 傍線部Dとあるが、何に対してそう思っていたのか、「ということ」に続く形で、二十字以内で説明しなさい。

(6) 傍線部Eについて、その理由を三十五字以上四十字以内で説明しなさい。

(7) 次のア～エを、成立した年代の古いものから順に並べ、記号で答えなさい。
ア　蜻蛉日記　イ　十六夜日記　ウ　土佐日記　エ　更級日記

（☆☆☆◎◎◎）

【三】次の文章は、龔遂《きょうすい》が渤海《ぼっかい》郡の長官であったときの話である。これを読んで、(1)～(6)の問いに答えなさい。
（設問の都合上、表記を改めた箇所がある。）

渤海歳飢、盗起。選遂為太守。召見問、何以治盗。
遂対《こた》曰、海濱遐《か》遠、不沾《うるほ》聖化。其民飢寒、而吏不恤《あはれ》。
使陛下赤《せき》子、盗弄兵於溝池中耳。今欲使臣勝之邪。
将《はた》安之也。上曰、選用賢良、固欲安之。遂曰、治乱民、
如治乱縄。不可急也。願無拘臣以文法、得便宜従
事。上許焉《これ》。乗伝至渤海界。郡発兵迎。遂皆遣還、移
書罷捕、諸《もろもろ》持田器者為良民、持兵者乃為盗。遂《つひ》単車
至府。盗聞即時解散。民有持刀剣者、使売剣買牛、
売刀買犢《とく》。曰、何為帯牛佩《お》犢。労来巡行。郡中皆有蓄
積。獄訟止息。

（『十八史略』より。）

（注）「海濱遐遠」＝はるかに遠い海辺の地。　「沾聖化」＝帝の徳化を受けること。
「赤子」＝人民。　「盗弄」＝盗み出して悪戯をすること。
「潢池」＝水溜まり。渤海湾にたとえる。　「傳」＝宿つぎの馬車。
「移書」＝布令を出すこと。　「犢」＝子牛。
「獄訟」＝裁判。

(1) 波線部①～③の漢字の読みを送り仮名も含めて現代仮名遣いで書きなさい。
(2) 傍線部Aを書き下し、現代語訳もしなさい。
(3) 傍線部Bについて、「之」の示す内容を具体的にして現代語訳しなさい。
(4) 傍線部Cはどういうことをたとえたものか、説明しなさい。
(5) 傍線部Dとあるが、その理由について説明しなさい。
(6) 文章中のエピソードによって、龔遂は朝廷に召される。このように遂が出世を果たしたのはなぜか。本文の内容を踏まえて四十字以上五十字以内で説明しなさい。

（☆☆☆◎◎◎）

【中学校】

【一】中学校学習指導要領「第2章　各教科」「第1節　国語」の内容について、次の(1)～(5)の問いに答えなさい。

(1) 次の文は、「第2　各学年の目標及び内容」〔第3学年〕「1　目標」の一部である。[①]～[④]

にあてはまる語句を答えなさい。

(2) [①]や深く共感したり[②]したりする力を養い、社会生活における[③]の中で伝え合う力を高め、[④]を広げたり深めたりすることができるようにする。

(2) 次の文は、「第２　各学年の目標及び内容」〔第１学年〕「２　内容」〔知識及び技能〕の一部である。[①]～[④]にあてはまる語句を答えなさい。

(3) 我が国の[①]に関する次の事項を身に付けることができるよう指導する。
ウ　[②]の果たす役割について理解すること。
エ　書写に関する次の事項を理解し使うこと。
(ア)　字形を整え、[③]、配列などについて理解して、[④]で書くこと。

(3) 次の文は、「第２　各学年の目標及び内容」〔第２学年〕「２　内容」〔思考力、判断力、表現力等〕の〔C読むこと〕の一部である。[①]～[④]にあてはまる語句を答えなさい。

(1) 読むことに関する次の事項を身に付けることができるよう指導する。
ア　文章全体と部分との関係に注意しながら、[①]との関係や[②]の仕方などを捉えること。
ウ　文章と[③]などを結び付け、その関係を踏まえて内容を[④]すること。

(4) 次の文は、「第2　各学年の目標及び内容」〔第3学年〕「2　内容」〔思考力、判断力、表現力等〕の〔B　書くこと〕の一部である。［①］～［④］にあてはまる語句を答えなさい。

> (1) 書くことに関する次の事項を身に付けることができるよう指導する。
> エ　［①］に応じた表現になっているかなどを確かめて、［②］を整えること。
> オ　論理の展開などについて、読み手からの［③］などを踏まえ、自分の文章のよい点や［④］を見いだすこと。

(5) 次の文は、「第3　指導計画の作成と内容の取扱い」の一部である。［①］～［④］にあてはまる語句を答えなさい。

> 3　教材については、次の事項に留意するものとする。
> (2) 教材は、次のような観点に配慮して取り上げること。
> ウ　公正かつ［①］能力や［②］を養うのに役立つこと。
> オ　［③］について考えを深め、豊かな人間性を養い、［④］意志を育てるのに役立つこと。

(☆☆☆◎◎◎)

【高等学校】

【二】高等学校学習指導要領「第2章　各学科に共通する各教科」「第1節　国語」の内容について、(1)～(3)の問いに答えなさい。

(1) 次の文は、「第2款　各科目」「第1　現代の国語」「2　内容」〔思考力、判断力、表現力等〕の「A　話すこと・聞くこと」の一部である。文章中の ① ～ ⑤ にあてはまる語句を答えなさい。

> (1) 話すこと・聞くことに関する次の事項を身に付けることができるよう指導する。
> ア　目的や場に応じて、実社会の中から適切な ① を決め、様々な観点から情報を収集、整理して、伝え合う内容を検討すること。
> イ　自分の考えが ② に伝わるよう、自分の立場や考えを明確にするとともに、相手の反応を予想して論理の展開を考えるなど、話の ③ や展開を工夫すること。
> オ　論点を ④ し、考えを広げたり深めたりしながら、話合いの目的、種類、状況に応じて、表現や進行など話合いの仕方や ⑤ の出し方を工夫すること。

(2) 次の文は、「第2款　各科目」「第2　言語文化」「2　内容」〔知識及び技能〕の一部である。文章中の ① ～ ⑤ にあてはまる語句を答えなさい。

(1) 言葉の特徴や使い方に関する次の事項を身に付けることができるよう指導する。
ア 言葉には、文化の[①]、発展、創造を支える働きがあることを理解すること。
ウ 我が国の言語文化に特徴的な語句の量を増し、それらの文化的[②]について理解を深め、文章の中で使うことを通して、[③]を磨き語彙を豊かにすること。
エ 文章の意味は、[④]の中で形成されることを理解すること。
オ [⑤]や見立てなどの我が国の言語文化に特徴的な表現の技法とその効果について理解すること。

(3) 次の文は、「第2款 各科目」「第3 論理国語」「1 目標」の一部である。文章中の[①]～[⑤]にあてはまる語句を答えなさい。

(1) [①]に必要な国語の知識や技能を身に付けるようにする。
(2) 論理的、[②]に考える力を伸ばすとともに、[③]に考える力を養い、他者との関わりの中で伝え合う力を高め、自分の思いや考えを広げたり深めたりすることができるようにする。
(3) 言葉がもつ価値への認識を深めるとともに、生涯にわたって[④]に親しみ自己を向上させ、我が国の言語文化の担い手としての自覚を深め、言葉を通して他者や[⑤]に関わろうとする態度を養う。

(☆☆☆◎◎◎)

解答・解説

【中高共通】

【二】(1) ア　顕著　イ　寿命　ウ　模索　エ　富裕　(2) 激しい―競争―を―経験し―て―き―た　(3) 拘束、束縛　(4) 量的な面…団塊の世代が退職後、自然や人とのつながりを求めてふるさとに向かう流れのこと。(三十八字)　質的な面…さまざまな目的意識でふるさとに移り住み、ふるさとを日常生活の場にすること。(三十七字)　(5) ふるさととの維持には、人とのつながりをつくり出す行動を積み重ねる長い時間が必要であるが、そのぶんつながりが信じられるものとなり、生涯にわたる幸福を与えてくれるものとなるから。(八十六字)　(6) ふるさとが外に開かれ他の地域に住む人びとと結びつくという観点と、ふるさとという意識と一体感をもつ人びとの内なる活動という観点の二つが、相互に働きあって形づくられるふるさとのこと。(八十九字)

〈解説〉(1) 漢字は文脈に合わせて、同音異義語や類似の字形と混同しないように注意すること。本や雑誌を読む等でも鍛えられるので、習慣づけるようにしたい。(2) 激しい(形容詞)、競争(名詞)、を(助詞)、経験し(動詞)、て(助詞)、き(動詞)、た(助動詞)となる。(3) 同音の「開放」との混同に注意すること。なお、「開放」の対義語には閉鎖などがあげられる。(4) 傍線部を含む文章以後で、それぞれの面について述べられているので、それらをまとめればよい。ここでいう「量」とは人手の多さ、「質」は目的意識の変化を指す。(5) ここでは「ふるさと＝つながり」と捉え、傍線部前の段落にある「ふるさと＝分かち合い」を踏まえながら、「つながり」の性質を後文からまとめるとよい。(6) 文章の後半部分をまとめればよい。本文では「新しいふるさと」を内と外に分けて考えているので、その主旨にそって考えること。「古いふるさと」と対比しながら、「新しいふるさと」のイメージを構築するとよいだろう。

【二】(1) a ものいみ b ひとえ (2) ① 連体 ② 推量 ③ なんめり (3) A 思ったとおり B たいそうすばらしい (4) 夫の家で大騒ぎする (5) わが子が無事に舞うことができたかどうか(ということ) (6) わが子の立派に舞った姿を夫がたいそう誇らしく感じていることがわかったから。 (7) ウ→ア→エ→イ

〈解説〉(1) aは神事などのため一定期間飲食・行為などを慎み、心身を清めて家にこもること、または陰陽道で天一神(なかがみ)、太白神(ひとひめぐり)が、遊行する方角をおかすと災いを招くことから、その日の過ぎるまで身を清めて家にこもることをいう。bは裏のない着物で、主として夏に用いる。(2)「なめり」は「…であるようだ」、「…であるように見える」という意味である。意味よりも、本問のように文法関連の出題が多いので注意したい。(3) A「思ひしもしるく」の「しるく」は、上に「も」を伴って、かねて予想していた通りに結果が現われる意の「しるし」(ク・形)の連用形で「思った通り」と訳す。「思ひしも」の「し」は、過去の助動詞「き」の連体形である。B「いとゆゆし」の「いと」は「とても・大変」という意味の副詞で、「ゆゆし」(シク・形)は善悪のいずれにせよ、程度のはなはだしい感じを表す。(4) ここでの「かしこ」は遠称の代名詞「あそこ・かのところ」という意味で、「兼家(夫)のいる所」を指す。「ののしる」(自ラ四)は、「大声をあげて騒ぎ立てる」という意味である。(5)「うしろめたく思ふ」の「うしろめたく」は「うしろめたし」(形・ク)の連用形で、「心配だ・気がかりだ」という意味で、「いかにいかにと」を受けている。わが子(道綱)の舞いに対しての、大丈夫だろうかという親心である。(6)「常はゆかぬここちも」の「ゆかぬここち」は満足のゆかない心を指し、兼家に対しての妻の不満である。「あはれにうれしうおぼゆること」

とは、兼家がわが子の舞いを誇らしげに自分に語って帰ったことへの、この上ない喜びの表現である。「あはれに」は「あはれなり」(形動)の連用形で「しみじみと身にしみて」という意味である。「うれしう」は、「うれし」(シク・形)の連用形のウ音便で、「おぼゆる」を修飾する。兼家のわが子への父性愛に対しての作者の喜びである。 (7) 「蜻蛉日記」は九七四年以降、「十六夜日記」は一二八〇年ごろ、「土佐日記」は九三五年、「更級日記」は一〇六〇年ごろに成立した。

【三】(1) ① のみ　② もとより　③ なんすれぞ　(2) 書き下し文…何を以て(か)盗を治むる(と)。
現代語訳…どのような方法で盗賊を取り締まるのか。　(3) 私に人民を弾圧させるおつもりですか。それとも彼らを安心させるおつもりですか。　(4) 無理に行おうとするとかえってもつれてしまうこと。
(5) 武器の携帯で盗賊と見なされるから。　(6) 農業を奨励し武器を牛や子牛に買い換えさせて人民に蓄えと安定をもたらした遂の手腕が、評価されたから。(四十九字)

〈解説〉(1) ①の「耳」は限定、②の「固」は「元来・もともと」、③の「何為」は疑問の副詞で「どうして」といった意味がある。　(2) 返り点などをつけると、「何ヲ以テ(カ)治ムルト㆑盗ヲ」となる。「何以」はどんなにしてという意味がある疑問の副詞で、「治盗」は盗賊を取り締まるという意味である。　(3) ここでの「之」は人民の代名詞で、使役形と疑問形が用いられている。「勝之」は人民を弾圧すること、「将安之也」の「将」は「あるいは・それとも」といった意味の接続詞で、「安之」は人民を安心させることを指す。　(4) 「乱民」は、世の中の秩序を乱す民のことで、ここは盗賊を指す。「如治乱縄」は、比況形でもつれた縄をもとどおりにしようとすると、かえってからみ合うことになることをいう。盗賊の取締りの強化がかえってマイナスになることのたとえである。　(5) 「盗聞」は田器(農器具)を持つ者を良民とし、兵(武器)を持つ者を盗賊と見なすとしたことを盗賊たちが耳にしたことをいう。盗賊たちが解散したのはそのためである。(6) 龔遂の武器を持つ者を盗賊と見なすという布令のもと、武器を持つ者にはそれを売って牛や子牛を買わせて「労来巡行」(人民をいたわり巡行した)により、人民は「蓄積」(蓄えができ)、「獄訟止息」(裁判沙汰が終息)した。その功績が認められたからである。

【中学校】

【一】(1) ① 論理的に考える力 ② 豊かに想像 ③ 人との関わり ④ 自分の思いや考え
(2) ① 言語文化 ② 共通語と方言 ③ 文字の大きさ ④ 楷書 (3) ① 主張と例示
② 登場人物の設定 ③ 図表 ④ 解釈 (4) ① 目的や意図 ② 文章全体 ③ 助言
④ 改善点 (5) ① 適切に判断する ② 創造的精神 ③ 人生 ④ たくましく生きる

〈解説〉徳島県では学習指導要領の目標・内容は頻出であるため、時間をかけて十分に学習する必要がある。学年目標も教科目標と同様、(1)「知識及び技能」、(2)「思考力、判断力、表現力等」、(3)「学びに向かう力、人間性等」に対応する形となっていることを踏まえ学習すること。また、目標や学習は学年ごとに異なるので、各項目の目標や内容がどのように異なるのかを比較することも有効である。学習指導要領解説では表形式で掲載されているので、参照するとよいだろう。

【高等学校】

【一】(1) ① 話題 ② 的確 ③ 構成 ④ 共有 ⑤ 結論 (2) ① 継承 ② 背景
③ 語感 ④ 文脈 ⑤ 本歌取り (3) ① 実社会 ② 批判的 ③ 創造的 ④ 読書
⑤ 社会

〈解説〉高等学校国語科については、まず今回の改訂で科目構成が大きく変わったことに注意したい。具体的には共通必履修科目が国語総合から、現代の国語と言語文化の2科目に、選択科目は国語表現、現代文A・B、古典A・Bの5科目から、論理国語、文学国語、国語表現、古典探究の4科目となった。改訂前の各科目の学習内容が改訂後のどの科目に移行したかを含めて、改訂後の科目の目標・学習内容を学習してほしい。まずは、改訂の趣旨と各科目の目標を学習し、各科目の位置づけを理解することから始めるとよいだろう。

二〇二〇年度　実施問題

【中高共通】

【一】次の文章を読んで、(1)～(7)の問いに答えなさい。（設問の都合上、表記を改めた箇所がある。）

「世間」の中でいかに生きるかという問いを立てた場合、私たちにはなにができるのだろうか。「世間」の存在に気づき、「世間」を対象化して捉えようとした人でも、「世間」というきわめて曖昧な形で強力な力をアコウシする人間関係の前で［　　］に暮れてしまうであろう。そこでそもそもA「いかに生きるか」という問いはいったいどのような状況の中で問いとしての形をもちえたのかをまず考えてみようと思う。なぜなら今でも「いかに生きるか」という問いとは無関係に生きている人は多いし、このような問いを書生風の幼稚な問いと受け止める人もいるからである。

人類の長い歴史の中で「いかに生きるか」という問いが発せられたのはそう古いことではない。そのような問いが問いとして意味を持ち得るためには「いかに生くべきか」という問いに対して自ら答えを出し、その答えに従って生きて行く可能性が少なくとも存在していなければならないからである。

しかしそのような可能性は古代にはほとんどなかったといってよいだろう。西欧の古代末期には特別な運命にもてあそばれた個人が自分の運命について考察している例はある。しかしそれは特殊な例であって、私たちが「いかに生きるべきか」と自ら問うような場合とは異なっている。中世においてすら中頃までは父親の職業を継ぐのがふつうの人生であった。

B十二世紀頃になってはじめて「いかに生きるか」という問いが実質的な意味をもつことになった。この頃に都市が成立し、そこで新たな職業選択の可能性が開かれていたからである。農村出身の子弟は都市でギルドやツンフト(手工業組合)の職人になる可能性があったし、大学に進学し、法律家や官僚、司祭になる可能性も生まれていた。このような可能性が開かれたとき、はじめて人は「いかに生きるか」という問いに直面したのである。それまでは父親の職業を継ぐことが当然のこととされていた。いまやなにを職業とすべきかを考える中で「いかに生きるか」という問いが重要な意味をもったのである。

これが「教養」の始まりであった。この頃多少知的関心がある人はこの問いをローマ末期の作家たちに問いかけていた。当時の俗語としてのフランス語やドイツ語ではこのような問いに答えることはできなかったからである。ラテン語の能力はこの頃イセンレンされ、人々は文法的な誤りなくラテン語を話せるようになっていた。そのラテン語を用いて「いかに生きるか」という問いが立てられていた。

その答えはローマ末期の作家によって用意されていたから、この頃の人々はまずラテン語で答えを考えたのである。ローマがウスイタイし、滅亡の危機にあったとき、人々はその中で「いかに生きるべきか」という問いに苦心して答えを出そうとしていたのである。この時以後西欧社会の特に都市社会の住人にはローマ末期の人々の文献がこのような問いに対する基本的な答えとなった。その結果、後においてもC「教養」はなによりもまず古典語と結びつくことになったのである。

この時代は西欧においてはきわめて重要な画期であった。西欧社会においてはじめて個人が誕生し、男女の恋愛も新しい局面に入っていた。西欧社会はこの頃から個人と社会の関係に意を用いなければならなくなっていたのである。しかし人口の大半は未だ農業に従事し、新たに生まれた都市の人口もそれほど多くはなかった。「いかに生きるか」という問いはまず都市の住人の中から生まれたから、そのような問いを自ら立てた人も最初は数が少なかった。人口の大部分は相変わらず親の職業を継ぐ人生を送っていたのである。教養の始まりは「いかに生きるか」という問いを立てたことにあった。そのような問いを立て得たのは都市の数少ない人々なのであった。

しかしそのような問いが立てられる以前、あるいは以後でもそのような問いを立てる必要がなかった人々にとって人生はどのようなものだったのだろうか。教養の始まりが「いかに生きるか」という問いであったとすれば農業などの伝統的職業に従事していた人々には教養は無縁なものだったのだろうか。

この問題に答える前に教養の定義をしておかなければならないだろう。教養についてはこれまで様々な定義がなされてきた。しかしそのほとんどは西欧社会の特定の時代に成立した個人の生活態度を教養とするものであり、きわめて狭いものであった。

これまでの教養概念の中心には、文字があり書物がおかれていた。「教養がある」人とは多くの書物を読み、古今の文献に通じている人を指すことが多かった。当然読書の結果その人は世の中をよく知り、様々な事柄について的確な判断ができるとされていた。ときには「教養がある」人とは人格者でもあるとされていた。しかし歴史的に辿ってみると、それらは個人の教養に過ぎず、教養概念の一部分でしかないことが解る。「いかに生きるか」という問いを自ら立てる必要がなく、人生をエタイカなく渡っていた人々は数多くいたのである。それらの人々のことを考慮に入れ、「教養」の定義をするとすれば、次のようになるであろう。

「自分が社会の中でどのような位置にあり、社会のためになにができるかを知っている状態、あるいはそれを知ろうと努力している状況」を「教養」があるというのである。そうだとするとそのような態度は人類の成立以来の伝統的な生活態度であったことが解るだろう。

たとえば農業に従事している人を考えてみよう。彼らは自分たちの仕事が人々の生活を支えていることを知っていたであろう。自分たちの仕事が社会の中でどのような位置を占めているかについては自ら考えをめぐらすことはなくても、知っていたであろう。ただし彼らがそのことを言葉に出して語るためにはもう一つの「教養」つまり文字が必要であったから、それが言葉になるためには長い年月が必要であった。しかし彼らはこうしたことを身体で知っていたから、「いかに生きるか」という問いを立てる必要もなかったのである。こうした人々の人生に向かう姿勢をあえて教養というとすれば、それは集団の教養というべきものであろう。

（阿部謹也『「教養」とは何か』より。）

(1) 波線部ア～エのカタカナを漢字に直して書きなさい。
(2) 点線部「そのような可能性は古代にはほとんどなかったといってよいだろう。」を例にならって文節に分けなさい。
(例) 今日は／朝から／天気が／いい。
(3) 本文中の□に入る適当な言葉を漢字で答えなさい。
(4) 傍線部A「『いかに生きるか』という問い」とあるが、その問いが成り立つ状況とはどのようなものか、本文中の言葉を用いて、三十五字以上四十五字以内で答えなさい。
(5) 傍線部B「十二世紀頃になってはじめて『いかに生きるか』という問いが実質的な意味をもつことになった」とあるが、どういうことか。六十字以上七十字以内で答えなさい。
(6) 傍線部C「『教養』はなによりもまず古典語と結びつくことになった」とあるが、その理由を六十字以上七十字以内で答えなさい。
(7) 傍線部D「集団の教養」とあるが、どのようなことか。個人の教養に触れながら、六十五字以上七十五字以内で答えなさい。

（☆☆☆◎◎◎）

【二】次の文章を読んで、(1)～(7)の問いに答えなさい。（設問の都合上、表記を改めた箇所がある。）

一条院の御時、御秘蔵の鷹ありけり。但しいかにもとりをとらざりけり。御鷹飼ども面々にとりかひけれども、Aすべて鳥に目をだにかけざりければ、しかねて、件の鷹を粟田口十禅師の辻につなぎて行人に見せられけり。もしおのづからいふ事やあるとて、人をつけられたりけるに、ただのa直垂上下にあみ笠きたるのぼりうど、馬よりおりてこの鷹を立廻り立廻り見て、「あはれ、逸物や。上なきものなり。ただしいまだとりかはれぬ鷹なれば、鳥をばよもとらじ」といひてすぐる者ありけり。その時、御鷹飼いでて、かの行人にあひて、「只今Ⅰのたまはせつる事すこしもたがはず。これは御門の御鷹なり。しかるべくは、とりかひて叡感にあづかり給へ」といへば、このぬし、「とりかはアん事いとやすき事なり。われならでは、この御鷹とりかひぬべき人おぼえず」といへば、「Bいと希有の事なり。すみやかにこのよし叡聞にいるべし」とて、やどなどくはしく尋ね聞きて、御鷹すゑて参りて、このよし奏聞しければ、叡感ありて、則ち件の男めされて御鷹をたまはせけり。すゑてⅡまかり出でて、よくとりかひて参りたり。

南庭の池の汀に候ひて叡覧にそなへけるに、出御の後、池にすなごをまきければ、魚あつまりうかびたりけるに、鷹はやりければ、あはせイてけり。則ち大きなる鯉を取りてあがりたりければ、やがてとりかひてけり。御門よりはじめてあやしみ目を驚かして、そのゆゑをめし問はれければ、「この御鷹はみさご腹の鷹にて候。まづかならず母が振舞をして後に父が芸をばつかうまつり候ふを、人そのゆゑを知り候はで、Cいままで鳥をとらせ候はぬなり。」こののちは、一つもよもにがし候はじ。究竟の逸物にて候ふなり」と申しければ、叡感はなはだしくて、所望何事かある、申さむにしたがふべきよし、仰せ下されければ、信濃の国のひぢの郡に屋敷・田園などをぞ申しうけける。

（『古今著聞集』より。）

(注)「とりかふ」＝飼い仕込む。飼料を与える。　「みさご腹」＝魚を捕らえるみさごを母とする鷹の子。

(1) 二重傍線部aについては漢字の読みを、bについては意味を、それぞれ書きなさい。
(2) 傍線部ア・イの助動詞について、文法的意味と活用形をそれぞれ答えなさい。
(3) 傍線部Ⅰ・Ⅱは敬語であるが、誰から誰への敬意を表したものか、ア～エからそれぞれ選び、記号で答えなさい。
　ア　御鷹飼　　イ　御門　　ウ　かの行人　　エ　作者
(4) 傍線部Aを現代語訳しなさい。
(5) 傍線部Bは、何に対して言ったものか、三十字以上三十五字以内で説明しなさい。
(6) 傍線部Cの理由を、「母が振舞」と「父が芸」の意味する内容に触れて、三十字以上三十五字以内で説明しなさい。
(7) 「古今著聞集」と同時代・同ジャンルの作品を、ア～エから一つ選び、記号で答えなさい。
　ア　今昔物語集　　イ　十訓抄　　ウ　竹取物語　　エ　方丈記

(☆☆☆◎◎◎)

【三】次の文章を読んで、(1)～(6)の問いに答えなさい。(設問の都合上、表記を改めた箇所がある。)

荀巨伯、遠ク看《みま》ヒ二友人ノ疾ヲ一、値《あ》フ二胡賊ノ攻ムルニレ郡ヲ一。友人語リテ二巨伯ニ一曰ハク、吾、今死セン矣。子、①可レ去ル。巨伯曰ハク、遠ク来リテ相視ルニ、ᴬ子令吾去。敗《そこな》ヒレ義ヲ以テ求ムルハレ生ヲ、ᴮ豈荀巨伯所行邪。賊既ニ至リ、謂ヒテ二巨伯ニ一曰ハク、大軍至リテ、一郡②尽空シキニ、汝、何ノ男子ニシテ而ᶜ敢ヘテ独リ止マレルヤト。巨伯曰ハク、友人有リレ疾、不レ忍ビレ委《す》ツルニレ之ヲ。③寧以テ二我ガ身ヲ一代ヘント二友人ノ命ニ一。賊相謂ヒテ曰ハク、我輩無義之人ニシテ、而入ラント二［　　］之国ニ一。ᴰ遂ニ班シテレ軍ヲ而還ル。一郡並ビニ獲タリレ全キヲ。

(『世説新語』より。)

(注)「荀巨伯」＝河南省の人。後漢桓帝のころの人。　「胡賊」＝北方の異民族。
「相視」＝会って安否を確かめること。　「班軍」＝軍隊を引き返すこと。

(1) 波線部①～③の漢字の読みを送り仮名も含めて現代仮名遣いで書きなさい。
(2) 傍線部Aをすべてひらがなで書き下し、現代語訳もしなさい。
(3) 傍線部Bを「所行」の内容を具体的に示して現代語訳しなさい。
(4) 傍線部Cとは対照的な部分を抜き出しなさい。ただし、訓点は含まない。

(5) 本文中の［　］に入る最も適切な語を、漢字二字で書きなさい。

(6) 傍線部Dとあるが、このような結末に至ったのはなぜか。本文の内容を踏まえて二十五字以上三十五字以内で説明しなさい。

（☆☆☆◎◎◎）

【中学校】

【一】中学校学習指導要領「第2章　各教科」「第1節　国語」の内容について、次の(1)～(5)の問いに答えなさい。

(1) 次の文は、「第1　目標」の一部である。［①］～［④］にあてはまる語句を答えなさい。

> (1) ［①］に必要な国語について、その［②］を理解し適切に使うことができるようにする。
>
> (3) 言葉がもつ価値を認識するとともに、言語感覚を豊かにし、［③］に関わり、国語を尊重してその［④］を図る態度を養う。

(2) 次の文は、「第2　各学年の目標及び内容」〔第1学年〕「1　目標」の一部である。［①］～［④］にあてはまる語句を答えなさい。

> (2) 筋道立てて［①］や豊かに感じたり想像したりする力を養い、［②］における人との関わりの中で［③］を高め、［④］を確かなものにすることができるようにする。

(3) 次の文は、「第2　各学年の目標及び内容」〔第2学年〕「2　内容」〔知識及び技能〕の一部である。［①］～［③］にあてはまる語句を答えなさい。

(2) 話や文章に含まれている情報の扱い方に関する次の事項を身に付けることができるよう指導する。
ア 意見と［①］、［②］と抽象など情報と情報との関係について理解すること。
イ 情報と情報との関係の［③］を理解し使うこと。

(4) 次の文は、「第2　各学年の目標及び内容」〔第3学年〕「2　内容」〔思考力、判断力、表現力等〕の〔C読むこと〕の一部である。［①］～［③］にあてはまる語句を答えなさい。

(1) 読むことに関する次の事項を身に付けることができるよう指導する。
イ 文章を［①］に読みながら、文章に表れている［②］について考えること。
ウ 文章の構成や［③］、表現の仕方について評価すること。

(5) 次の文は、「第3　指導計画の作成と内容の取扱い」の一部である。［①］・［②］にあてはまる語句を答えなさい。

2　第2の内容の取扱いについては、次の事項に配慮するものとする。
ウ　書写の指導については、第2の内容に定めるほか、次のとおり取り扱うこと。
(ウ)　①　を使用する書写の指導は各学年で行い、　②　による書写の能力の基礎を養うよう指導すること。

(☆☆◎◎◎)

【高等学校】

【一】高等学校学習指導要領「第2章　各学科に共通する各教科」「第1節　国語」の内容について、(1)～(3)に答えなさい。

(1)　次の文は、「第1款　目標」の一部である。文章中の　①　～　⑥　にあてはまる語句を答えなさい。

(2)　生涯にわたる　①　における　②　との関わりの中で　③　を高め、思考力や想像力を伸ばす。
(3)　言葉のもつ　④　への認識を深めるとともに、言語感覚を　⑤　、我が国の言語文化の　⑥　としての自覚をもち、生涯にわたり国語を尊重してその能力の向上を図る態度を養う。

(2)　次の文は、「第2款　各科目」「第1　現代の国語」「2　内容」〔知識及び技能〕の一部である。文章中の　①　～　④　にあてはまる語句を答えなさい。

(2) 話や文章に含まれている情報の扱い方に関する次の事項を身に付けることができるよう指導する。

ア 主張と［①］など情報と情報との関係について理解すること。

イ 個別の情報と［②］された情報との関係について理解すること。

ウ ［③］の仕方を理解し使うこと。

エ 情報の［④］や信頼性の吟味の仕方について理解を深め使うこと。

(3) 次の文は、「第2款　各科目」「第2　言語文化」「2　内容」〔思考力、判断力、表現力等〕の「B　読むこと」の一部である。［①］～［⑤］にあてはまる語句を後のａ～ｊから選び、記号で答えなさい。

(1) 読むことに関する次の事項を身に付けることができるよう指導する。

ア 文章の［①］を踏まえて、内容や構成、展開などについて［②］を基に的確に捉えること。

ウ 文章の構成や展開、表現の仕方、表現の特色について［③］すること。

エ 作品や文章の成立した［④］や他の作品などとの関係を踏まえ、内容の解釈を深めること。

オ 作品の内容や解釈を踏まえ、自分のものの見方、感じ方、考え方を深め、我が国の言語文化について自分の［⑤］をもつこと。

a　思い　b　考え　c　叙述　d　過程　e　描写　f　理解　g　評価　h　吟味
i　背景　j　種類

（☆☆☆◎◎◎）

解答・解説

【中高共通】

【一】(1)　ア　行使　イ　洗練　ウ　衰退　エ　大過　(2)　そのような一可能性は一古代には一ほとんど一なかったと一いって一よいだろう。　(3)　途方　(4)　「いかに生きるか」という問いに答えを出し、その答えに従って生きる可能性がある状況。（四十一字）　(5)　都市の成立により職業選択が自由になり、何を職業とすべきかを考えることが、自分の生き方において重要な意味をもつようになったということ。（六十六字）　(6)　かつてローマ末期の作家が書いたラテン語の文献が「いかに生きるか」の基本的な答えであったため、以後もそれに答えを求めたから。（六十一字）　(7)　狭い教養としての個人の生活態度ではなく、社会的位置や社会を支えていることを身体で知っている伝統的職業に従事した人々の人生に向かう姿勢のこと。（七十字）

〈解説〉(1)　エの「大過」は「大きな過ち」「ひどい失敗」という意味。同音異義語に注意すること。　(2)　助詞「て」の下で文節が切れることを忘れてはならない。　(3)　「途方に暮れる」とは、方法や手段が尽きて、どうしたらよいかわからなくなること。「途方」は、手段・方法の意。(4) 第二段落に「そのような問いが問いとして意味を持ち得るためには」とあり、これ以下で、問いが成立する状況が説明されている。(5) 傍線部B中の二点「十二世紀頃」「『いかに生きるか』という問い」を詳述する必要がある。両方の観点とも「職業」のあり方の変化に着眼してまとめればよい。(6) 傍線部Cの直前に「その結果」とある。傍線部Cの理由は、この前で述べられている。(7) 傍線部D中の「集団」とは、その直前にある通り、「社会」のことである。このことがもつ意味を、設問の指示にもある通り「個人の教養」との対比の中で説明することが必要である。

【二】(1) a ひたたれ b きわめて優れていること。(2) ア 意味…婉曲 活用形…連体形 イ 意味…完了 活用形…連用形 (3) Ⅰ 誰から…ア 誰へ…ウ Ⅱ 誰から…エ 誰へ…イ (4) まったく鳥に目さえかけなかったので (5) 扱いかねていた御門の鷹を飼い仕込むことができるという人が現れたこと。(三十四字) (6) 鳥を捕ることを身に付ける前に魚を捕ることを教え込まれていなかったから。(三十五字) (7) イ

〈解説〉(1) b 「究竟」とは、仏教用語であり、真理の究極を言う。そこから転じて、きわめて優れていることを意味する。(2) 活用形は、下に続く語から判断すればよい。アの「ん」の意味については、下に名詞が続く場合には、婉曲であることが多い。イの「て」は完了の助動詞「つ」の連用形。(3) Ⅰ・Ⅱはそれぞれ、尊敬語と謙譲語である。尊敬語は動作主体への敬意を表し、謙譲語は動作対象への敬意を表す。(4) 「だには、軽いものをあげて、他にもっと重いものがあることを類推させる。(5) 直前の、行人の口から出た「私以外に、この御鷹を飼育できそうな人が思い浮かばない」という発言に対する反応である。行人の発言の意味が分かるように、どのような鷹であるのか説明を補う必要がある。(6) 傍線部Cの直前にある通り、「人々

がその事情を御存じなかった」ことが理由である。さらにその直前で説明されている「その事情」の内容をまとめればよい。本文の注にもある通り、魚を捕らえることは、母親と同じ行動である。(7) アの『今昔物語集』も『古今著聞集』『十訓抄』と同じく説話集ではあるが、成立が平安時代である。『古今著聞集』『十訓抄』の二つは鎌倉時代の成立。

【三】(1) ① べし　② ことごとく　③ むしろ　(2) 書き下し文…しわれをしてさらしめんとす。現代語訳…あなたはわたしに逃げさせようとする。　(3) どうして荀巨伯は友人を見捨てて自分が生き延びる行いをしようか。いやしない。　(4) (大軍至、)一郡尽空　(5) 有義　(6) 友人思いの荀巨伯の言動に賊たちが感心し、攻撃するのをやめたから。(三十二字)

〈解説〉(1) ②「尽」は、動詞であるならば、「つくす」「つきる」という読みもある。③「寧」は、「むしろ」と読み、比較を表す。他に「いずくんぞ」「なんぞ」と読み、疑問・反語を表すこともある。　(2) 「令ＡＢ」という形で「ＡをしてＢしむ」と読み、使役の意味を表す。　(3) 「豈に荀巨伯の行うところならんや」。「豈」は反語を表す。　(4) 傍線部Ｃ中の「独」と、前の「一群」が対比されている。漢文では、この箇所のように文章が対句構造をとることがしばしばある。　(5) 直前の「無義之人」と空欄部分の対比から考える。
(6) 荀巨伯の行動に、胡賊は「義」を見たのである。字数制限から、郡内の他の人々とは異なる、荀巨伯の行動(友人有疾、不忍委之。寧以我身代友人命。)を具体的に短くまとめる必要がある。

【中学校】

【一】(1) ① 社会生活　② 特質　③ 我が国の言語文化　④ 能力の向上　(2) ① 考える力
② 日常生活　③ 伝え合う力　④ 自分の思いや考え　(3) ① 根拠　② 具体　③ 様々な表

し方　(4) ① 批判的　② ものの見方や考え方　③ 論理の展開　(5) ① 毛筆　② 硬筆

〈解説〉(1) 目標の(1)では、言葉の特徴や使い方、話や文章に含まれている情報の扱い方などを、社会生活の様々な場面で主体的に活用できるよう、「知識及び技能」として習得することが重要であることが示されている。目標の(3)は「学ぶに向かう力、人間性等」に関する目標である。国語が、自己形成、社会生活の向上、文化の創造・継承に欠かせないことを理解し、国語に対する自覚・関心を高め、言語能力を向上させていく。そうした中で、国語を愛護・尊重し、国語を一層優れたものに向上させていこうとする意識や態度が育っていくのである。(2)「考える力」については、第1学年では、筋道立てて考える力、第2・第3学年では、論理的に考える力の育成に重点を置いている。(3) 情報の扱い方に関する「知識及び技能」は国語科で育成すべき重要な資質・能力の一つで、今回の改訂で、「情報の扱い方に関する事項」が新設されている。(4) 第3学年のイは、文章の内容に関する精査・解釈について示されている。「精査・解釈」とは、文章の内容や形式に着目して読み、目的に応じて意味付けたり考えたりすることである。第3学年では、批判的に読む、つまり、文章に書かれていることをそのまま受け入れるのではなく、文章を対象化して、吟味したり検討したりしながら読んで、ものの見方や考え方について考えることが示されている。(5) (ウ)は、毛筆を使用する書写の指導が、硬筆による書写の能力の基礎を養うことをねらいとしていることを明確にしたものである。

【高等学校】

【一】(1) ① 社会生活　② 他者　③ 伝え合う力　④ 価値　⑤ 磨き　⑥ 担い手

(2) ① 論拠　② 一般化　③ 推論　④ 妥当性　(3) ① j　② c　③ g　④ i

⑤ b

〈解説〉(1)　目標の(2)の「伝え合う力」を高めるとは、互いの立場や考えを尊重し、言語を通して的確に理解したり効果的に表現したりして、円滑に相互伝達、相互理解を進めていく力を高めることである。目標の(3)の「言葉のもつ価値」には、言葉によって自分の考えを形成したり新しい考えを生み出したりすること、言葉から様々なことを感じたり、感じたことを言葉にしたりすることで心を豊かにすること、言葉を通じて他者や社会と関わり自他の存在について理解を深めることなどがある。(2)　今回の改訂で「情報の扱い方に関する事項」が新設された。「情報と情報との関係」、「情報の整理」の二つの内容で構成されており、共通必履修科目の「現代の国語」と選択科目の「論理国語」に示されている。(3)　共通必履修科目として新設された「言語文化」は、上代から近現代につながる我が国の言語文化への理解を深める科目で、伝統的な言語文化に関する理解を中心とし、それ以外の各事項も含み、全ての力を総合的に育成するものである。アの「文章の種類」は、文体による区分け(文語文・口語文、韻文体・和文体・漢文体・翻訳文体など)以外に、書き手の目的や意図などによる区分け(実用的・論理的・文学的な文章)がある。対象となる文章がどれに属し、どのような特徴があるのか把握し、思い込みや誤解がないように、叙述を注意深く丁寧に捉えることが重要である。

二〇一九年度 実施問題

【中高共通】

【一】次の文章を読んで、(1)~(7)の問いに答えなさい。(設問の都合上、表記を改めた箇所がある。)

家族は、生き物としての子どものいのちを育むとともに、社会の成員として育てる、そういう養育の場である。が、それは社会のルールを仕込む場所としてあるのではない。すでに見たように、しつけに先立って、まずは親しくない他のひとたちとの契約という社会的関係が成立する前提となるべき、他者への信頼というものを育む場所として、それはある。そのなかでひとが身につけるべき共存の習慣を、子どもは、大人がわざわざ教えなくても大人を見て勝手に学ぶ。だから、大人を見て、そして大人に見守られて、子どもが「自然に育つ」ような場を、家庭のうちに、あるいは社会のうちにきちんと用意できているということ、これが「養育」のあるべきかたちである。そして、信頼の関係から契約の関係へと子どもが移行してゆく、その X となるのが、家族での、地域での生活である。

かつての地域社会にはまだ、子どもたちが勝手に育つような場があった。子どもたちに少しだけ距離を置いて見守るようなまなざしが、地域社会には溢れていた。じっさい子どもたちは近所の大人たちを、「おじさん」「おばさん」と擬似家族用語で呼んでいた。こうした周囲のまなざしはやがて子どもたちには鬱陶しいものになってゆく。子どもは、Aそういう視線にさらされ、護られ、抵抗もして、いずれ契約の関係をも引き受けるようになる。現代の都市生活には、そういう「おのずと育つ」場所がきわめて少ない。

たがいに出自を大きく異にするひとびとがたまたま同一地域に住まうことになり、マンションや公団住宅に住まうことで、各家族が内へと閉じてしまい、都市の商店街や露地のようにたがいに勝手に出入りできるような開放性が地域から消えていった。食材も全国チェーンのマーケットで購入し、気候や災害との闘いも、建物の機能改善や自治体の公的対策に依存するようになり、住民が協同で事にあたるということが少なくなった。ソーシャル・サーヴィスの恩恵を受ける(あるいは、それを買う)ことで、身近なひとの生老病死に協同してあたることが少なくなった。それにともない、子どもたちもまた地域社会で十分にもまれることもないままに、それぞれの家庭から、そして学校から、すぐに公的空間へ、つまりは社会に出る……。いきなり本番、というわけだ。

ひとりのひとの面倒を別のひとりがそっくりみるようには、人間はできていない。養育ということを考えるときの基本がこれである。しかし、右に述べたようにコミュニティの力が殺《そ》がれているなかで、養育は、その負担が全面的に母子関係にのしかかるようになっている。そうなると養育は、楽しみというより苦痛でしかなくなってしまう。じっさい、母親の不安と焦りから虐待が起こってしまうのは、多くのひとが知るところだ。

そのためには、母親を孤立させないための仕組み、そして女性が職業と育児を安心して両立させうるような仕組みが、その周辺にさまざまなかたちで完備されている必要がある。子どもはみなで育てるものだということが、考え方としてではなく仕組みとして整備されていなければ、養育は成り立たない。

少子化が進み、地域社会の養育力が殺がれてゆくなかで、母親ひとりに養育の責任がかかるようになり、思いどおりにならないと焦って、子どもについ過剰なカンショウをし、過剰な期待を押しつけるようになる。

こんなふうな人間になってもらいたい、そのためにこのような学校に行ってほしい、そのためにはこのようなお稽古ごとや習いごとをしておく必要がある……というふうに、子どもをまるで作品のように育てようとする。そして子どもがそのような軌道から少しでも外れかけると、すぐに修正にかかる。子どもが予定された軌道を外れはしないかと、とてもナーバスになっている。

それだけではない。視線のすべてが子どもに注がれる。しかも両親の視線が結束して。ときには教師のそれとも結束する。一つのまなざしで見つめられると、それに従うか拒絶するかの二者択一しかなくなる。オール・オア・ナッシングの対応しかできなくなる。大家族の場合ならそうはならない。両親が結託して子どもを叱っているときに、祖父や祖母が、あるいは叔父や叔母が、両親を茶化しにかかる。別の考え方を提示したりもする。

もともとは出自を異にする他人どうしの Y によって生まれる家族とは、葛藤の場であって当然なのだ。そこで、対立する価値観、対立する考え方のあいだでもまれ、イ翻弄されるなかで、子どもはたくましくなってゆく。この葛藤の不在こそが、いまの家族のいちばんの問題なのではないかと思う。

家族にはもう一枚、豊かさという幻想が被さっている。かつてわたしの友人がこう語っていた——「かつての貧しい社会では、子どもが、ほしいものを無理して買ってもらおうとおねだりしたとき、母親が『それだけあれば二、三日みんなが食べられるよ』と言ってたしなめると、子どもは黙って従ったものです。自分の欲求を押しつぶすような、向こうにある大きな限界が透けて見えたからです。社会が豊かになると、何でも望めば手に入るようになって、向こうにある人間としての限界が見えにくくなります。すると子どもは、『なぜ買ってくれないのか』と納得がいかなくなる。『自分の親は愛情が薄い』と不平を言ったり、悲しんだりすることになる」、と。

そういう意味でも、家族とは葛藤のるつぼである。しかもそこから下りることを許さない関係である。よほどのことがなければ解消できない関係である。そういうのっぴきならない場所で、子どもは人間関係の葛藤の原型となるものを経験する。どちらが正しいかという ウギョウギのよい判断のことではない。いまこの状況のなかでどちらについておいたほうがこの先楽か、といった智恵を子どもは身につけるのだ。この葛藤が起こらないように、見えないようにとばかり腐心してきたのが、いまの「優しい」家族、「親密な」家族だ。

しかし、保育園や幼稚園に入っていきなり「友人」という社会的関係へとさらされてもうまくゆくはずがない。この葛藤のなかで子どもは自分の存在の輪郭を少しずつ固めてゆくからだ。いきなり社会にさらされれば、その不確かな輪郭もすぐに崩れてしまう。そして、社会のなかで特定の役割を演じる代わりに、自分の存在をそのままで承認してくれる特定の他者を必死で探し求めることになる。 Cわたしの存在は他者の意識の宛て先となっているというかたちで、もっともくっきり見えてくるものだからだ。

こうして私的な、あるいは親密な個人的関係というものに、ひとはそれぞれの「わたし」を賭けることになる。近代の都市生活とは、個人にとっては、社会的なもののリアリティがますます親密なものの圏内に縮められてゆく、そういう過程でもある。いまの時代、子どもたちにとって「友だち」との関係が法外に大きな意味をもつようになっているのもそのためだ。だれかとの関係のなかで傷つく痛みのほうが、身体のフィジカルな痛みよりも、よほどリアルだという、そういう〈魂〉の光景が、そこに映し出されている……。

（鷲田清一『わかりやすいはわかりにくい？——臨床哲学講座』より。）

(1)　波線部ア～ウの漢字には読みがなを書き、カタカナは漢字に直して書きなさい。

(2)　二重傍線部a～cの品詞名を漢字で答えなさい。

(3) 空欄 X ・ Y にそれぞれあてはまる最も適切な言葉を次のア～オから選び、記号で答えなさい。

ア 協力　イ 境界　ウ 媒介　エ 基本　オ 結合

(4) 傍線部Aは、何を表しているか。言い換えている部分を本文中から二十字以上三十字以内で抜き出して答えなさい。

(5) 傍線部Bとあるが、それはどういう状況のことを言っているのか。二十字以上三十字以内で答えなさい。

(6) 傍線部Cとあるが、それはどういうことか。四十字以上五十字以内で答えなさい。

(7) 筆者は本文において、「家族」とはどういう場であると述べているか。「信頼」「葛藤」という言葉を用いて六十字以上七十字以内で答えなさい。

(☆☆☆◎◎◎)

【二】次の文章を読んで、(1)～(7)の問いに答えなさい。(設問の都合上、表記を改めた箇所がある。)

北山の辺にAよしある所のありしを、はかなくなりし人の領ずる所にて、花の盛り、秋の野辺など見には、常に通ひしかば、誰も見し折もありしを、ある聖の物になりてと聞きしを、Bゆかりあることありしかば、せめてのことに、忍びて渡りて見れば、面影は先立ちて、またCかき暗さるるさまぞ、言ふ方なき。磨きつくろはれし庭も、浅茅が原、蓬が杣になりて、葎も苔も茂りつつ、ありしけしきにもあらぬに、植ゑし小萩は茂りあひて、北南の庭に乱れ伏したり。藤袴うちかをり、ひとむらすすきも、まことに虫の音繁き野辺と見えしに、車寄せて下りし妻戸のもとにて、ただひとりDながむるに、さまざま思ひ出づることなど、言ふもなかなかなり。例のものも覚えぬやうにかき乱る心の内ながら、

E露消えしあとは野原となりはててありしにも似ず荒れはててにけり
跡をだに形見に見むと思ひしをさてしもいとどかなしさぞ添ふ

東の庭に、柳桜の同じ丈なるを交ぜて、あまた植ゑ並べたりしを、ひととせの春、もろともに見しことも、ただ今の心地するに、梢ばかりは、さながらあるも、心憂く悲しくて、

F植ゑて見し人はかれぬるあとになほ残る梢を見るも露けし
わが身もし春まであらば尋ね見む花もその世のこと（　　）忘れそ

（『建礼門院右京大夫集』より。）

(注)「はかなくなりし人」＝この人と作者とは恋愛関係にあった。

(1) 傍線部Ａ・Ｄの意味をそれぞれ答えなさい。
(2) 傍線部Ｂを、その相手を補って現代語訳しなさい。
(3) 傍線部Ｃとはどのような様子か。その理由も明らかにして五十字以上六十字以内で説明しなさい。
(4) 傍線部Ｅについて、次のａ・ｂに答えなさい。
　ａ　ここで用いられている和歌の技巧を説明しなさい。
　ｂ　「ありし」を簡潔に言い表している箇所を九字で抜き出しなさい。
(5) 傍線部Ｆを現代語訳しなさい。
(6) （　　）にあてはまる副詞を答えなさい。
(7) 「建礼門院右京大夫集」と成立した時代が同じである作品を、次のア～エから二つ選び、記号で答えなさい。

ア 十六夜日記　イ 和漢朗詠集　ウ 風姿花伝　エ 発心集

【三】 次の文章を読んで、(1)～(6)の問いに答えなさい。(設問の都合上、表記を改めた箇所がある。)　(☆☆☆☆◎◎◎)

伝ニ曰ク、賞ノ疑ハシキハ従フレ与フルニ。所‐二以広ムル一レ恩ヲ也。罰ノ疑ハシキハ従フレ去ルニ。所‐二以慎ム一レ刑ヲ也。当リテ二堯《げう》之時一ニ、皐《かう》陶《えう》為ルレ士ト。A将レ殺レ人。皐陶曰フコトレ殺サントレ之ヲ三タビ、堯曰フコトレ宥《ゆる》メヨトレ之ヲ三タビナリキ。故ニ天下畏レ二皐陶ノ執ルレ法ヲ之堅キヲ一、而シテ楽シメリ二堯ガ用フルレ刑ヲ之寛ナルヲ一。四岳曰ク、鯀《こん》可シトレ用フ。堯曰ク、不可ナリ。鯀方《はう》シレ命ヲ圮《やぶ》ルトレ族ヲ。既ニシテ而曰ク、B試ミントレ之ヲ。何ゾ堯之不シテレ聴カ二皐陶之殺サントスルヲ一レ人ヲ、而従ヘル二四岳之用ヒントスルニ一レ鯀ヲ也。然ラバ①則聖人之意、②蓋亦可シレ見ル矣。書ニ曰ク、罪ノ疑ハシキハ惟レ軽クセヨ。功ノ疑ハシキハ惟レ重クセヨ。C与リハ三其ノ殺サン二不《ふ》辜《こ》ヲ一、寧ロ失セヨト二不《ふ》経《けい》ニ一。③嗚呼尽セリレ之ヲ矣。可ク二以テ賞ス一、可シ二以テ無カル一レ賞スル。賞スレバレ之ヲ過グ二乎仁ニ一。D可ク二以テ罰ス一、可シ二以テ無カルレ罰スル。罰スレバレ之ヲ過ギ二乎義ニ一。過グルハ二乎仁ニ一、不レ失ハレ為ルヲ二君子一。過グレバ二乎義ニ一、則チ流レテ而入ル二於忍《にん》人《じん》ニ一。故ニ仁ハ可キレ過グ也、義ハ不ルレ可カラレ過グ也。

（『続文章軌範』より。）

（注）「伝」＝古い書物。　「堯之時」＝堯帝の時代。　「皐陶」＝帝の臣下。
「士」＝裁判官。　「四岳」＝四方の諸侯。　「鯀」＝人名。

「方命」＝命令を放置すること。　「圮族」＝善人を害する。　「書」＝「書経」。

「不辜」＝無実の人。　「失不経」＝法に従わないこと。　「忍人」＝残忍な人。

(1) 波線部①～③の漢字の読みを送り仮名も含めて現代仮名遣いで書きなさい。
(2) 傍線部Aを書き下し、現代語訳もしなさい。
(3) 傍線部Bは誰をどうすることか。十字以内で答えなさい。
(4) 傍線部Cを現代語訳しなさい。
(5) 傍線部Dが表す内容とほぼ同意の部分を本文中から漢字二字で抜き出しなさい。
(6) 傍線部Eとあるが、『仁』は過ぎてもよいが、『義』は過ぎてはいけない」という理由を、「仁」と「義」を対比しながら、四十字以上五十字以内で説明しなさい。

（☆☆☆☆◎◎◎）

【中学校】

【一】中学校学習指導要領「第2章　各教科」「第1節　国語」について、(1)〜(4)の問いに答えなさい。

(1) 次の文は、「第1　目標」の一部である。[①]〜[④]にあてはまる語句を答えなさい。

> (2) 社会生活における[①]の中で伝え合う力を高め、思考力や[②]を養う。
> (3) [③]を認識するとともに、[④]を豊かにし、我が国の言語文化に関わり、国語を尊重してその能力の向上を図る態度を養う。

(2) 次の文は、「第2　各学年の目標及び内容」〔第1学年〕「2　内容」〔知識及び技能〕の一部である。[①]〜[④]にあてはまる語句を答えなさい。

> (2) 話や文章に含まれている情報の[①]に関する次の事項を身に付けることができるよう指導する。
> ア　原因と結果、[②]と根拠など情報と情報との関係について理解すること。
> イ　比較や[③]、関係付けなどの情報の整理の仕方、引用の仕方や[④]の示し方について理解を深め、それらを使うこと。

(3) 次の文は、「第2　各学年の目標及び内容」〔第3学年〕「2　内容」〔思考力、判断力、表現力等〕の「B　書くこと」の一部である。[①]〜[⑤]にあてはまる語句を答えなさい。

(1)　書くことに関する次の事項を身に付けることができるよう指導する。
ア　目的や意図に応じて、社会生活の中から題材を決め、集めた材料の［①］や［②］を確認し、伝えたいことを明確にすること。
イ　文章の種類を選択し、［③］な読み手を説得できるように［④］の展開などを考えて、文章の構成を工夫すること。
ウ　表現の仕方を考えたり資料を適切に引用したりするなど、［⑤］が分かりやすく伝わる文章になるように工夫すること。

(4)　次の文は、「第3　指導計画の作成と内容の取扱い」の一部である。［①］・［②］にあてはまる語句を答えなさい。

3　教材については、次の事項に留意するものとする。
(4)　我が国の言語文化に［①］ことができるよう、［②］の代表的な作家の作品を、いずれかの学年で取り上げること。

(☆☆☆☆◎◎◎)

【高等学校】

【二】高等学校学習指導要領「国語」及びそれに関連する事項について、(1)～(3)に答えなさい。

(1) 次の文は、「第1　国語総合」「3　内容の取扱い」「(6)　教材については、次の事項に留意するものとする。」「ウ　教材は、次のような観点に配慮して取り上げること。」として挙げられている事項の一部である。文章中の ① ～ ⑥ にあてはまる語句を答えなさい。

(イ) 日常の言葉遣いなど ① に関心をもち、伝え合う力を高めるのに役立つこと。
(エ) 情報を活用して、公正かつ適切に判断する能力や ② を養うのに役立つこと。
(オ) ③ 的、論理的な見方や考え方を養い、視野を広げるのに役立つこと。
(カ) 生活や人生について考えを深め、人間性を豊かにし、たくましく生きる ④ を培うのに役立つこと。
(ク) 我が国の ⑤ と文化に対する関心や理解を深め、それらを尊重する態度を育てるのに役立つこと。
(ケ) 広い視野から国際理解を深め、日本人としての自覚をもち、 ⑥ の精神を高めるのに役立つこと。

(2) 次の文は、「第2　国語表現」「1　目標」である。文章中の ① ～ ④ にあてはまる語句を答えなさい。

国語で適切かつ[①]に表現する能力を育成し、伝え合う力を高めるとともに、思考力や[②]を伸ばし、[③]を磨き、進んで表現することによって国語の向上や[④]の充実を図る態度を育てる。

(3) 次の文は、「第6　古典B」「2　内容」「(1)　次の事項について指導する。」に挙げられている事項である。文章中の[①]〜[⑤]にあてはまる語句を後のa〜jから選び、記号で答えなさい。

ア　古典に用いられている語句の意味、[①]及び文の構造を理解すること。
イ　古典を読んで、内容を[②]や展開に即して的確にとらえること。
ウ　古典を読んで、人間、社会、自然などに対する[③]や感情を的確にとらえ、ものの見方、感じ方、考え方を豊かにすること。
エ　古典の内容や表現の特色を理解して読み味わい、作品の[④]について考察すること。
オ　古典を読んで、我が国の文化の[⑤]や我が国の文化と中国の文化との関係について理解を深めること。

a　構成　b　価値　c　表現　d　思想　e　描写　f　用法　g　文体　h　特質
i　歴史　j　変遷

(☆☆☆◎◎◎)

解答・解説

【中高共通】

【一】(1) ア 干渉 イ ほんろう ウ 行儀 (2) a 副詞 b 助動詞 c 名詞 (3) X ウ Y オ (4) 子どもたちに少しだけ距離を置いて見守るようなまなざし(二十六字) (5) 子どもたちが勝手に育つような場が地域社会に少なくなった状況。(三十字) (6) 自分の存在は、他者にどのように認識されるかによって、はっきりと確認できるようになるということ。(四十七字) (7) 他者への信頼を育み、対立する価値観や考え方のあいだでもまれるという葛藤を経験し、社会の成員として自分の存在を形成していく場。(六十三字)

〈解説〉(2) bは例を示す助動詞「ようだ」の連体形であり、cは「楽しむ」(動詞・マ行五段活用)の連用形が名詞化したもの(転成名詞)である。 (3) Xでは前の文「信頼の関係から契約の関係へと子どもが移行していく」にあたっての家庭や地域生活の役割について考える。媒介には「両者の間に入ってとりもつもの」といった意味がある。Yについて家族は一体のものであり、前文では「もともとは出自を異にする他人どうし」で構成されていると考えるとよい。 (4) Aに「そういう」とあるので、前の文章で具体的内容が示されていると考える。前には同義である「こうした周囲のまなざし」もある。解答は抜き書きなので漢字の送り等に注意すること。 (5) まず、傍線部前に「右に述べたように」とあるので、解答は前段落にあることがわかる。また、傍線部後に「養育は、その負担が…」とあることから、コミュニティが養育を一部負担していた、つまりコミュニティには子どもの養育機能があったと考えられる。以上を踏まえて、考えるとよい。 (6) ここでの「宛て先」は「(意識の)対象」という意味に捉える。その他者の意識によって自分の存在をはっきりと確認し、他者との私的な(親密な)個人的関係を構築していく、と考える。(7)「家族」について冒頭で「子どものいのちを育むとともに、社会の成員として育てる養育の場であり、他者との社会的関係成立の前提として他者への信頼を育む場所」とある。また、形式段落第7～9段落では、家族は他人同士の夫婦契約という結合によって生まれるもので、対立する価値観、対立する考えによる葛藤の場であることが示され、さらに「豊かさ」の幻想の中で、子どもが自分の欲求どおりにならない不満の中で人間関係の葛藤の原型を経験するとある。以上を制限字数内にまとめればよい。

【二】(1)　A　風情のある　D　物思いに沈んでぼんやりと見る　(2)　その聖とは縁故があったので
(3)　亡くなった恋人と過ごした思い出の場所を訪ねたので、恋人の面影が目の前に浮かび、涙で目の前が見えなくなった様子。(五十九字)　(4)　a　「消え」は「露」の縁語である。　b　磨きつくろはれし庭
(5)　植えて観賞した人は亡くなってしまったそのあとに、依然として残る梢を見るにつけても、涙が誘われる。
(6)　な　(7)　ア、エ

〈解説〉(1)　A「よし」は「由(趣・風流・優雅)」で「ゆゑ」も同義である。　D「ながむる」は「ながむ」(他マ下二)の連体形である。　(2)「ゆかりあること」の相手は前の「ある聖」を指し、「ゆかり」は縁であり、ここでは縁故、血縁関係をいう。　(3)　Cは悲しみで心が暗くなった状態である。恋人と春秋一緒に過ごした所へ、一人忍んで出かけた筆者が、恋人のことを思い出し悲しみの涙につつまれ、心が沈み目の前がかすんで見えなくなってしまったのである。なお、「かれ」は掛詞(枯れ、離れ)。「枯れ」は「植ゑ」「こずゑ」の縁語である。　(4)　a　縁語は意味の上で、文中のある語に互いに関係のある語を用い、両者を照応させる修辞法である。　b「ありし」は、野原になる以前の庭の状態を指す。　(4)「見し」は観賞した、「かれぬるあと」

は死後のことを指す。また、「露けし」は、涙にぬれ悲しさに気持がしめりがちである、という意味である。(6)「な…そ」は禁止の助詞「…な」よりは弱く、懇願の感じが強い。空欄に禁止の意の副詞「な」が入り、終助詞「そ」と呼応して禁止形をつくる。(7)「建礼門院右京大夫集」は一二三三年頃(鎌倉時代)、アの「十六夜日記」は一二八二年頃(鎌倉時代)、イの「和漢朗詠集」は一〇一三年頃(平安時代)、ウの「風姿花伝」は一四〇二年頃(室町時代)、エの「発心集」は一二一六年頃(鎌倉時代)である。

【三】(1) ① すなわち ② けだし ③ ああ (2) 書き下し…将に人を殺さんとす。現代語訳…今にも殺そうとした。 (3) 鯀を登用すること。 (4) 無実の人を殺すよりは、法に従わないほうがよい、と。 (5) 罰疑（罪疑） (6)「仁」が過ぎても君子とすることに問題はないが、「義」が過ぎると残忍な人になってしまうから。(四十五字)

〈解説〉(1) ①「則」は条件を表す「ば」(〜ならば、〜であると)という意味である。訓読で「レバ則(すなわち)」の形になる。②「蓋」は推量、③「嗚呼」は感心したり、悲しんだりするときの声である。(2)「将」は、再読文字で「まさニ〜んトス」と訳す。(3)「之」は鯀を、「試」は登用を試みることを指す。(4)「法の適用が妥当でないといわれる方がまだましであると」訳す書もある。(5) Dは「罰してもよい、罰しなくてもよい(時)」という意味である。つまり「罰(罪)の疑わしき(時)」が該当する。(6) Eは「故に仁は過ぐ可きなり、義は過ぐ可からざるなり(仁を施すには度を越してもよいが、義を行うのに度を越してはいけない)であり、これは、その前文のことを指す。

【中学校】

【一】(1) ① 人との関わり　② 想像力　③ 言葉がもつ価値　④ 言語感覚　(2) ① 扱い方　② 意見　③ 分類　④ 出典　(3) ① 客観性　② 信頼性　③ 多様　④ 論理　⑤ 自分の考え　(4) ① 親しむ　② 近代以降

〈解説〉学習指導要領の目標・学習内容は頻出であるため、ポイントをおさえつつ内容をおさえておくこと。特に、目標は学習指導要領解説などで文言の意味まで確認しておくこと。一通りの学習が終わったら、学年ごとに学習内容を比較し、相異点とその原因を調べると理解が深まるだろう。

【高等学校】

【一】(1) ① 言語生活　② 創造的精神　③ 科学　④ 意志　⑤ 伝統　⑥ 国際協調　(2) ① 効果的　② 想像力　③ 言語感覚　④ 社会生活　(3) ① f　② a　③ d　④ b　⑤ h

〈解説〉(1) 「国語総合」は、教科の目標を全面的に受け、総合的な言語能力を育成することをねらいとした共通必修科目である。教材の選定に当たっては、「国語総合」の目標や内容の面から、話題や題材を偏りなく選ぶことができるよう配慮すべき具体的な観点を九項目示している。(イ)は教科目標及び「国語総合」の目標を受けて設定したもの、(エ)と(オ)は情報化、科学技術の進展などの社会の変化に対応できる能力の育成に役立つ観点、(カ)は激しく変化していく社会の中で、自我の形成を図り、調和のとれた人間性、社会性を養うのに役立つ観点、(ク)と(ケ)は、国際化への対応を考慮した観点を示している。(2) 「国語表現」の目標は、教科の目標を主として表現の面で受け、「とともに」を境に二つの部分から構成されていることに注意したい。(3) 「古典B」を学習する際には、目標や内容について、特に「古典A」と比較し、混同がないよう注意すること。

二〇一八年度 実施問題

【中高共通】

【一】次の文章を読んで、(1)~(7)の問いに答えなさい。(設問の都合上、表記を改めた箇所がある。)

A漱石は『吾輩は猫である』の中で二十九回時間ということばを使った。その約半分(十四例)は一時間、二時間などの時間の単位を表す用法で、時間の一点としての時刻の意味の時間は五例ある。また「長時間のあいだ」の時間は X としての時間でありこの類が六例見える。残りの四例を左に書きだそう。

① 少々時間がかかります。
② 時間を潰す。
③ 大切の時間を半日潰してしまった。
④ 時間のたつのが遅い。

まず全体的な印象を記すと、意外とB時間の表現幅が狭い。これは時代的制約のためなのか、それとも漱石の表現技量のせいなのか。もちろん後者じゃない。『吾輩は猫である』はまさにことばの奔流。沸き立つ言辞、渦巻く饒舌、談論風発とどまるところを知らず風刺とア諧謔のしぶきをあげて一気に流れ下る。どのページを開いても表現技法のイホウコであり、豊かな修辞に富む。時間の表現にやや不足を感じる点があるならば、それは時代のせいだろう。

この点はほぼ同時代の、そして漱石作品の中で同じく最初期に属する『坊っちゃん』でも同じだ。作品そのものは別の味わいがあるが、時間に関しては右で述べたこと以上の見るべき表現はとくに見当たらない。もちろん後の作品ではもっと豊かな時間表現が見られる。少し『こころ』から例を拾うと、時間が惜しい、時間に余裕をもっている、時間をウバわれる、時間を省く、時間を惜しむ、時間を盗むなどなど。これ以上の深入りはしないが、この筋を丹念にたどれば時間概念の発展がある程度跡づけられるだろう。漱石作品におけるその深化と時代的な変遷拡大の二つの位相において。

では①から④を個別的に見よう。

①　少々時間がかかります。

時間がかかる、時間のかかるは今日では当たり前の表現だが、明治ではまだかなり鮮度の高い比喩表現だったろう。かかるは掛かるであって、時間が掛かるは計量思考を表すメタファーのひとつである。他動詞形は掛ける。次の三つの表現を比べよう。

枝に羽衣がかかる。
肩に負担がかかる。
行為にお金がかかる。

次第に意味が抽象化するのがわかるだろう。〈AにBがかかる〉の枠組で考えれば、一番目はAが枝でBが羽衣でともに具象物。二番目ではAが肩で具象物でありBが負担で抽象物。最後はAが行為の抽象物でBのお金もかなりな抽象物(札や硬貨は具象物だがお金そのものはまだ抽象性も保つ)。ある行為をするのにお金・人手などが必要となり、時間もそのひとつに加わる。お金・人手が計量されるように時間も計量されると見なす。①はこのような意味ネットワークの中で成立する表現だ。

②と③は基本的に同じに見える。

② 時間を潰す。

③ 大切の時間を半日潰してしまった。

②は現代にも通用するイディオムである。『日本国語大辞典』で漱石の②が引用されるところからすると、②はこの表現の初出例である可能性が高い。もちろんメタファーだ。潰すとは一般に明瞭な エリンカクのある個物に外圧を加えて形を崩すこと。鶏であれば一羽の鶏を鶏肉に変える過程だ。一羽の鶏ならリンカクがはっきりするが、鶏肉になれば形が崩れて一単位《ユニット》分がわからなくなる。英語なら a chicken(一羽の鶏)から chicken(鶏肉)への質的変化であり、文法的には可算名詞から質量名詞(不可算名詞)への転換に相当する。

漱石は周知のように英文学者であった。当然英語のイディオム kill time は知っていたはず。それを時間を潰すと表現したのは適切である。空いた時間を無益なことをして過ごす。暇を潰すとも言う。茹でたじゃがいもを潰すと一個の形が崩れて平らになる。問題点を一つひとつ潰すと出っ張りがなくなって平たくなる。これと同じように時間を潰すと(余った)時間のまとまりがなくなってしまう。これは鶏を潰す行為とも手を結ぶ。C意味の緊密なネットワークが見えるだろう。

時間を潰すに対して　Dときを潰すとは当時も今も言わない。これは先に示唆したように、時間には計量思想がまとわりついているためである。根本には以下のような対立がある。時間がある／ないとは言うが、ときがある／ないとは言わない。時間は明治の初期に導入されて以来、計量思考に従うことが運命づけられた。時間があれば一時間、二時間と計量され、あるいは分と秒に刻まれる。時間は余ることも不足することもあるが、ときが余ったり足りなくなったりすることはふつうない。

②と③について少し補足しよう。②の文脈は次の通り。

②人間というものは時間を潰すために強《し》いて口を運動させて、可笑《おか》しくもない事を笑ったり、面白くもない事を嬉しがったりする外に能もない者だと思った。

これは吾輩の意見であり、人間はおしゃべりをして時間を無益に過ごすという意味である。他方③は苦沙弥《くしゃみ》先生が例の警察署へ出向いた際、すぐに応対してもらえなかったので結局時間を半日無駄にした場面。時間を棒にふった、損をしたという感じが前面に出る。大切の時間と時間を限定し、時間を潰す量を半日と明記する。②より③の方が計量思考がより鮮明である。

(瀬戸賢一『時間の言語学―メタファーから読みとく』より。)

(2) (1) 波線部ア～エの、漢字には読みがなを書き、カタカナは漢字に直して書きなさい。

(2) 点線部「この点はほぼ同時代の、そして漱石作品の中で同じく最初期に属する『坊っちゃん』でも同じだ。」を例にならって文節に分けなさい。

(例) 夏目漱石は｜著名な｜作家で｜ある。

(3) 傍線部Aについて、筆者の分析を次のようにまとめた。［X］にあてはまる言葉を、後のア～ウから一つ選び、記号で答えなさい。また、［Y］にあてはまる言葉を本文中から抜き出して書きなさい。なお、［X］は、本文中の［X］に対応している。

用法の分類	用例	用例数
時間の単位	時間、二時間	十四例
時間の一点としての時刻	／	五例
［X］としての時間	長時間のあいだ	六例
［Y］	時間がかかる、時間を潰す	四例

ア 空間　イ 直線　ウ 線分

(4) 傍線部Bとあるが、その理由を筆者はどのように捉えているか。四十字以上五十字以内で答えなさい。

(5) 傍線部Cとあるが、「時間を潰す」の場合、どのような意味のつながりがあると筆者は考えているか。五十字以上六十字以内で答えなさい。

(6) 傍線部Dとあるが、筆者は「とき」をどのようなものだと捉えているか。二十字以上三十字以内で答えなさい。

(7) 二重傍線部について、次のア～エの作品を、発表された年代の古いものから順に並べ、記号で答えなさい。

ア　門　　イ　明暗　　ウ　三四郎　　エ　こころ

(☆☆☆☆◎◎◎)

【二】次の文章を読んで、(1)～(8)の問いに答えなさい。(設問の都合上、表記を改めた箇所がある。)

中興の近江の介がむすめ、もののけにわづらひて、浄蔵大徳を、a験者にしけるほどに、人とかくいひけり。Aなほしもはたあらざりけり。しのびてあり経て、人のものいひなどもうたてあり。なほ世にあり経じと思ひてうせにけり。鞍馬といふ所にこもりていみじう行ひをり。さすがにいと恋しうおぼえけり。京を思ひやりつつ、よろづのことといとあはれにおぼえて行ひけり。泣く泣くうちふして、かたはらを見れば文なむ見えける。なぞの文ぞと、思ひてとりて見れば、このわが思ふ人の文なり。書けアることは、

Bすみぞめのくらまの山に入る人はたどるたどるもかへり来イななむ

と書けり。いとあやしく、たれしておこせつらむと思ひをり。もて来べきたよりもおぼえず、Cいとあやしかりければ、またひとりまどひ来にけり。かくて山に入りにけり。さておこせたりける。

返し、

からくして思ひわするる恋しさをうたて鳴きつるDうぐひすの声

さても君わすれけりかしうぐひすの鳴くをりのみや思ひいづべき

となむいへりける。また、浄蔵大徳、

Eわがためにつらき人をばおきながらなにの罪なき世をや恨みむ

ともいひけり。この女はになくかしづきて、みこたち、b上達部よばひたまへど、帝に奉らむとてあはせざりけれど、このこといできにければ、親も見ずなりにけり。

(『大和物語』より。)

(1) 二重傍線部a・bの漢字の読みを現代仮名遣いで書きなさい。
(2) 傍線部ア・イの助動詞について、文法的意味と活用形をそれぞれ答えなさい。
(3) 傍線部Aとはどういうことを表しているか、具体的に説明しなさい。
(4) 傍線部Bで用いられている掛詞を抜き出し、何と何の意味が掛けられているか、説明しなさい。
(5) 傍線部Cを、主語を補って現代語訳しなさい。
(6) 傍線部Dとは何をたとえたものか、答えなさい。
(7) 傍線部Eを現代語訳しなさい。
(8) 「大和物語」と成立した時代が異なる作品を、次のア～エから一つ選び、記号で答えなさい。

ア　宇津保物語　　イ　源氏物語　　ウ　曾我物語　　エ　落窪物語

(☆☆☆☆◎◎◎)

【三】次の文章を読んで、(1)～(5)の問いに答えなさい。（設問の都合上、表記を改めた箇所がある。）

貞観ノ初、太(注)宗謂ヒテ二蕭(注)《せう》瑀《う》ニ一曰ク、「朕少キヨリ①好ム二弓矢ヲ一。自ラ謂ヘラク能ク②尽クセリト二其ノ妙ヲ一。近ゴロ得二良弓十数ヲ一、以テ示ス二弓工ニ一。工曰ク、A『皆非ザル二良材ニ一也ト。』朕問フ二其ノ故ヲ一。工曰ク、『木(注)心不レバレ正シカラ、則チ脈(注)理皆邪ナリ。弓雖モ二剛勁ナリト一、而遣ルコトレ箭(注)《や》ヲ不レ直カラ。非ザル二良弓ニ一也ト。』朕始メテ悟ル焉。B朕以テ二弧(注)矢ヲ一定メ二四方ヲ一、用フルコトレ弓ヲ多シ矣。而ルニ猶ホ不レ得二其ノ理ヲ一。況ンヤ朕有ツ二天下ヲ一之日浅ク、得ルコト二為スレ治ヲ之意ヲ一、固ヨリ③未ダレ及バ二於弓ニ一。C弓猶失レ之。何況於レ治乎。」自リレ是詔シ二京(注)官五品(注)以上ニ一、

更《かはるがはる》宿セシメ二中(注)書内省一、毎ニ召見シテ、皆賜ヒレ坐ヲ、與ニ語リテ詢二|訪シ外事ヲ一、

D 務メテ知ル二百姓ノ利害、政教ノ得失ヲ一焉。

（『貞観政要』より。）

（注）「太宗」＝唐朝第二代皇帝。　「蕭瑀」＝太宗の臣下。　「木心」＝木の芯。
「脈理」＝木の木目。　「箭」＝矢。　「弧」＝弓。
「京官」＝中央官庁の役人。　「品」＝官位の等級。　「中書内省」＝宮中の役所。

(1) 波線部①〜③の漢字の読みを現代仮名遣いで書きなさい。
(2) 傍線部Aとあるが、弓工がそのように言ったのは、どういう理由からか、三十字以上四十字以内で答えなさい。
(3) 傍線部Bを現代語訳しなさい。
(4) 傍線部Cについて答えなさい。
a 適当な送り仮名を補い、書き下し文にしなさい。
b 「弓」と「治」との対比が分かるように適当な語を補い、現代語訳しなさい。
(5) 傍線部Dとあるが、太宗がどのような手段で知ろうとしたか、三十字以上四十字以内で説明しなさい。

（☆☆☆◎◎◎）

【中学校】

【二】中学校学習指導要領「第2章　各教科」「第1節　国語」の内容について、次の(1)～(4)の問いに答えなさい。

(1) 次の文は、「第2　各学年の目標及び内容」〔第3学年〕「1　目標」の一部である。［①］～［④］にあてはまる語句を書きなさい。

> (1)　［①］や場面に応じ、社会生活にかかわることなどについて相手や場に応じて話す能力、表現の［②］を評価して聞く能力、課題の解決に向けて［③］能力を身に付けさせるとともに、話したり聞いたりして考えを［④］とする態度を育てる。

(2) 次の文は、「第2　各学年の目標及び内容」〔第2学年〕「2　内容」「C　読むこと」の一部である。［①］～［④］にあてはまる語句を書きなさい。

> (1)　読むことの能力を育成するため、次の事項について指導する。
> ア　［①］概念を表す語句や心情を表す語句などに注意して読むこと。
> イ　文章全体と部分との関係、例示や描写の［②］、登場人物の言動の［③］などを考え、内容の理解に役立てること。
> ウ　文章の構成や展開、表現の仕方について、［④］を明確にして自分の考えをまとめること。

(3) 次の文は、「第2　各学年の目標及び内容」〔第1学年〕「2　内容」〔伝統的な言語文化と国語の特質に関する事項〕の一部である。［①］～［⑤］にあてはまる語句を書きなさい。

> (1) 「A話すこと・聞くこと」、「B書くこと」及び「C読むこと」の指導を通して、次の事項について指導する。
> ア　伝統的な言語文化に関する事項
> (ア) 文語の［①］や［②］の仕方を知り、古文や漢文を［③］して、古典特有の［④］を味わいながら、古典の世界に触れること。
> (イ) 古典には様々な種類の［⑤］があることを知ること。

(4) 次の文は、「第3　指導計画の作成と内容の取扱い」の一部である。［①］・［②］にあてはまる語句を書きなさい。

> 1　指導計画の作成に当たっては、次の事項に配慮するものとする。
> (2) 第2の各学年の内容の「A話すこと・聞くこと」、「B書くこと」、「C読むこと」及び〔伝統的な言語文化と国語の特質に関する事項〕について相互に密接な関連を図り、効果的に指導すること。その際、［①］などを計画的に利用しその機能の活用を図るようにすること。また、生徒が［②］を活用する機会を設けるなどして、指導の効果を高めるよう工夫すること。

(☆☆☆◎◎◎)

【高等学校】

【一】高等学校学習指導要領「国語」及びそれに関連する事項について、(1)～(3)に答えなさい。

(1) 次の文は、「第1　国語総合」「1　目標」である。文章中の[①]～[⑥]にあてはまる語句を答えなさい。

> 国語を適切に[①]し的確に[②]する能力を育成し、伝え合う力を高めるとともに、[③]や想像力を伸ばし、[④]を豊かにし、言語感覚を磨き、言語[⑤]に対する関心を深め、国語を[⑥]してその向上を図る態度を育てる。

(2) 次の文は、「第1　国語総合」「3　内容の取扱い」に挙げられている事項の一部で、「A　話すこと・聞くこと」「B　書くこと」「C　読むこと」について説明した文章である。文章中の[①]～[⑤]にあてはまる語句や数字を答えなさい。

> (2) 内容のAに関する指導については、次の事項に配慮するものとする。
> ア　話すこと・聞くことを主とする指導には[①]単位時間程度を配当するものとし、計画的に指導すること。
> イ　[②]のきまり、言葉遣い、敬語の用法などについて、必要に応じて扱うこと。
> (3) 内容のBに関する指導については、次の事項に配慮するものとする。
> ア　書くことを主とする指導には[③]単位時間程度を配当するものとし、計画的に指導するこ

と。
(4) 内容のCに関する指導については、次の事項に配慮するものとする。
ア 古典を教材とした授業時数と近代以降の文章を教材とした授業時数との割合は、おおむね同等とすることを目安として、生徒の[④]に応じて適切に定めること。なお、古典における古文と漢文との割合は、一方に偏らないようにすること。
イ 文章を読み深めるため、音読、朗読、[⑤]などを取り入れること。

(3) 次の文は、「第4 現代文B」「2 内容」「(2) (1)に示す事項については、例えば、次のような言語活動を通して指導するものとする。」として挙げられている事項である。文章中の[①]～[④]にあてはまる語句を答えなさい。

ア [①]的な文章を読んで、人物の生き方やその表現の仕方などについて話し合うこと。
イ 論理的な文章を読んで、書き手の考えやその[②]の仕方などについて意見を書くこと。
ウ 伝えたい情報を表現するためのメディアとしての文字、音声、画像などの特色をとらえて、目的に応じた表現の仕方を考えたり[③]的な活動を行ったりすること。
エ 文章を読んで関心をもった事柄などについて課題を設定し、様々な資料を調べ、その成果をまとめて発表したり報告書や論文集などに[④]したりすること。

(☆☆☆◎◎◎)

解答・解説

【中高共通】

【一】(1) ア　かいぎゃく　イ　宝庫　ウ　奪(われる)　エ　輪郭　(2) この｜点は｜ほぼ｜同時代の｜、そして｜漱石作品の｜中で｜同じく｜最初期に｜属する｜『坊っちゃん』でも｜同じだ。　(3) X　ウ　Y　メタファー(イディオム、比喩表現、修辞)　(4) 「時間」という概念は、明治の初期に導入されたばかりで、十分に発展していなかったから。(四十二字)　(5) あるものを「潰す」とまとまりをもった一つのものが崩れるように、時間もまとまりがなくなると見なす密接な意味のつながり。(五十八字)　(6) 余ることや不足することのない、計量思考に縛られないもの。(二十八字)　(7) ウ→ア→エ→イ

〈解説〉(1) 漢字は文脈に整合するように、同音異義語や類似の字形に注意して、楷書で書くこと。　(2) 文節は、発音によって意味が通じる部分で区切った、最小単位である。一つの文節には自立語が一つだけ含まれ、文節の最初には必ず自立語が来る。自立語には、名詞、動詞、形容詞、形容動詞、副詞、連体詞、感動詞、接続詞がある。助詞と助動詞は付属語である。文節には、自立語のみのものと、自立語＋付属語のものがある。
(3) 時間の表現方法についての出題なので、Xに当てはまる選択肢に、ア「空間」は不適切。イ「直線」か、ウ「線分」に絞り込める。「長時間」とは、始まりと終わりが区切られた時間なので、無限に延びた「直線」ではなく、有限で両端のある「線分」が答えになる。Yは、残りの四例の用法を本文から探す。すると、「時間が掛かるは計量思考を表すメタファーのひとつである。」という文章がある。メタファーとは隠喩・暗喩のことであり、「～のように」「～みたいに」などの表現を使わない比喩を指す。類似の言い回しは他にもあり、「鮮度の高い比喩表現だったろう。」というものもある。また、中盤では「②(時間を潰す)は現代にも通用する

イディオムである。」という文章があり、現代では比喩が慣用句として定着したことが述べられている。(4)　傍線部Bの後に、「これは」という接続詞が続き、Bの理由が述べられている。「時代的制約のためなのか、それとも漱石の表現技量のせいなのか。」そして「もちろん後者じゃない。」とあるので、「時代的制約」がその理由である。「時代的制約」という言葉の意味を、さらに本文から探すと「後の作品ではもっと豊かな時間表現が見られる。」という文章や「時間概念の発展」という語句もある。これらの言葉から、明治には時間概念が発展していなかったことが推測できる。　(5)　「意味の緊密なネットワーク」という表現の真意を、正しく読み解かなければならない。本文から、これと関連する語句を探すと、傍線部Cの二段落前に「時間をかける」という表現について述べた部分がある。そこに「お金・人手が計量されるように時間も計量されると見なす。①(少々時間がかかります。)はこのような意味ネットワークの中で成立する表現だ。」とある。ここでは、「時間」という言葉と「かかる」という言葉が、どんな意味を持って結びついたかが述べられている。これと同じ方法で、「時間」と「潰す」の関係を説明する。陥りがちなミスは、「計量思想」「計量される」など、「計量」という語句を使ってしまうことだろう。しかし、ここで問われているのは「時間」と「潰す」という言葉の意味のつながりである。そこを見誤らないこと。　(6)　傍線部Dを含む段落では、「時間」と「とき」が対比的に扱われている。「時間は余ることも不足することもあるが、ときが余ったり足りなくなったりすることはふつうない。」とあり、「時間」と「とき」が相反する意味を持つと述べられている。このことから、「時間」には計量思想がまとわりついている」のと反対に、「とき」には計量思想がまとわりついていない、と推測できる。　(7)　ア『門』は一九一〇(明治四十三)年、イ『明暗』は一九一六(大正五)年、ウ『三四郎』は一九〇八(明治四十一)年、エ『こころ』は一九一四(大正三)年の作品である。

【二】(1)　a　げんざ(けんじゃ)　b　かんだちめ　(2)　ア　意味…存続　活用形…連体形　イ　意味…強意　活用形…未然形　(3)　浄蔵大徳とむすめは、噂のとおり深い仲であったということ。　(4)　掛詞…くら(ま)　意味…「鞍」と「暗」の意味が掛けられている。　(5)　浄蔵大徳はたいそう不思議に思ったので、女のもとに、あわてて来たのであった。　(6)　女の手紙　(7)　私に無情なあなたをさしおいて、どうして罪もない世の中を恨みましょうか。恨めしく思われるのはあなた一人です。　(8)　ウ

〈解説〉(1)　a　「験者」は、修験道の修行をして秘法などを修め、病気を治したり、妖怪(もののけ)などの退散のために祈祷する人のこと。　b　「上達部」は、朝廷に仕えた太政大臣・左右大臣・大中納言など上級の役人のこと。　(2)　ア「る」は、存続の助動詞「り」の連体形。接続は、四段動詞の已然形とサ変動詞の未然形である。イ「な」は、強意の助動詞「ぬ」の未然形で、動詞・形容詞・形容動詞型活用の連用形につく。(3)「なほしもはたあらざりけり」の「なほし」は、「直」で「ふつう」の意。「しも」は強意の助詞。「はた」は、「上の意をうけて、これをひるがえす意を表わす。しかしながら」という意味を持つ。そのまま訳すと「しかしながら(二人の関係は)普通でもなかったのだ。」となる。　(4)「すみぞめの」は、墨染めの色が暗いことから「暗し」「たそがれ」「夕べ」などにかかる枕詞。意味は「墨染めのように暗い、鞍馬の山に入っていった人は(暗い山道を)たどりながら(私の所へ)帰って来てほしい」となる。　(5)「いとあやしかりければ」の「いと」は、「大変。非常に」の意の副詞。「あやしかり」は、形容詞「あやし」の連用形で、「不思議だ」の意。「けれ」は、過去の助動詞「けり」の已然形、「ば」は順接確定条件の接続助詞である。「非常に不思議だったので」となる。　(6)「からくして〜」の歌意は「やっとのことで思い忘れようとしている恋しさを、情けないことにあなたからの手紙が来たので、また思い出してしまったことですよ。」となる。　(7)「わがためにつらき人」とは、「私につらい思いをおこさせる人」の意。「私に対して無情な人(あなた)」と訳す。「なにの罪

なき世をや恨みむ」の「や〜む」は反語形。「どうして罪のない世の中を恨みましょうか。うらめしく思うのはあなた一人だけです」となる。 (8) 「大和物語」は、平安時代に成立した和歌にまつわる説話集である。「宇津保物語」、「源氏物語」、「落窪物語」の成立も、平安時代である。「曾我物語」は、鎌倉時代末期から室町時代前期にかけて成立した。

【三】 (1) ① わか(きより) ② よ(く) ③ もと(より) (2) 木の芯がまっすぐでないため、木目が曲がっていて、矢がまっすぐに飛ばないから。(三十八字) (3) 私は弓矢で四方を平定し、弓を使うことが多かった。 (4) a 弓すら猶ほ之を失す。何ぞ況んや治に於てをや(。」と。) b 長年得意としていた弓でさえ、見方を分かっていなかった。まして、行うようになって日の浅い政治については、なおさら分かっていないに違いない。 (5) 役人を交代で役所に宿直させ、常に召し出して近くに座らせ、ともに語る。(三十四字)

〈解説〉(1) ①「少」は「幼少の頃より」の意。 ②「能」は「うまく。上手に。」の意。 ③「固」は「元来。もともと。」の意。 (2) Aの「皆非良材也」は、弓工の台詞で「すべて良材ではございません」と訳す。その理由は、次の弓工の台詞部分で述べられている。「木心不正、則脈理皆邪」と「弓雖剛勁、而遣箭不直」である。この部分を訳す。 (3) B「朕」は、皇帝太宗の自称(秦の始皇帝以来の天子の自称)のこと。文末の「矣」は語調を強める置き字で、訓読はしない。 (4) 訓点を入れると「弓《スラ》猶《ホ》失《ス》レ之《ヲ》。何《ゾ》況《ンヤ》於《テヲ》レ治《ニ》乎《ト》」となる。「A。況B乎」(A。いわんやBをや)の抑揚表現である。 (5) 傍線部Dを訳すと「人民の利害や政務の特質について知ることに努めた」となる。「焉」も(3)の「矣」と同じく、語調を強める置き字で訓読しない。その手段は、Dの前の文で述べられている。「自是詔京官五品以上〜詢訪外事」までを書き下し文にすると、「是より京官五品以上に詔し、更中書内省に宿せしめ、毎に召見して、皆、坐を賜ひ、与に語りて外事を詢訪し」となる。

【中学校】

【一】(1) ① 目的　② 工夫　③ 話し合う　④ 深めよう　(2) ① 抽象的な　② 効果　③ 意味　④ 根拠　(3) ① きまり　② 訓読　③ 音読　④ リズム　⑤ 作品　(4) ① 学校図書館　② 情報機器

〈解説〉(1)(2)(3) 現行の学習指導要領では、科目の内容が「話すこと・聞くこと」、「書くこと」、「読むこと」の3領域と〔伝統的な言語文化と国語の特質に関する事項〕に改められている。また、それまで2学年と3学年は目標と内容がまとめて示されていたが、現行からは学年ごとの表示に変更されている。教科の目標、学年の目標、また各学年の目標と内容は頻出する部分なので、全文暗記する心づもりでしっかり頭に入れておくこと。(4) 「指導計画の作成と内容の取扱い」のうち、「1 指導計画作成上の配慮事項」には (1)各学年の内容の弾力的な指導　(2)領域等の相互関連と学習活動の組織、学校図書館の機能の活用、情報機器の活用　(3)「A話すこと・聞くこと」の配慮事項　(4)「B書くこと」の配慮事項　(5)「C読むこと」の配慮事項　(6)道徳との関連の6項目が示されている。各項目のねらいに留意しながら、理解を深めておくこと。キーワードになりそうな言葉にはアンダーラインを引くなどして、ポイントを押さえることが望ましい。

【高等学校】

【一】(1) ① 表現　② 理解　③ 思考力　④ 心情　⑤ 文化　⑥ 尊重　(2) ① 15～25　② 口語　③ 30～40　④ 実態　⑤ 暗唱　(3) ① 文学　② 展開　③ 創作　④ 編集

〈解説〉(1) 高等学校の国語は「国語総合」、「国語表現」、「現代文A」、「現代文B」、「古典A」及び「古典B」

の6科目で構成されており、総合的な言語能力を育成する「国語総合」が共通必履修科目となっている。解説によれば、「〔国語総合」は「A話すこと・聞くこと」、「B書くこと」、「C読むこと」及び〔伝統的な言語文化と国語の特質に関する事項〕の3領域1事項から内容を構成し、総合的な言語能力を育成する科目である。」と示されている。「国語総合」の目標は、国語科全体の教科目標と同一であり、小学校と中学校の目標を受けたものである。大変重要な部分なので、全文暗記しておくこと。 (2) 「国語総合」の「内容の取扱い」では(1)が「国語総合」の指導に当たって全般的に配慮すべき事項、(2)(3)(4)は、「A話すこと・聞くこと」、「B書くこと」、「C読むこと」の各領域の指導に当たっての配慮すべき事項で、授業時数の目安や割合を中心に示してある。実際に授業を行う際にも深く関わってくる事柄なので、解説を読み込んで理解を深めておくことが望ましい。 (3) 現代文・古典とも、「A」を付した科目は言語文化の理解を中心的なねらいとし、「B」を付した科目は読む能力を育成することを中心的なねらいとしている。これらは選択科目なので、各学校において、A、Bいずれか一方を中心に学んだり、A科目で読書や言語文化への関心を高め、B科目で実際に読むスキルを磨くなど、生徒の興味や実態に応じた対応が可能となっている。A科目とB科目の違いに留意しながら、それぞれの目標や内容、ねらいについて、要点を押さえておくこと。

二〇一七年度　実施問題

【中高共通】

【一】内山節編著『半市場経済』の序章と第三章の一部を読んで、(1)~(8)の問いに答えなさい。(設問の都合上、表記を改めた箇所がある。)

【序章　いま、どんな変化が起こっているのか(内山　節)】

経済システムは、人間たちの A意志や意図を背後に持つことによってつくられていく。たとえば、今日さまざまなかたちで B展開しているソーシャル・ビジネスをみてみよう。このビジネスは、自分たちが考える経済活動の社会的使命、社会的ミッションと市場経済のなかでの経済活動とを統一していこうとする試みである。ここでの社会的使命とは、ときに持続的な環境の維持をめざすものであったり、ときに新しい働き方や結ばれ方の追求、ときにコミュニティの創造であったりする。実際にはその他にもさまざまな「使命＝ミッション」が存在しているのだが、はっきりしていることは経済活動をする上での自分たちの意志が明確なことである。この自分たちの「使命＝ミッション」を「志」と言い換えるなら、それは経済活動のなかに志の役割を復活させようとする試みだといってもかまわない。

もちろん、どんな経済活動のなかにも志は存在する。たとえば、ひたすら利益の増大をめざしていく経済であっても、そこには利益の増大をよいことだとする志があるといってもよい。だがこの志は、個人や企業の志として自己完結してしまうものである。それに対して今日の新しい試みは、それぞれの志と社会のあり方との統一をめざすという点で、つまり社会性と切り離せない志を経済活動として実現していこうとする点で、新しさをもっているのである。

課題はどんな社会をつくりたいのか、どんな社会の中で生きていきたいのか、どんな結び合いのなかで、どんな働き方がしたいのかである。別の表現をとるなら、どんな価値を創造しながら生きていきたいのかだといってもよい。そしてそれを追求していくと、必然的に、市場経済の原理だけで形成されない、あるいは市場経済の原理を超えた経済活動にたどり着く。市場を活用してはいるが、目的は市場経済の原理とは別のところにある営みである。本書ではそれを「半市場経済」と位置づけているが、それは人間たちの本来の経済活動でもあった。


【第三章　存在感のある時間を求めて(杉原　学)】

東京都西多摩郡檜原《ひのはら》村。都心から電車とバスで二時間ほどの場所にある、東京都本土で唯一の村だ。その人《へん》里《ぼり》集落に、築百二十年の古民家を改修して作られた「へんぼり堂」という名のゲストハウスが存在する。ここでは村のヒト、コト、モノ、バショを活かしたさまざまなイベントが行われ、その魅力に引き寄せられた人たちによって小さなコミュニティが生まれている。その中心にいるのが、へんぼり堂のホッキニンであり、管理人でもある鈴木健太郎さんだ。

(中略)

鈴木さんのプロジェクトには必ず仲間や協力者の存在がある。彼は「自分一人でできることはやらない」と決めているそうだ。というのも、みんなでやったほうが単純に楽しいから。確かに一人でできることもたくさんあるが、自分の幸せということを考えたときにも、やっぱりみんなでやるほうがいい。

だから、古民家をゲストハウスに改修するのも、業者に依頼するのではなく、イベント化してＳＮＳ（ソーシャルネットワーキングサービス）で参加者を②ツノり、一緒に手作業で行った。工期は三カ月半で、延べ三〇〇人以上が参加したという。またアマチュアだけでやっていると、思いのほかいろんな人に手伝ってもらえるのだという。どこからか専門知識を持った人がどんどん駆けつけ、村の人たちもいつの間にか手を貸してくれるようになった。

結果的に、通常は一〇〇〇万円以上かかる改修費用が、二〇〇万円以内で収まった。もちろん初期投資を低く③オサえる意味は大きいが、その改修プロセス自体がへんぼり堂のファンづくりであり、またコミュニティづくりの④イッカンでもある。

へんぼり堂では、ほぼ毎週末に一泊二日のイベントが行われている。コンセプトは、宿でありながら寺子屋のように学べる「寺子宿」。先生役は「師匠」と呼ばれ、それは村のおばあちゃんだったり、都会の若者だったりする。

もちろん、都会から足を運んでもらうためには魅力的な企画が欠かせないが、ここでも田舎のメリットが存分に活かされる。檜原村に残る豊かな自然や伝統的な技は、都会の人々を魅了するコンテンツの宝庫だ。村の名人に習うそば打ち、草木染めや陶芸体験、沢登り、忍者体験なんていうのもある。人気のヨガやD坐禅《ざぜん》も、都会より田舎でやるほうが気持ちよさそうだ。そしてどのイベントの後にも、近場の温泉を楽しめるのがまた嬉しい。

（中略）

これらのイベントの一番の魅力は、何といっても村人と都会の人との交流だろう。イベントを通して村人と仲良くなって、次に村に来るときには、へんぼり堂ではなく村人の家に宿泊する、という人もいるそうだ。

普通のゲストハウスとしては困ったことだが、へんぽり堂の場合はそれがひとつの狙いでもある。

（内山節『半市場経済』より。）

(1) 波線部①〜④のカタカナを漢字で書きなさい。
(2) 傍線部Aを、例にならって単語に分けなさい。
(例) 花｜が｜咲く。
(3) 傍線部B「展開」と熟語の構成が同じものを、次のア〜オから選び、記号で答えなさい。
ア　湖畔　　イ　拍手　　ウ　雷鳴　　エ　敢行　　オ　堆積
(4) 傍線部C「半市場経済」とはどのような営みであるか、市場経済と対比させて、五十字以上六十字以内で答えなさい。
(5) 傍線部D「坐禅」の「坐」を漢和辞典で調べる際、音訓索引であれば、音読みの「ザ」、又は訓読みの「すわる」の七画目を探すとよい。他の二つの索引の名前と調べる手順をそれぞれ答えなさい。
(6) 傍線部E「普通のゲストハウスとしては困ったこと」とあるが、普通のゲストハウスの場合、なぜ困るのか。二十字以上三十字以内で答えなさい。
(7) 序章に「使命＝ミッション」とあるが、第三章の「へんぽり堂」における「使命＝ミッション」は何か。五十字以上六十字以内で答えなさい。
(8) 序章と第三章の関係を二十字以上三十字以内で答えなさい。

（☆☆☆◎◎◎）

【二】次の文章は、藤原実資について書かれた一節であり、本文中の「この殿」、「頭中将」、「頭」は藤原実資のことである。これを読んで、(1)〜(7)の問いに答えなさい。(設問の都合上、表記を改めた箇所がある。)


この殿、若くより賢人のひとすぢのみならず、思慮のことに深く、情け、人にすぐれておはしけり。

円融天皇の御時、頭中将にて、殿上に①候ひ給ひけるに、式部丞②蔵人藤原貞高といふ人、大盤(注)につきたるが、頓死したりけるを、頭、奉行(注)にて、奏司下部(注)を召して、かき出させられけるに、「③何方より出づべきぞ」と申しければ、「東の陣より出づべきぞ」と行はれけるに、蔵人所の衆(注)、滝口、出納、御倉、女官、④主殿司、下部どもにいたるまで、そこらのものども、これを見むとて、東の陣へ競ひ集まるほどに、「殿上の畳ながら、西の陣より出せ」とのたまひければ、ひき違へて、西より出しければ、見るものなくて、陣の外へ出でたるを、父三位(注)来て、むかへ取りてけり。

そののち、十日ばかりして、⑤頭中将、夢に蔵人、内に参りあひぬ。「死の恥を隠させ給ひたる、よにも忘れがたし。東より出でましかば、多くの人に見えなまし」といひて、手をすりて、泣く泣く喜ぶと見えけり。

公任卿(注)、この殿を聟(注)にとりて、はじめに入れ申されける時、⑥朗詠上下巻えらびて、置物の厨子に置かれたりける、⑦ゆゆしき聟引出物にこそ。


(『十訓抄』より。)

(注)「大盤」＝食事を乗せる台
「奉行」＝命を受けて物事を執行する人
「奏司下部」＝奏司は曹司(宮中にあった官人や女官の部屋)、下部は下働きの者
「蔵人所の衆、滝口、出納、御倉、女官、主殿司」＝いずれも下級役人

「父三位」＝藤原貞高の父、藤原実光
「公任卿」＝藤原公任
「聟」＝婿

(1) 傍線部①の敬語について説明した次の文の［A］～［D］にあてはまる語句を、ア～キから選び、記号で答えなさい。

・「候ひ」は［A］への敬意を表す［B］で、「給ひ」は［C］への敬意を表す［D］である。

ア　円融天皇　イ　藤原実資　ウ　藤原貞高　エ　作者　オ　尊敬語　カ　謙譲語
キ　丁寧語

(2) 傍線部②～④の漢字の読みを現代仮名遣いで答えなさい。

(3) 傍線部⑤を現代語訳しなさい。

(4) 傍線部⑥は、藤原公任が朗詠に適している和歌や漢詩を編纂した歌謡集のことである。その作品名を「朗詠」を含む漢字五字で答えなさい。

(5) 傍線部⑦について説明した次の文章の［E］～［G］に入る二字ずつを答えなさい。ただし、［E］・［F］には漢字、［G］にはひらがなが入る。

・「ゆゆしき」は「［E］な」と訳せることから、作者がこの引出物をどう評価していたかが分かる。係助詞「こそ」によって［F］され、文末には「［G］」が補える。

(6) 本文では、藤原実資が、「思慮」、「情け」も秀でていたと書かれているが、急死した藤原貞高を外に運び出す際、(a)どのような思慮深い行動を、(b)どのような情け深い理由から行ったか。本文中の言葉を使ってそれぞれ二十字以上三十字以内で答えなさい。

(7)　「十訓抄」と同時代・同ジャンルの作品をア～オから選び、記号で答えなさい。

ア　水鏡　　イ　十六夜日記　　ウ　毎月抄　　エ　古今著聞集　　オ　日本霊異記

（☆☆☆◎◎◎◎）

【三】次の文章を読んで、(1)～(6)の問いに答えなさい。(設問の都合上、表記を改めた箇所がある。)

【ここまでのあらすじ】帝(漢の高祖・劉邦)は寵愛する戚夫人(側室)との子を皇太子にするため、呂后(正室)との子(本文中は「太子」)を廃位しようとした。呂后は我が子の廃位を防ぐために臣下の張良に相談すると、張良は「帝が見識の高さを認める四賢人に、太子からの手紙を送り丁重にお迎えすれば、太子の廃位を防ぐ助けになりましょう。」と進言した。

A呂后使下人奉二太子書一招上之。四人至ル。帝撃ツテレ布(注)ヲ還リ、①愈欲スレ易ヘント二太子ヲ一。後置酒ス。太子侍ス。良(注)ノ所レノ招ク四人ノ者従フ。年皆八十餘、鬚眉皓(注)白、衣冠②甚偉ナリ。上怪シンデ問フレ之ヲ。四人前ンデ対ヘ、各《おのおの》言フ二姓名ヲ一。上大イニ驚キテ曰ク、吾求ムルコトレ公ヲ数

歳《ナレドモ》、公避二逃《セリ》我《ヲ》一。今何自従吾児遊乎。四人曰《ク》、陛下軽《ンジテ》レ士《ヲ》善《ク》罵《ル》。臣等義《トシテ》不レ辱《カシメラレ》。今聞《ク》丙太子仁孝・恭敬《ニシテ》愛《シ》レ士《ヲ》、天下莫《シトル》乙不下延《ベテ》レ頸《ヲ》願《ハ》中為《ニ》二太子《ノ》一死上《スルヲ》者甲。故《ニ》臣等来《レルト》耳。上曰《ク》、煩《ハサン》レ公《ヲ》。幸《ニ》卒③調（注）護《セヨト》。四人出《ツ》。上召《シ》二戚夫人《ヲ》一、指二示《シテ》之《ヲ》X一曰《ク》我欲《スレドモ》レ易《ヘント》レ之《ヲ》Y、彼《ノ》四人《ノ》者輔（注）《ク》レ之《ヲ》。羽翼已《ニ》成《レリ》。難《シト》レ動《カシ》矣。

（『十八史略』より。）

(注)「布」＝淮南王の黥布。
「良」＝張良。前漢創業の功臣。
「皓白」＝真っ白な状態。
「調護」＝保護する。
「輔」＝助ける。

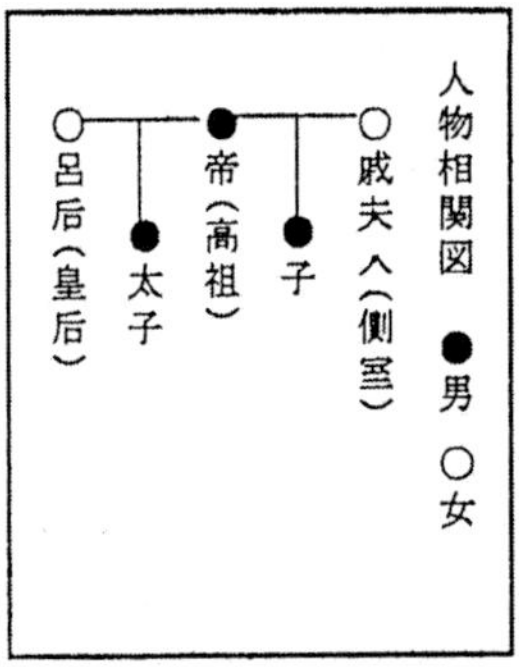

(1) 波線部①～③の漢字の読みを送り仮名も含めて現代仮名遣いで書きなさい。

(2) 傍線部Aを書き下しなさい。

(3) 傍線部Bは、「今、どうしてわが子に従って他郷に客となったのか。」と解釈できる。次の漢文に、適当な送り仮名と返り点をつけなさい。

今 何 自 従 吾 児 遊 乎 。

(4) 傍線部Cについて答えなさい。

a 現代語訳しなさい。

b 「四人」がなぜ「太子」をこのように評価するのか、「帝」との対比を踏まえながら、四十字以上五十字以内で答えなさい。

(5) 二重傍線部X・Yの「之」が指す内容を、本文中から漢字二字で抜き出しなさい。

(6) 傍線部Dは、誰の、どういう状態を例えたのか、三十字以上四十字以内で答えなさい。

(☆☆☆◎◎◎◎)

【中学校】

【二】中学校学習指導要領「国語」について、次の(1)～(4)の問いに答えなさい。

(1) 次の文は、「第1　目標」である。［①］～［④］にあてはまる語句を答えなさい。

> 国語を適切に表現し正確に理解する能力を育成し、［①］を高めるとともに、［②］や想像力を養い［③］を豊かにし、国語に対する認識を深め国語を［④］する態度を育てる。

(2) 次の文は、第1学年の「2　内容」「A　話すこと・聞くこと」の一部である。［①］～［④］にあてはまる語句を答えなさい。

ア　①の中から話題を決め、話したり話し合ったりするための材料を人との交流を通して集め整理すること。
イ　②、事実と意見との関係に注意して話を構成し、相手の反応を踏まえながら話すこと。
ウ　話す速度や音量、言葉の③や間の取り方、相手に分かりやすい語句の選択、相手や場に応じた言葉遣いなどについての知識を生かして話すこと。
エ　必要に応じて質問しながら聞き取り、自分の考えとの④を整理すること。

(3)　次の文は、第三学年の「2　内容」「B　書くこと」の一部である。①・②にあてはまる語句を答えなさい。

イ　論理の展開を工夫し、資料を適切に①するなどして、説得力のある文章を書くこと。
エ　書いた文章を互いに読み合い、論理の展開の仕方や表現の仕方などについて②して自分の表現に役立てるとともに、ものの見方や考え方を深めること。

(4)　次の文は、「第3　指導計画の作成と内容の取扱い」における「2　第2の各学年の内容の〔伝統的な言語文化と国語の特質に関する事項〕については、次のとおり取り扱うものとする。」に挙げられている事項の一部である。①～⑤にあてはまる語句を答えなさい。

ア　文字を［①］整えて速く書くことができるようにするとともに、書写の能力を学習や［②］に役立てる態度を育てるよう配慮すること。
イ　硬筆及び毛筆を使用する書写の指導は各学年で行い、毛筆を使用する書写の指導は硬筆による書写の能力の［③］を養うようにすること。
ウ　書写の指導に配当する授業時数は、第1学年及び第2学年では年間［④］単位時間程度、第3学年では年間［⑤］単位時間程度とすること。

（☆☆☆◎◎◎）

【高等学校】

【一】高等学校学習指導要領「国語」及びそれに関連する事項について、(1)～(3)に答えなさい。

(1) 次の文は、「第3　現代文A」及び「第6　古典B」それぞれの「1　目標」である。文章中の［①］～［⑥］にあてはまる語句を答えなさい。

【第3　現代文A】
近代以降の様々な文章を読むことによって、我が国の［①］に対する理解を深め、［②］読書に親しみ、国語の向上や［③］を図る態度を育てる。

【第6　古典B】
古典としての古文と漢文を［④］を養うとともに、ものの見方、感じ方、考え方を広くし、古典

について の ⑤ を深めることによって人生を ⑥ 態度を育てる。

(2) 次の文は、「第1　国語総合」「2　内容」「A　話すこと・聞くこと」「(2)　(1)に示す事項については、例えば、次のような言語活動を通して指導するものとする。」として挙げられている事項である。 ① ～ ⑤ にあてはまる語句を後から選び、記号で答えなさい。

ア　 ① に応じた話題を選んでスピーチしたり、 ② に基づいて説明したりすること。
イ　 ③ したことなどをまとめて報告や発表をしたり、内容や表現の仕方を吟味しながらそれらを聞いたりすること。
ウ　 ④ を想定して発言したり疑問点を質問したりしながら、課題に応じた話合いや ⑤ などを行うこと。

a　発表　b　討論　c　展開　d　調査　e　説明　f　原因
g　記録　h　反論　i　状況　j　引用　k　資料　l　目的

(3) 次の文は、「第2　国語表現」「2　内容」「(1)　次の事項について指導する。」に挙げられている事項である。 ① ～ ⑥ にあてはまる語句を答えなさい。

ア　話題や題材に応じて情報を収集し、[①]して、自分の考えをまとめたり深めたりすること。
イ　相手の立場や異なる考えを尊重して課題を解決するために、[②]の妥当性を判断しながら話し合うこと。
ウ　主張や[③]などが効果的に伝わるように、論理の構成や描写の仕方などを工夫して書くこと。
エ　目的や場に応じて、[④]や文体など表現を工夫して効果的に話したり書いたりすること。
オ　様々な表現についてその効果を[⑤]したり、書いた文章を互いに読み合って批評したりして、自分の表現や推敲に役立てるとともに、ものの見方、感じ方、考え方を豊かにすること。
カ　国語における言葉の成り立ち、表現の特色及び言語の[⑥]などについて理解を深めること。

（☆☆☆◎◎）

解答・解説

【中高共通】

【一】(1)　①　発起人　②　募(り)　③　抑(える)　④　一環　(2)　意志―や―意図―を―背後―に―持つ―こと―に―よっ―て―つくら―れ―て―いく。　(3)　オ　(4)　市場経済は利益の増大をよいこととするものだが、半市場経済は、経済活動を行うことによって社会的使命を果たそうとする営み。(五十九字)　(5)・部首索引…「土」の部の四画目を探す。　・総画索引…七画の漢字の中から探す。　(6) 宿泊されないと、ゲストハウスとしての経営が成り立たないから。(三十字)　(7) 村のヒト、コト、モノ、バショを活かしたさまざまなイベントを行い、村人と都会の人との交流によってコミュニティをつくること。(六十字)
(8) 序章で総論を述べ、第三章で具体的な取り組みを述べている。(二十八字)

〈解説〉(1) 「常用漢字表」(平成22年内閣告示第2号)に示されている漢字の読み、書き、用法などは完璧に習得しておくこと。同音・同訓異義語があるものは、文脈から正しく意味を判断すること。(2) 一度文節に区切ってから、さらに単語に分けるとよい。(3) 「展開」と「堆積」は、同じような意味の語の組み合わせで構成される熟語である。(4) 序章の第一段落で、社会的ミッションと市場経済の中間の経済活動としての「ソーシャル・ビジネス」の内容が詳述されている。第三段落でこれを「半市場経済」と位置づけているのである。
(5) 「坐」の部首は「土」。向き合う二人が土に膝をつけてすわる様から漢字が成り立つ。(6) 「普通のゲストハウス」の内容を説明する。(7) 第三章の冒頭で説明されている。(8) 総論と各論の関係に当たる。

【二】(1) A ア　B カ　C イ　D オ　(2) ② くろうど　③ いずかた　④ とのも(り)づかさ　(3) 頭中将(藤原実資)は、夢で、内裏(宮中)に参上して、蔵人(藤原貞高)と出会った。　(4) 和漢朗詠集　(5) E 大変(立派)　F 強調　G あれ　(6) (a) 東の陣から出すと言って人が集まってから西の陣から出した行動。(三十字)　(b) 人に見つからないように、藤原貞高の死に恥を隠そうとする理由。(三十字)　(7) エ

〈解説〉(1) 謙譲語は動作対象への敬意を、尊敬語は動作主への敬意を表す。(2) いずれも古文の基礎知識で

ある。(3)「内」を明確に訳出する。(4)平安時代中期の成立で、上巻は四季の歌、下巻は雑歌からなる。(5)「ゆゆし」は、良いにつけ悪いにつけ、程度の甚だしい様を言う。(6)理由については、夢の中で蔵人の口から語られる。(7)『十訓抄』は、鎌倉時代の説話集である。アは鎌倉時代の歴史物語、イは鎌倉時代の紀行文、ウは鎌倉時代の歌論書、オは平安時代の説話集。

【三】(1)①いよいよ　②はなはだ　③ついに　(2)呂后人をして太子(の)書を奉じ(て)之を招かしむ。(3)今 何《ニ》 自《ツテ》 従《ツテ》二 吾《ガ》 児《ニ》一 遊《ブ》 乎《ト》。(4)a　天下の者は首を延ばして太子のために死ぬことを願わない者はない。　b　帝は士を馬鹿にして、よく罵倒するが、太子は慈悲深く孝心があり、つつしみ敬って、よく士を愛するから。(四十九字)　(5)X　四人　Y　太子　(6)太子の、四賢者の助けを得て、皇太子としての地盤が確立しゆるぎない状態。(三十五字)

〈解説〉(1)いずれも漢文の基礎知識である。(2)「使二AB一」の形で、「AをしてBせしむ」と読み、使役を表す。(3)「自」には、複数の意味がある。ここでは「よ(る)」と読み、「もとづく」の意を表す。(4)a　二重否定は強い肯定を表す。　b　帝のことは、傍線部Cの直前の二文で述べられている。(5)二重傍線部Xについては、その後で「彼四人」と述べている。二重傍線部Yは帝が易(変)えようとしていたものは何かを考える。(6)傍線部Dの直後で「難動」と述べられる。また、「羽翼」とは補佐のことを言う。

【中学校】

【一】(1)①伝え合う力　②思考力　③言語感覚　④尊重　(2)①日常生活　②全体と部分　③調子　④共通点や相違点　(3)①引用　②評価　(4)①正しく　②生活

③　基礎　④　20　⑤　10

〈解説〉(1)　教科の目標及び各学年の目標は確実に覚えておきたい。(2)　中学校学習指導要領解説国語編(平成20年9月、文部科学省)によれば、「A　話すこと・聞くこと」の指導内容は、「話題設定や取材」、「話すこと」、「聞くこと」、「話し合うこと」の四つに関する指導事項から構成される。各学年で具体的にどのような指導を行うか、整理しておきたい。(3)　中学校学習指導要領解説国語編(平成20年9月、文部科学省)によれば、「B　書くこと」の指導内容は、「課題設定や取材」、「構成」、「記述」、「推敲」、「交流」の五つに関する指導事項から構成される。各学年で具体的にどのような指導を行うか、整理しておきたい。本問で取り上げたイは「記述」に関する指導事項、エは「交流」に関する指導事項に該当する。(4)〔伝統的な言語文化と国語の特質に関する事項〕は各学年とも二事項からなるが、本文で取り上げたのはそのうち(2)の書写の指導に関する取扱いである。アは中学校の書写のねらい、イは毛筆による書写の指導の取り扱い及び毛筆と硬筆との関連、ウは各学年の書写の授業に配当される授業時数の目安を示している。

【高等学校】

【一】(1)　①　言語文化　②　生涯にわたって　③　社会生活の充実　④　読む能力　⑤　理解や関心　⑥　豊かにする　(2)　①　i　②　k　③　d　④　h　⑤　b　(3)　①　分析　②　論拠　③　感動　④　言葉遣い　⑤　吟味　⑥　役割

〈解説〉(1)　高等学校学習指導要領解説国語編(平成22年6月、文部科学省)によると、「A」、「B」を付した科目は、科目の性格の違いを示している。「A」を付した科目は「言語文化の理解を中心的なねらい」とする科目、「B」を付した科目は「読む能力を育成することを中心的なねらい」とする科目となる。「現代文A」及び「現代文B」、「古典A」及び「古典B」については、この性格の違いを念頭に置くと、目標や指導内容、教材の特徴が理解しやすくなる。　(2)　高等学校学習指導要領解説国語編(平成22年６月、文部科学省)によると、「A　話すこと・聞くこと」は、「話題について自分の考えをもつこと、論理の構成や展開を工夫すること」、「効果的に話すこと、的確に聞くこと」、「工夫して話し合うこと」、「表現について考察したり交流したりして、考えを深めること」の四つに関する指導事項から構成される。これらの目的を達成するための具体的な言語活動例を理解しておくこと。　(3)　高等学校学習指導要領解説国語編(平成22年６月、文部科学省)によると、「国語表現」は、「国語総合」の指導内容のうち「「A　話すこと・聞くこと」、「B　書くこと」と〔伝統的な言語文化と国語の特質に関する事項〕とを中心として、その内容を発展させている」という性格の科目である。最大のねらいは、「伝え合う力」をさらに高めることにある。このことを踏まえて、指導内容を確認していきたい。

二〇一六年度　実施問題

【一】次の文章を読んで、(1)～(7)の問いに答えなさい。(設問の都合上、表記を改めた箇所がある。)

【中高共通】

六世紀以来、仏教を移入すると同時に、朝鮮および主として中国から種々な影響をうけた奈良時代は、日本文化の含むどんな要素が日本的性格をもち、またどんな要素がそうでないかという問題が批判的に起こってきた転換点であった。

それ以前の先史時代にあっては、Aこういう問題は生じなかった。実際この時代の遺物が、今日明らかに日本的であると考えられるようなものを含んでいないことは、思い半ばにすぎるものがある。古代の武具や装身具などの発掘物を見ても、その様式は地方的であるというよりはむしろ国際的であって、著しく小アジアもしくはミケーネの文化をすら想起せしめる。もしそのなかに日本的なものがあるとすれば、それはわずかに金属や燧石《ひうちいし》を材料とするaきわめて精巧な細工に認めうるのみである。またbかかる器具に彫られた家屋の様を見ると、技巧を用いない杭上家屋であって、こういうものなら、同じような条件を具えた土地では全世界に X の存在であったし、また所によっては今日でもなお①トウシュウせられている住居形式である。たとえばスカンジナヴィア地方では、氷雪と出水とに備えるために、またスイスでcすら鼠害を免れるために築造せられているのである。実際にも日本の農家には、こういう国際的特性を今にいたるまで保存しているものがある。かかる農家の輪郭は、特殊の地方的風土にもとづく Y を度外視するならば、ヨーロッパの諸地方と著しく類似しているばかりでなく、時には完全な一致をさえ示している。たとえばドイツのシュヴァルツヴァルトや、北部の低地地方に見られる高い藁葺《わらぶき》屋根、また板葺屋根に押石を載せバルコニーを設けたアルプス地方の家、セルヴィアおよび一般にバルカン地方の農家などはその顕著な実例であり、草の生えた屋上の土さえヨーロッパで見かけるものと同じである。

B<u>このような原始日本の文化は</u>、伊勢神宮においてその極致に達した。伊勢神宮は二十年あるいは二十一年目ごとに［Z］の形式のままで造替せられる。この御造営は、これまですでに六十回ばかり繰り返されたということである。そうすると今日伝えられている形式は、奈良朝に②遡るものであり、おそらく当時、仏教に対抗すると同時にまたこの新来の宗教に刺戟されて最高の芸術的洗練を達得した神道の側からの努力の表現と見られるであろう。

しかし伊勢神宮は、その他の神社、たとえば出雲大社などと異なり、仏教建築の要素をひとつも取りいれていない、もっとも階段の勾欄(注)に見られるきわめて些細なモティーフだけは例外である。まことに伊勢神宮は絶対に日本的なものであり、日本においてさえこれ以上日本的なものはどこにも存しないのである。それならば伊勢神宮の最も主要な特徴はなんであろうか。

何よりもまず伊勢神宮は、人間の理性にもとる(注)ような気紛れな要素をまったく含んでいないということである。その構造は単純であるが、しかしそれ自体論理的である。後代の日本建築に見られるように、屋根裏が天井によって隠されることがなく、構造自体がそのまま美的要素をなしている。またそれ故にこそ柱やその他の用材は、あながちに力学的計算に従う必要がないのである。ここに在るところのものは、真正の建築であって、たんなる工学技師の手になる建造物ではない。このことはパルテノンにおけるとまったく同様である。ギリシアでは大理石を用い、また日本では木材と萱葺《かやぶき》屋根とを素材にして、究極的な形が創造せられたのである。パルテノンは、その釣合と輪郭とをギリシアの透明清澄な大気にうけ、伊勢神宮は、これを日本の湿気と雨との多い風土にもとめたのである。

それぞれ根本的にきわめて相異なる条件を具えながら、人間の精神はこの二つの場合のいずれにおいても、至純な構造的形式を創造した。伊勢神宮では、一切のものがそのまま芸術的であり、ことさらに技巧をこらした個所は一つもない。清楚な素木《しらき》はあくまで浄滑である。見事な曲線をもつ屋根も、——しかし軒にも棟にも反りが付してない、——掘立式の柱と小石を敷きつめた地面との結合も、共にすがすがしい。実際、構造的性格を帯びないような装飾はなに一つ施してないのである。棟木の上に列ねた堅魚木(注)の両端にはめてある金色の金具は、萱葺屋根と檜造りとにこよなく調和している。神前に供えた榊の緑枝と御幣(注)の白紙さえ、全体の調子とぴったり一致しているのである。

よく日本人は、時代の匂いが特殊の魅力をもつことを強調し、「C侘び」という概念で一つの芸術観全体を包括的に表現する。ところが伊勢神宮は、「侘び」らしいものの痕すらとどめていないのである。伊勢神宮は常に新しい。私にはこのことこそ、とくに日本的な性格のように思われるのである。むっとするような時代の黴臭さは③ホウチクせられ、それと共に一切の非建築的な付加物、すなわち純粋な建築に背くような一切の装飾はことごとく排除されている。これらのものは、さなきだに無用の長物であるが、伊勢神宮でそれが脱落してしまったのは、二十年目ごとの造替に際してかかる贅物までも繰り返し付加することの無意義を覚《さと》ったためであろう。

(ブルーノ・タウト著、篠田英雄訳『日本美の再発見』より。)

(注)「勾欄(こうらん)」=神社や御堂などの回廊の周りにある手摺りのことで、高欄とも書く。
「もとる」=道理にそむく。反する。

「堅魚木(かつおぎ)」＝神社本殿の棟木の上に並べた装飾材。鰹節のような形をしている。

「御幣(ごへい)」＝神道の祭祀で用いられる、裂いた紙を垂らしたもの。

(1) 波線部①～③の漢字には読みがなを書き、カタカナは漢字に直して書きなさい。
(2) 二重傍線部ａ・ｂ・ｃの品詞名を書きなさい。
(3) 空欄Ｘ・Ｙ・Ｚにそれぞれあてはまる最も適切な言葉を次のア～カから選び、記号で答えなさい。
ア　同一　イ　共通　ウ　皆無　エ　全体　オ　唯一　カ　差異
(4) 傍線部Ａ「こういう問題は生じなかった」のはなぜか。指示語の内容を明らかにして、五十字以上六十字以内で答えなさい。
(5) 傍線部Ｂ「このような原始日本の文化」について説明した次の文の空欄Ｐ・Ｑに、それぞれ漢字二字を本文中から抜き出して補いなさい。
日本に固有の（　Ｐ　）なものではなく、（　Ｑ　）的と言えるほどの性質を持つもの。
(6) 傍線部Ｃ「侘び」という概念を、筆者はどのようなものととらえているか。十五字以内で答えなさい。
(7) 本文において、筆者が評価する、伊勢神宮における建築の特徴について、六十字以上七十字以内で答えなさい。

（☆☆☆◎◎◎）

【二】次の文章を読んで、(1)～(7)の問いに答えなさい。（設問の都合上、表記を改めた箇所がある。）

1 それ、人の友とあるものは富めるをたふとみ、ねむごろなるを先とす。必ずしもなさけあると、すなほなるとをば愛せず。ただ糸竹花月を友とせんにはしかじ。人の奴たるものは、賞罰はなはだしく恩顧あつきを先とす。さらに育みあはれむと、安く静かなるとをば願はず。ただわが身を奴婢《ぬひ》とするにはしかず。

2 いかが奴婢とするとならば、もしなすべき事あれば、すなはちおのが身を使ふ。たゆからずしもあらねど、人をしたがへ、人をかへりみるよりやすし。もし歩くべき事あれば、みづから歩む。苦しといへども、馬鞍牛車と心を悩ますにはしかず。今、一身をわかちて二つの用をなす。①手の奴、足の乗り物、よくわが心にかなへり。身、心の苦しみを知れれば、苦しむ時は休めつ、まめなれば使ふ。使ふとても、たびたび過さず。もの憂しとても、心を動かす事なし。いかにいはむや、常に歩き、常に働くは、養性なるべし。②なんぞいたづらに休みをらん。人を悩ます、罪業なり。いかが他の力を借るべき。衣食のたぐひ、また同じ。③藤の衣、麻のふすま、得るにしたがひて、肌をかくし、野辺のおはぎ、峰の木の実、わづかに命を継ぐばかりなり。人に交らざれば、姿を恥づる悔もなし。糧乏しければ、おろそかなる哺をあまくす。惣《すべ》て、かやうの楽しみ、富める人に対して言ふ④にはあらず。ただわが身ひとつにとりて、昔今とをなぞらふるばかりなり。

3 それ三界（注）はただ心ひとつなり。心もしやすからずは象馬七珍もよしなく、宮殿楼閣も望みなし。今、さびしき住ひ、一間の庵、みづからこれを愛す。おのづから都に出でて身の乞匃（注）となれる事を恥づといへども、帰りてここにをる時は他の俗塵に馳する事をあはれむ。もし人この言へる事を疑はば、魚と鳥とのありさまを見よ。魚は水に飽かず、魚にあらざればその心を知らず。鳥は林をねがふ、鳥にあらざればその心を知らず。［X］の気味もまた同じ。住まずして誰かさとら⑤む。

(注)「三界」＝仏教語で、欲界・色界・無色界の三つの世界をいう。　「乞匃」＝ものもらい。

（『方丈記』より。）

(1) ［1］段落を読んで、次の［A］・［B］にあてはまる作者の考えを、現代語で書きなさい。

［　A　］のなら、［音楽や自然を友とする］方がよい。

［召使としての価値を、賞与と恩恵に置く］のなら、［　B　］方がよい。

(2) 傍線部①とあるが、具体的にはどのような状況を示した語句か。あてはまる箇所を本文中から抜き出しなさい。

(3) 傍線部②を口語訳しなさい。

(4) 傍線部③からわかる作者の考えを簡潔に書きなさい。

(5) 空欄［X］にあてはまる最も適切な言葉をア～オから選び、記号で答えなさい。

ア　別居　イ　閑居　ウ　家居　エ　転居　オ　寡居

(6) 二重傍線部④・⑤について、次の例にしたがって文法的に説明しなさい。

例　受身の助動詞「る」の命令形

(7) 『方丈記』と同時代に成立した随筆の作品名とその作者名を漢字で書きなさい。

（☆☆☆◎◎◎）

【三】次の文章を読んで、(1)~(6)の問いに答えなさい。(設問の都合上、表記を改めた箇所がある。)

東周欲《スレドモ》レ為《ラント》レ稲《ヲ》、西周不レ下《サ》レ水《ヲ》。東周患《フ》レ之《ヲ》。蘇子謂《ツテ》二東周《ノ》君《ニ》一曰《ク》、A臣請使二西周下レ水、可《ナラント》乎《ト》。①乃往《イテ》見《エテ》二西周之君《ニ》一曰《ク》、君之謀《ハ》過《テリ》矣。今不《ルハ》レ下《サ》レ水《ヲ》、②所《ヨ》以富《マス》二東周《ヲ》一也。今其《ノ》民皆種《ウ》レ麦《ヲ》。無《シ》二他《ノ》種一矣。君③若欲《セバ》レ害《セント》レ之《ヲ》、X B不レ若三一為下レ水、以病二其所レ種。下《サバ》レ水《ヲ》、東周必《ズ》復《タ》種《エン》レ稲《ヲ》。種《ウレバ》レ稲《ヲ》而復《タ》奪《ヘ》レ之《ヲ》。Y若《クセバ》レ是《クノ》則《チ》東周之民、C可令一仰西周、而受命於君矣。西周《ノ》君曰《ハク》、善《シト》。D遂《ニ》下《ス》レ水《ヲ》。蘇子《モ》亦得《タリ》二両国之金《ヲ》一也。

(『戦国策』より。)

（注）「東周」・「西周」＝ともに黄河に臨んでいたが、西周の方が川上にあり、水をせき止めたら、川下の東周には水が流れなくなる。
「蘇子」＝人名。東周の蘇秦・蘇代・蘇厲の兄弟三人のいずれか。
「種う」＝植う。　「一仰」＝ひたすら仰ぎ見る。

(1) 波線部①〜③の漢字の読みを送りがなも含めて現代仮名遣いで書きなさい。
(2) 傍線部Aを書き下しなさい。
(3) 二重傍線部X・Yの「之」が示す内容を、本文中から抜き出して答えなさい。
(4) 傍線部Bを「(a)は(b)に及ばない」の形で表すとき、(a)・(b)にあてはまる内容を、本文中からそれぞれ三字以内で抜き出して答えなさい。
(5) 傍線部Cを「一に西周を仰いて、命を君に受けしむべしと。」と書き下せるように、次の漢文に適切な返り点をつけ、現代語訳もしなさい。

可 令 一 仰 西 周、而 受 命 於 君 矣。

(6) 傍線部Dとあるが、蘇子が西周の君から金を得た理由を、「稲」と「麦」の語を使って七十字以上八十字以内で説明しなさい。

（☆☆☆◎◎◎）

【中学校】

【二】中学校学習指導要領「国語」及びそれに関連する事項について、次の(1)～(4)の問いに答えなさい。

(1) 次の文は、第一学年の「1 目標」の一部である。（ ① ）～（ ④ ）にあてはまる語句を書きなさい。

(3) （ ① ）や意図に応じ、様々な本や文章などを読み、内容や（ ② ）を的確にとらえる能力を身に付けさせるとともに、（ ③ ）を通してものの見方や考え方を（ ④ ）とする態度を育てる。

(2) 次の文は、第三学年の「2 内容」における「A 話すこと・聞くこと」の一部である。（ ① ）～（ ③ ）にあてはまる語句を書きなさい。

(1) 話すこと・聞くことの能力を育成するため、次の事項について指導する。

エ 話合いが（ ① ）に展開するように（ ② ）を工夫し、課題の解決に向けて互いの（ ③ ）を生かし合うこと。

(3) 次の文は、第二学年の「2 内容」における「伝統的な言語文化と国語の特質に関する事項」の「(2)書写に関する次の事項について指導する。」である。（ ① ）～（ ③ ）にあてはまる語句を書きなさい。

ア 漢字の行書とそれに調和した（ ① ）の書き方を理解して、読みやすく（ ② ）書くこと。

イ 目的や（ ③ ）に応じて、楷書又は行書を選んで書くこと。

(4) 次の文は、「第3 指導計画の作成と内容の取扱い」における「3 教材については、次の事項に留意するものとする。」の「(2)教材は、次のような観点に配慮して取り上げること。」の一部である。（ ① ）～（ ⑤ ）にあてはまる語句等を書きなさい。

ア 国語に対する認識を深め、国語を（ ① ）する態度を育てるのに役立つこと。

イ　伝え合う力、思考力や想像力を養い（　②　）を豊かにするのに役立つこと。
ウ　公正かつ適切に判断する能力や（　③　）を養うのに役立つこと。
エ　科学的、（　④　）な見方や考え方を養い、視野を広げるのに役立つこと。
オ　人生について考えを深め、豊かな人間性を養い、たくましく生きる（　⑤　）を育てるのに役立つこと。

（☆☆☆◎◎◎）

【高等学校】

【一】高等学校学習指導要領「国語」及びそれに関連する事項について、(1)～(3)に答えなさい。

(1)　次の文は、「第４　現代文Ｂ」及び「第５　古典Ａ」それぞれの「１　目標」である。文章中の［　①　］～［　⑥　］にあてはまる語句を答えなさい。

【第４　現代文Ｂ】

近代以降の様々な文章を［　①　］し、適切に表現する能力を高めるとともに、ものの見方、感じ方、考え方を深め、［　②　］することによって、［　③　］を図り人生を豊かにする態度を育てる。

【第５　古典Ａ】

古典としての古文と漢文、［　④　］する文章を読むことによって、我が国の［　⑤　］に対する理解を深め、生涯にわたって［　⑥　］態度を育てる。

(2)　次の文は、「第２　国語表現」「２　内容　(2)　(1)に示す事項については、例えば、次のような言語活動を通して指導するものとする。」として挙げられている事項である。［　①　］～［　⑤　］にあてはまる語句を後から選び、記号で答えなさい。

ア　様々な考え方ができる事柄について、幅広い情報を基に自分の考えをまとめ、［　①　］したり討論したりすること。

イ　詩歌をつくったり小説などを書いたり、［　②　］したことをまとめたりすること。

ウ　関心をもった事柄について調査したことを［　③　］して、解説や論文などにまとめること。

エ　相手や目的に応じて、紹介、連絡、［　④　］などのための話をしたり文章を書いたりすること。

オ　話題や題材などについて調べてまとめたことや考えたことを伝えるための資料を、図表や画像なども用いて［　⑤　］すること。

a　整理　b　感動　c　編集　d　批評　e　説明　f　検討

g　記録　h　鑑賞　i　依頼　j　要約　k　発表　l　論述

(3)　次の文は、「第3　現代文A」「2　内容　(1)　次の事項について指導する。」に挙げられている事項である。［　①　］～［　④　］にあてはまる語句を答えなさい。

ア　文章に表れたものの見方、感じ方、考え方を読み取り、人間、社会、自然などについて［　①　］こと。

イ　文章特有の表現を味わったり、語句の［　②　］について理解を深めたりすること。

ウ　文章を読んで、［　③　］や我が国の文化と外国の文化との関係について理解すること。

エ　［　④　］についての課題を設定し、様々な資料を読んで探究して、言語文化について理解を深めること。

(☆☆☆◎◎◎)

解答・解説

【中高共通】

【一】(1) ① 踏襲　② さかのぼ(る)　③ 放逐　(2) a 副詞　b 連体詞　c 助詞
(3) X イ　Y カ　Z ア　(4) 先史時代に文化における日本的性格に関する問題が出てこなかったのは、仏教の移入に伴う他国からの影響がまだなかったため。(五十八字)　(5) P 特殊　Q 国際
(6) 時代に左右される芸術観。(十二字)　(7) 構造が単純かつ論理的で、日本の風土に調和し、純粋な建築性に背くような一切の装飾的な要素が排除された、至純で美しい構造形式であること。(六十六字)

〈解説〉(2) a 「きわめて」は直後の形容詞「精巧な」を修飾しているため副詞。　b 「かかる」は直後の名詞を修飾しているが、活用しないので、形容詞ではなく連体詞。　c 「すら」は強調の意を表す副助詞。
(4) 「こういう問題」とは第一段落の「日本文化の含むどんな要素が日本的性格をもち、またどんな要素がそうでないかという問題」を指す。これは「仏教を移入すると同時に、朝鮮および主として中国から種々の影響をうけた奈良時代」の話であり、傍線部Aの直前にあるように「それ以前の先史時代」では問題にならなかったのである。仏教の移入と、隣国からの影響をまとめればよい。　(5) 「このような」の指す内容については、直前の第二段落を読み解く。特に「古代の武具や装身具などの発掘物を見ても、その様式は地方的であるというよりはむしろ国際的であって」とある。原始日本の文化の他国との共通性をおさえる必要がある。
(6) 傍線部Cの直後に「ところが伊勢神宮は、「侘び」らしいものの痕すらとどめていないのである。伊勢神宮は常に新しい。私にはこのことこそ、とくに日本的な性格のように思われるのである」とある。筆者は一般に日本的だとされる「侘び」を退け、伊勢神宮の在り方こそをより普遍的な日本的なものだとする。つまり、

筆者の言う「侘び」とは「時代の匂いが特殊な魅力をもつこと」と対極にあるものなのである。 (7) 伊勢神宮の建築に関しては本文第五～第六段落で述べられている。第五段落からは構造が単純かつ論理的であることと、風土と釣り合っていることを、第六段落からは技巧を廃したことと、調和のとれた至純の構造的形式であることをまとめる。

【二】 (1) A 友人としての価値を、富裕さと愛想のよさに置く B 召使をやとわずに、自らを使う (2) もしなすべき事あれば、すなはちおのが身を使ふ。 (3) どうして無駄に休んでいるであろうか。休んでいるわけがない。 (4) ありあわせのものでまかなっていく。 (5) イ (6) ④ 断定の助動詞「なり」の連用形 ⑤ 推量の助動詞「む」の連体形 (7) 作品名…徒然草 作者名…兼好法師

〈解説〉 (1) 世の中一般の通念というものをあげ、その上で作者は「～にはしかじ」という表現で自身の考えを述べている。 (2) 傍線部①前後で「手の奴、足の乗り物」と手と足が並列されている。足については「もし歩くべき事あれば、みづから歩む」とある。手についてはその前で述べられている。 (3) 「いたづらなり」は「無駄な」の意味である。また、傍線部②の直前には「常に歩き、常に働くは、養性なるべし」とある。傍線部②は「いたづらに休」むことを否定する文脈である。つまり、傍線部②は疑問ではなく、反語を意味する。このことを明確に訳に反映させることが必要である。 (4) 傍線部③の直前に「衣食のたぐひ、また同じ」とある。傍線部③であげられているものは、ここまで述べられてきたことと同じであるというのである。作者は人に頼まずに自分の手足でできることだけをするということを述べてきた。これを衣食に関して当てはめればよい。 (5) 選択肢はすべて暮らし方に関するものである。どのような暮らし方を作者が推奨しているかを考える。作者はここまで人に交わらずに、自分一人で充足することを述べてきた。「閑居」は「世俗を離れて静

かに暮らすこと」の意。　(6)　⑤　係助詞「か」があるために連体形となる。

【三】(1)　①　すなわち　②　ゆえん　③　もし　(2)　臣請ふ西周をして水を下さしめん、
(3)　X　東周　Y　水　(4)　a　不下水(三字)　b　下水(二字)
(5)　可レ令下一仰二西周一、而受中命於君上矣。　現代語訳…ひたすら西周を仰ぎ見て、君の指図を受けさせることができるでしょう。　(6)　東周が麦を植えている間は水を流して麦を病みつかせ、稲を植えれば水をせき止めて稲を生育させなくするように、水によって東周を支配できるという考えを教えたため。(七十七字)

〈解説〉(1)　③　「若」はいくつかの読み方があるが、直後に「欲セバ」とあるので、仮定条件を意味することが分かる。　(2)　「請」は「こ(う)」と読む。「使」は「使AB」の形で「AをしてBせしむ」と読む。
(3)　(注)にあるように、西周が東周よりも黄河の上流にあるという位置関係をおさえておく必要がある。西周が東周に流れる水の量を調整することが可能なのである。　(4)　「不若～」は「～にしかず」と読み、「～には及ばない」の意味である。ここでは「下水」が一番だと述べている。　(6)　西周の君は蘇子の考えを聞いて、水を流すことを決めたのであるが、このことが西周の利益になるために、蘇子に金を与えたのである。水を流すことが西周にとってどのような利益になるのかを具体的に説明する必要がある。蘇子は単に水を止めて東周を苦しめるだけではなく、水量を調整することで東周を支配することを教えたのである。

【中学校】

【一】(1)　①　目的　②　要旨　③　読書　④　広げよう　(2)　①　効果的　②　進行の仕方

③ 考え　(3) ① 仮名　② 速く　③ 必要　(4) ① 尊重　② 言語感覚　③ 創造的精神
④ 論理的　⑤ 意志

〈解説〉(2) 各学年の「A　話すこと・聞くこと」の指導事項は、話題設定や取材に関するもの、話すことに関するもの、聞くことに関するもの、話し合うことに関するものから構成される。(4) 教材の選定に当たっては、生徒一人一人が学習意欲をもって国語科の学習に取り組み、その意義や喜びが自覚できるような話題や題材を精選して取り上げることが大切である。教材の選定にあたっての配慮すべき観点としては、教材の話題、題材を偏りなく選定するように八項目が示されている。

【高等学校】

【一】(1) ① 的確に理解　② 進んで読書　③ 国語の向上　④ 古典に関連　⑤ 伝統と文化
⑥ 古典に親しむ　(2) ① k　② h　③ a　④ i　⑤ c　(3) ① 考察する
② 用いられ方　③ 言語文化の特質　④ 近代以降の言語文化

〈解説〉(1) 教科の目標および各科目の目標については暗記しておくこと。また、目標の設定のねらいや指導内容との関係について、高等学校学習指導要領解説国語編(平成二十二年六月)などを参照しながら理解を深めておきたい。(2) 言語活動の充実は、今回の学習指導要領の改訂に際し重視されたことの一つなので、各科目の学習活動と言語活動例をきちんと整理し、内容を理解しておきたい。(3) 「現代文A」は、主として近代以降の様々なまとまりのある文章を読むことを通して、我が国の言語文化に対する理解を深めること、生涯にわたって読書に親しむ態度を育てることなどをねらいとした科目である。

二〇一五年度　実施問題

【中高共通】

【一】次の文章を読んで、(1)〜(6)の問いに答えなさい。

生命活動の中心にあるのは自我ではない。生きる力である。それ以外にない。自我も主体も実存も直観も(注)テオリアも超越的主観性も、生命活動の中心の座を占めることはできない。

鏡像段階の幼児が「自我」アガイネンを獲得するのは、「自我というものがある方が、人間が生き延びる上では有利①である」という類的な判断があったからである。自我は生きるための一個の道具に過ぎない。だから「自我があるせい②で、生き延びるのが不利になる」状況に際会すれば、「生きる力」は「自我機能を停止せよ」という判断を下すはずである。

話はごく計量的なことなのである。「不争勝負、不拘強弱」というのは、精神論でも衒学《げんがく》的な韜晦《とうかい》でもなく、生物学的なレベルでの「生きるために有利な選択肢」の一つとして提示されているのである。

もちろん、平時には、「自我機能の停止」というような緊急指令は、めったなことでは発動しない。それは平時とは「勝っても負けても、命までは取られない」「強くても弱くても、死ぬわけではない」というような生活のことだから③である。勝敗を争い、強弱に拘《こだわ》ることにかまけていても特に困らない状況のことを、「平時」と呼ぶのである。

だが、そのような「平時マインド」だけしか知らない個体は、非常時には対応できない。対応できないどころか、集団の存続にとっての最悪のリスクファクターになりかねない。

〔 X 〕的に考えて、カタストロフ的状況(例えば、天変地異やハイジャックに遭遇した場合)に生き延びる確率を高めようとすれば、私たちがまずなすべきことは「今、何が起きているのかについて、できるだけ精度の高い情報を集めること」である。そこからしか話は始まらない。

そのような場合に、単身でいるのと、複数の人間とともにあるのと、どちらが生き延びる確率が高いか。考えるまでもない。複数の人間とともに危機的状況に投じられている方が、一人でいるよりも生き延びる確率がはるかに高い。それは見えるもの、聞こえる音、臭い、触覚、どれについても、人間の数が多ければ多いほど、情報量が多いからである。情報収集への参与者が多いほど、「今、何が起きているのか」についての理解は深まる。

それは、言い換えれば、そのときその場にいる全員が持ち寄った感覚情報を総合した「統一感覚」を五感とする、一個の協働身体が立ち上がったということである。一人では見えないものが見え、一人では聞こえない音が聞こえ、一人では感知できないものが感知できるのは、「その場の全員を構成要素とした(注)キマイラ的身体」をそこに存立したからである。

だが、そのようなキマイラ的身体を構成し、それを適切に操作するためには、危機的事況に際会したときには「そのようなもの」を早急に立ち上げねばならないという、類的叡智《えいち》を〔 Y 〕化させている人間が必要である。

パニックにイオチイって、われがちに算を乱して逃げ惑っている人々を集合させ、ひとりひとりが見聞きした断片的情報を総合して、「何が起きたのか、これからどうすればいいのか」を推理するためには、キマイラ的協働身体の構成が急務であるということを知っている人間が必要である。

それが(注)沢庵の言う「A兵法者」である。

けれども、兵法者の仕事を妨害するものがいる。それを「B反―兵法者」と呼ぶことにする。「勝負を争い、強弱に拘る」ことをつねとする人間のことである。

彼は、キマイラ的身体というようなもののあることを知らないし、Cその機能も有用性も知らない。反―兵法者は自我に固執する。自分ひとりの五感や価値判断に居着き、自分ひとりの生存を優先し、他者との協働身体の構成を拒む。

そのような利己的個体は、どのような危機的状況においても必ず出現する。そして、あらゆるハリウッド・パニック映画が教えるところでは、そのような人間が真っ先に死ぬのである。

説話原型的にはそうである。だが、説話原型が「そう」であるということは、「ほんとうはそうではない」ということを意味している。同じ話がウ倦むことなく繰り返し語られるのは、その教訓が少しも生かされていないからである。

残念ながら、危機的状況において、人々は類的な経験則に従って粛々と適切な行動を選択するわけではない。もし、いつでもそのように集合的な叡智に従って人々が行動しているならば、パニック映画など誰も作らないし、誰も見ないはずである。

これだけ執拗《しつよう》に恐怖譚《たん》やカタストロフを生き抜く物語が語られ、そのつど「危機に際会したときに自我を手放さない利己的人間のもたらす災厄と、彼の破滅」について描き続けているのは、そういう人間が類的な意味でDほんとうに危険な存在だからであるにもかかわらず、そのような人間がいなくならないからである。

（内田樹著『修業論』より。一部省略等がある。）

（注）
「テオリア」＝「見ること」、「観想」を意味するギリシア語でアリストテレスが重視した。

「キマイラ」＝生物の一個体内に別個体の組織が隣り合って存在する現象。又、その個体。キメラ。

「沢庵」＝安土桃山時代から江戸時代前期にかけての臨済宗の僧。著書『太阿記』に「兵法者は勝負を争わず、強弱に拘わらず」という一節がある。

(1) 傍線部ア～ウの、漢字には読みがなを書き、カタカナは漢字に直して書きなさい。
(2) 傍線部①～③の品詞又は品詞の一部について、それぞれ品詞名を書きなさい。品詞の一部である場合も品詞名のみ書くこと。
(3) 空欄【 X 】・【 Y 】にあてはまる最もふさわしい言葉をそれぞれア～オから選び、記号で答えなさい。
【 X 】ア 断続　イ 受動　ウ 合理　エ 否定　オ 直接
【 Y 】ア 複雑　イ 固定　ウ 拡散　エ 内面　オ 簡素
(4) 次のア～カのうち、傍線部A・Bについて述べたものをそれぞれすべて選び、記号で答えなさい。
ア 勝負に拘りを持って集団の存続に寄与する。
イ 必要に応じて自我機能の停止の判断をする。
ウ 常に平時マインドだけで対処しようとする。
エ 情報の精度が低い方がより良く対応できる。
オ 自分ひとりの感覚や価値判断を絶対視する。
カ 危機的状況に際して協働身体を構成できる。

(5) 傍線部Cの(a)「機能」・(b)「有用性」について、ここでの意味を、文章中の言葉を使って、それぞれ十五字以上二十五字以内で説明しなさい。

(6) 傍線部Dとあるが、「どのように危険なのか」、また、「なぜ存在しているのか」を、文章中の言葉を使って、九十字以上百字以内で説明しなさい。

(☆☆☆◎◎◎)

【二】次の文章は、五壇の御修法(五大明王を中央と四方の壇に請置して行う大規模な祈禱)の日の一節である。これを読んで、(1)~(7)の問いに答えなさい。(設問の都合上、表記を改めた箇所がある。)

観音院の僧正、ひんがしの対より、二十人の伴僧をひきゐて、御加持まゐりたまふ足音、渡殿の橋の、とどろとどろと踏み鳴らさ①るるさへぞ、ことごとのけはひには似ぬ。法住寺の座主は馬場の大殿、浄土寺の僧都は文殿などに、うちつれたる浄衣姿にて、ゆゑゆゑしき唐橋どもを渡りつつ、木の間を分けてかへり入るほども、はるかに見やら②るるここちして、あはれなり。さいさ阿闍梨も、(注)大威徳をうやまひて、腰をかがめたり。

人々まゐりつれば、夜も明けぬ。

渡殿の戸口の局に見いだせば、ほのうちきりたるあしたの露もまだ落ちぬに、殿ありかせたまひて、御随身召して、遣水はらはせたまふ。橋の南なるをみなへしのいみじうさかりなるを、一枝折らせたまひて、几帳の上よりさしのぞかせたまへる御さまの、③いとはづかしげなるに、わが朝がほの思ひしらるれば、「④これ、おそくてはわろからむ」とのたまはするにことつけて、硯のもとによりぬ。

⑤をみなへしさかりの色を見るからに露のわきける身こそ知らるれ

「あなと」とほほゑみて、硯召しいづ。

⑥白露はわきてもおかじをみなへしこころからにや色の染むらむ

しめやかなる夕暮に、宰相の君とふたり、物語してゐたるに、殿の三位の君、簾のつま引きあげて、ゐたまふ。年のほどよりは、いとおとなしく心にくきさまして、「人はなほ、心ばへこそ難きものなめれ」など、世の物語しめじめとしておはするけはひ、をさなしと人のあなづりきこゆるこそ悪しけれと、はづかしげに見ゆ。うちとけぬほどにて、「⑦おほかる野辺に」とうち誦じて、立ちたまひにしさまこそ、物語にほめたる男のここちしはべりしか。

かばかりなることの、うち思ひいでらるるもあり、そのをりはをかしきことの、過ぎぬれば忘るるもあるは、いかなるぞ。

（『紫式部日記』より。）

(注)「大威徳」＝五大明王の一人。五壇の西壇の大威徳明王。

(1) 傍線部①・②の助動詞について、文法的意味をそれぞれ書きなさい。
(2) 傍線部③を主語を補って、現代語訳しなさい。
(3) 傍線部④の指す内容を簡潔に書きなさい。
(4) 傍線部⑤において、比較されているのは、何と何のそれぞれどのような様子かを簡潔に書きなさい。
(5) 傍線部⑥の歌において、殿が作者に伝えたかったことは何か。簡潔に書きなさい。
(6) 傍線部⑦とあるが、殿の三位の君が「立ちたまひにし」理由を簡潔に書きなさい。ただし、「おほかる野辺に」は、「女郎花《をみなへし》おほかる野辺に宿りせばあやなくあたの名(悪い評判)をや立ちなむ」(『古今集』秋上)の第二句であるので、この歌全体の意味を踏まえて理由を書くこと。

(7) 次の作品のうち、『紫式部日記』より成立年代が古いものをすべて選び、記号で答えなさい。

ア　更級日記　イ　土佐日記　ウ　蜻蛉日記　エ　讃岐典侍日記

(☆☆☆◎◎◎)

【三】次の文章を読んで、(1)~(6)の問いに答えなさい。(設問の都合上、表記を改めた箇所がある。)

子路為ル二蒲ノ宰一ト。A為ニ二水ノ備ヘノ一与ニ其ノ民一修ム二溝洫《こうきょく》一ヲ。以テ二民之労シテ煩苦スルヲ一也、人ゴトニ与フ二之ニ一箪ノ食・一壺ノ漿一ヲ。孔子聞キレ之ヲ、使ム二子貢ヲシテ止メレ之ヲ。子路忿《ふん》然《ぜん》トシテ①不レ説、往キテ見エテ二孔子一ニ曰ク、由也B以暴雨将至、恐有水災。②故与レ民修メテ二溝洫一ヲ、以テ備フレ之X。而ルニ民多シ二乏餓スル者一。③是以箪食・壺漿シテ而与フレ之Y。夫子使ムルハ二賜ヲシテ止メレ之ヲ、是レ夫子止ムル二由之行フヲレ仁ヲ也。夫子以テレ仁ヲ教ヘテ、而禁ズルハ二其ノ行フヲ一、由不ルレ受ケ

也《ト》。孔子曰《ク》、汝以《テ》レ民《ヲ》為《サバ》レ餓《ウト》也、C何《ゾ》不《ル》下白《シテ》二於君《ニ》一発《ひらキ》二倉廩《ヲ》一、以《テ》賑《すくハ》上之《ヲ》。而《ルニ》私《カニ》以《テ》二爾《ノ》食《ヲ》一饋《おくルハ》レ之《ニ》、是《レ》汝明《ラカニシテ》二君之無《キヲ》レ恵《ミ》、而見《スナリ》二己之徳《ノ》美《ヲ》一。汝速《ヤカニ》已《ムレバ》、則《チ》可《ナリ》。不《しかラズンバ》、D則《チ》汝之見《レンコト》レ罪《セ》必《セリト》矣。

（『孔子家語』より。）

(注)「子路」＝孔子の門人。
「溝洫」＝田畑の間に掘った溝。
「一簞食」＝竹で作った器に盛った飯。
「一壺漿」＝壺に入れた飲み物。
「子貢」＝孔子の門人。名は賜。
「夫子」＝先生。ここでは、孔子をいう。
「倉廩」＝政府の管理する米倉。

(1) 波線部①～③の漢字の読みを送り仮名も含めて現代仮名遣いで書きなさい。
(2) 傍線部Aをすべてひらがなで書き下しなさい。
(3) 傍線部Bは「やがて激しい雨になるようですから、水害が起こることを懸念しています。」と解釈できる。

次の漢文に、適切な返り点をつけなさい。

以　暴　雨　将　至　恐　有　水　災

(4) 二重傍線部X・Yの「之」が示す内容を、本文中から抜き出して書きなさい。
(5) 傍線部Cを現代語訳しなさい。
(6) 傍線部Dとあるが、孔子はなぜ子路が「罪せらる」と考えたのか、その理由を七十字以上八十字以内で説明しなさい。

(☆☆☆◎◎◎)

【中学校】

【一】中学校学習指導要領「国語」及びそれに関連する事項について、次の(1)～(4)の問いに答えなさい。

(1) 次の文は、第二学年の「1　目標」の一部である。(　①　)～(　④　)にあてはまる語句を書きなさい。

(2) 目的や(　①　)に応じ、(　②　)にかかわることなどについて、(　③　)を工夫して分かりやすく書く能力を身に付けさせるとともに、文章を書いて(　④　)を広げようとする態度を育てる。

(2) 次の文は、第一学年の「2　内容」における「C　読むこと」の一部である。(　①　)～(　④　)にあてはまる語句を書きなさい。

(1) 読むことの能力を育成するため、次の事項について指導する。

ア　文脈の中における(　①　)を的確にとらえ、理解すること。

イ　文章の中心的な部分と付加的な部分、事実と(　②　)などとを読み分け、目的や必要に応じて要約したり(　③　)をとらえたりすること。

ウ　場面の展開や登場人物などの（　④　）に注意して読み、内容の理解に役立てること。

(3)　次の文は、第三学年の「2　内容」における「伝統的な言語文化と国語の特質に関する事項」の(1)のイ「言葉の特徴やきまりに関する事項」である。（　①　）～（　③　）にあてはまる語句を書きなさい。

（ア）　時間の経過による言葉の変化や世代による言葉の違いを理解するとともに、（　①　）を社会生活の中で適切に使うこと。

（イ）　慣用句・（　②　）などに関する知識を広げ、和語・漢語・外来語などの使い分けに注意し、（　③　）を磨き語彙を豊かにすること。

(4)　次の文は、「第3　指導計画の作成と内容の取扱い」における指導計画作成に当たっての配慮事項の一部である。（　①　）～（　⑤　）にあてはまる語句等を書きなさい。

(3)　第2の各学年の内容の「A話すこと・聞くこと」の指導に配当する授業時数は、第一学年及び第二学年では年間（　①　）単位時間程度、第三学年では年間（　②　）単位時間程度とすること。

(4)　第2の各学年の内容の「B書くこと」の指導に配当する授業時数は、第一学年及び第二学年では年間（　③　）単位時間程度、第三学年では年間（　④　）単位時間程度とすること。

(5)　第2の各学年の内容の「C読むこと」に関する指導については、様々な文章を読んで、自分の（　⑤　）に役立てられるようにすること。

（☆☆☆◎◎◎）

【高等学校】

【二】高等学校学習指導要領「国語」及びそれに関連する事項について、(1)～(4)に答えなさい。

(1) 次の文は、「第2　国語表現」「1　目標」である。文章中の［ ① ］～［ ④ ］にあてはまる語句を答えなさい。

国語で適切かつ効果的に表現する能力を育成し、［ ① ］を高めるとともに、［ ② ］や想像力を伸ばし、言語感覚を磨き、進んで［ ③ ］ことによって国語の向上や［ ④ ］の充実を図る態度を育てる。

(2) 次の文は、「第1　国語総合」「2　内容　A　話すこと・聞くこと　(1)次の事項について指導する。」として挙げられているものの一部である。［ ① ］～［ ⑤ ］にあてはまる語句を後から選び、記号で答えなさい。

ア　話題について様々な角度から［ ① ］して自分の考えをもち、［ ② ］を明確にするなど論理の構成や展開を工夫して意見を述べること。

イ　［ ③ ］や場に応じて、効果的に話したり的確に聞き取ったりすること。

ウ　［ ④ ］を解決したり考えを深めたりするために、相手の立場や考えを尊重し、表現の仕方や［ ⑤ ］の仕方などを工夫して話し合うこと。

a　目標　b　目的　c　根拠　d　批評　e　評価　f　検討

g　進行　h　課題　i　朗読　j　関心　k　問題　l　活用

(3) 次の文は、「第6　古典B」「3　内容の取扱い　(4)教材については、次の事項に留意するものとする。」に挙げられている事項である。［ ① ］～［ ③ ］にあてはまる語句を答えなさい。

ア　教材は、言語文化の［ ① ］について理解を深める学習に資するよう、文種や形態、［ ② ］や難易などに配慮して適当な部分を取り上げること。

イ　教材には、日本漢文を含めること。また、必要に応じて近代以降の文語文や漢詩文、古典についての〔　③　〕などを用いることができること。

(4)　次の文は、「第3款　各科目にわたる指導計画の作成と内容の取扱い　2　内容の取扱いに当たっては、次の事項に配慮するものとする。」として挙げられているものの一部である。〔　①　〕～〔　③　〕にあてはまる語句を答えなさい。

(2)　学校図書館を計画的に利用しその機能の活用を図ることなどを通して、〔　①　〕を喚起し幅広く読書する態度を育成するとともに、〔　②　〕を適切に用いて、〔　③　〕し、表現する能力を高めるようにすること。

（☆☆☆◎◎◎）

解答・解説

【中高共通】

【一】(1)　ア　概念　イ　陥　ウ　う(む)　(2)　①　形容動詞　②　助詞　③　助動詞
(3)　X　ウ　Y　エ　(4)　A　イ・カ　B　ウ・オ　(5)　(a)　その場にいる全員の感覚情報を総合するもの。　(b)　危機的状況において生き延びる確率が高まること。　(6)　危機的状況においては、自身及び自身が所属する集団が生き延びる確率を低くする危険な存在だが、そうした状況はめったに起こらず、平時においては、自我に固執する利己的な存在であっても特に困らないため。

〈解説〉(2) ①「で」を「だ」に変えることができ、前に「とても」をつけることができるので、形容動詞連体形語尾である。②原因・理由を示す格助詞である。③「で」を「だ」に変えることができる。前に「とても」をつけると意味が通らないので断定の助動詞である。(3) X「合理的」とは、道理にかなっているさま、無駄を省いて能率よく物事を行うさまである。後文は確率を高めるためにすべきことについて述べていることを踏まえて考えればよいだろう。Y Yを含む段落の後の段落の内容を踏まえて考えるとよい。(4) A 兵法者は「キマイラ的協働身体の構成が急務であるということを知っている人間」であり、「キマイラ的協働身体」は「そのときその場にいる全員が持ち寄った感覚情報を総合した『統一感覚』を五感とする」ため、「自我機能を停止」した状態でなければならない。B「反―兵法者」とはAとは逆の存在であり、「自分ひとりの五感や価値判断に居着き、自分ひとりの生存を優先し、他者との協働身体の構成を拒む」とある。さらに、「勝負を争い、強弱に拘る」ことができるのは「平時」のみであるのに、非常時に対応できない個体は「平時マインド」だけしか知らず、自我を優先させると考えられる。(5) ここでいう「機能」とは「キマイラ的身体の働き」であり、キマイラ的身体が、どのように役に立つのかを考える。(6) 反―兵法者、あるいは自我を手放さない利己的人間は「平時マインド」だけしか知らないので、非常時には対応できず、集団の存続にとっても最悪のリスクファクターになりかねない「危険な存在」である。しかし、そのような存在も平時は特に困ることはないから、「そのような人間がいなくならない」と考えられる。

【二】 (1) ① 尊敬 ② 自発 (2) 殿の姿がたいへん立派であるのに (3) おみなえしについての即興の歌 (4) (例) おみなえしの盛りの美しい様子と自分の盛りを過ぎた見苦しい様子 (5) 心のもちようで美しくなれるということ。 (6) 女性がいるところに長居して、浮気者という評判が立つといけないので。 (7) イ、ウ

〈解説〉(1) ① 「るる」は「る」の連体形で、「踏み鳴らさるる」の主語は観音院の僧正である。尊い身分の人なので「まゐりたまふ」というように尊敬語が用いられている。よって①「るる」は尊敬とわかる。「渡殿の橋」を主語にして「踏み鳴らされる」と訳すこともできそうだが、「る」が受身の場合、主語が無生物になることはほとんどない。 ② 平安時代では「る」が可能となりうるのは、下に打消を伴っている場合なので、可能ではない。「見やる」の主語は作者なので尊敬でもない。受身では意味が通らない。よって、自発と考える。 (2) 「殿ありかせたまひて」より、③までは「殿(=道長)」の一連の行為が描かれている。「御さま」は「殿」を指し、「はづかしげなる」は(こちらが気後れするほど)優れている、立派だ、という意味である。 (3) 「これ、おそくてはわろからむ(これが遅くなっては具合が悪いでしょう)」と言ったのは、「のたまはす」と敬語が使われていることからも、「殿」であることがわかる。「殿」は今が盛りのおみなえしを一枝折り、几帳の上からのぞいて発言している。それを受けて作者は歌を詠んでいるので、「これ」が指すものは「おみなえし」についての歌ということになる。 (4) おみなえしの盛りの色を見ると、露が「わく(分く)=分け隔てする」自分の身を思い知るという歌意である。 (5) 「白露は分け隔てなどしておかないでしょう。おみなえしはその心ゆえに色が染まっているのでしょう」という内容の歌。殿が最も言いたかったのは「こころからにや」という部分である。 (6) 作者と宰相の君のもとに殿の三位の君がやってきて、くつろがないうちに古今集の歌の一部を口ずさんで去って行った。古今集の「女郎花…」の歌意は「女郎花が多く咲く野原で一夜の宿

をとったならば、きっと理由もなく悪い評判(浮気者)を立ててしまうだろう」というもの。「女(をみな)」という言葉を含む女郎花を詠ったものである。(7) 『紫式部日記』は一〇一〇年頃の作品といわれる。『更級日記』は一〇五六年以降の作品といわれており、筆者は菅原孝標女、『土佐日記』は九三五年で筆者は紀貫之、『蜻蛉日記』は九七四年頃の作品といわれ、筆者は藤原道綱母である。藤原兼家と結婚し、道綱を生んだ。道綱は本文に出て来る「殿(＝道長)」と異母兄弟である。『讃岐典侍日記』は一一〇八年頃の作品といわれる。

【三】(1) ① よろこばず　② ゆえに　③ ここをもって　(2) みづのそなへのためにそのたみとこうきよくをさむ。

(3) 以二暴雨将一レ至、恐レ有二水災一。

(4) X 水災　Y 民　(5) どうして主君に申し上げて米倉を開いて民を救わないのか。

(6) 子路が蒲の長官として、自分勝手に自分の食べ物を飢えた民に施すのは、自分の徳が立派だと人民に示すことになり、主君に慈悲の心がないと人民に知らせることになるから。

〈解説〉(1) ① 「説」は「よろこブ」と読む。② 「故」は「ゆゑニ」と読み、「～だから」と訳す。因果関係の結果を表す。③ 「是以」は「ここヲもつテ」と読み、「こういうわけで」と訳す。「以是」は「これヲもつテ」と読み、「これによって」という意味になるので注意が必要である。(2) 「為」は「なル・つくル・たリ・る・らル・ためニ」「与」は「あづかル・くみス・と・ともニ・より・か・や・かな」など、多くの読み(意味)をもつ語である。「ヲ・ニ・ト・ヨリ」などの格助詞がなく上に返って読まれているので、「為」も「与」も返読文字である。(3) 「以」「有」は返読文字なので、下から返って読む。「将」は再読文字で「まさニ～

(シトす」と二度読む。 (4) X 文の初めに「故に」(〜だから)という因果関係の結果を表す語があるので、前文を読むと、「やがて激しい雨になるようですから、水害が起こることを懸念しています」とある。 Y 子路はご飯と飲み物を「之」に与えたとあり、前文を読むと「民は貧しくて飢える者が多かった」とある。 (5) 「何不」は「何ぞ〜(せ)ざる」と読み、「どうして〜しないのか、〜してはどうか」と訳す。「白」は「まうス」と読み、「申し上げる」という意味である。 (6) Dの前の「而私〜徳美」をまとめればよい。孔子は「こっそりお前の食糧を民衆に贈ったのは、主君に情けがないことを明らかにし、自分の徳のすばらしさを表した」と述べている。

【中学校】

【一】 (1) ① 意図 ② 社会生活 ③ 構成 ④ 考え (2) ① 語句の意味 ② 意見 ③ 要旨 ④ 描写 (3) ① 敬語 ② 四字熟語 ③ 語感 (4) ① 15〜25 ② 10〜20 ③ 30〜40 ④ 20〜30 ⑤ 表現

〈解説〉 (1) 教科目標・学年目標は、学習指導要領に関する問題では最頻出なので、文言だけでなく、その意味についても十分に学習しておきたい。学年目標は「話すこと・聞くこと」「書くこと」「読むこと」で構成されている。 (2) 「C 読むこと」は語句の意味の理解に関する指導事項、文章の解釈に関する指導事項、自分の考えの形成に関する指導事項、読書と情報活用に関する指導事項で構成される。問題のア〜ウは語句の意味の理解、文章の解釈に関する指導事項である。 (3) 伝統的な言語文化と国語の特質に関する事項は、「我が国の歴史の中で創造され、継承されてきた伝統的な言語文化に親しみ、継承・発展させる態度を育てることや、国語の果たす役割や特質についてまとまった知識を身に付けさせ、言語感覚を豊かにし、実際の言語活動において有機的に働くような能力を育てること」を重視している。 (4) 単位時間については数値の混同に注意すること。

【高等学校】

【一】(1) ① 伝え合う力　② 思考力　③ 表現する　④ 社会生活　(2) ① f　② c
③ b　④ h　⑤ g　(3) ① 変遷　② 長短　③ 評論文　(4) ① 読書意欲
② 情報　③ 思考

〈解説〉(1) 目標は、学習指導要領に関する出題で最頻出であるので、十分に学習しておくこと。国語表現は、従前「国語表現Ⅰ」「国語表現Ⅱ」であったものが、統合・再構成されたもので、目標では想像力を伸ばすこと、国語の向上を図る態度を育てることが追加された。(2) 国語総合は総合的な言語能力を育成することをねらいとした共通必履修科目で、「話すこと・聞くこと」「書くこと」「読むこと」「伝統的な言語文化と国語の特質に関する事項」を指導することとしている。それぞれの指導内容を確認しておくこと。(3) 国語科では現代文と古典でA、Bとわかれているので、特徴などを把握しておきたい。古典Aでは「伝統的な言語文化と国語の特質に関する事項」に関する指導を重視し、「伝統的な言語文化に対する理解を深める」こと等を目的としている。一方、古典Bでは「読むこと」に関する指導を重視し、「古典を読む能力を高める」こと等を目的としている。(4) 学校図書館の大きな役割として「読書意欲を喚起し幅広く読書する態度を育成する場所」「課題を解決するために必要な情報を検索、収集する場所」などがあげられている。

二〇一四年度 実施問題

【中高共通】

【一】次の文章を読んで、(1)〜(7)の問いに答えなさい。

A現代の自由な選択の不幸は、とりわけ個人が組織と対決する場所で最大限に達する。一般に組織は個人よりも多くの情報を持つものと考えられ、個人がその誤りをあらかじめ見抜くことは容易ではない。しかも組織の責任は有限であることが原則であって、解散すればその罪のほとんどは問われずに消失する。ときに組織の代表が罰せられることはあるが、その償いがおびただしい個人の損失に見合うことはめったに①ない。とくにグローバル化とともに組織が巨大化し、それを代表する個人の顔が見えにくくなった現代、組織は意志の主体でありながら責任能力を欠いた機械になろうとしている。それに加えてさらにその組織をすら飲みこんで無力化し、完全に顔のない主体として世界を支配する自由市場は、およそ責任の観念と無縁な妖怪そのものにほかなら②ない。現代人の脅える新しいリスクとは、この巨大な無責任の意志の「神託」をまえにして、なおかつ自己責任を問われるア矮小な意志の不安だといえるだろう。

この時代の圧倒的な趨勢をイクツガエすことはできない以上、求めるべき救済があるとすれば、それは個人の生きるもう一つの世界を確保することのほかにある③まい。克服できないリスク社会の克服をめざすのではなく、それと併存しうる別種の社会を避難所とすべきだろう。それが社交社会であり、具体的にはサービス交換の社会であるのは繰り返すまでもなかろうが、あえて別の表現を加えるなら、契約社会に対立する信用社会と名づけてもよい。契約とは本質的に一回かぎりの意志表明であり、それに不動の責任を負うことであるが、信用とはより長期の人間関係のなかで、いくらかの揺れを含みながら維持される同一性にもとづいている。顔の見える人間関係のなかでは情報についても問い返しが可能であり、かりにその答えが曖昧であっても、曖昧さを含んだ真実として主客のあいだで共有することができる。意志の表明に関しては留保も認められ、約束も一定の範囲内でなら訂正が許される。すべてが「あの人なら」という参照条件のもとに決定され、結果として損失が生じてもそれが「納得」できるものなら、責任は問われない。

　サービスは個人の心身のあいだで授受されるものであるから、その過程で行為の原因の連鎖が見えにくいほど長くなることはありえない。かりにサービスが商品の売買を媒介としておこなわれ、その流通の過程が世界規模に延びている場合でも、サービスそのものはそれとは独立して消費者にウキョウジュされる。ある証券会社が倒産したのちに、他社に転職した証券マンがその個人的な誠意を買われ、なじみの顧客の維持に成功したといった挿話を耳にすることも多い。いいかえれば契約社会は(注)メリトクラシーの世界であるが、信用社会は人びとが失敗とデメリットをも共有できる世界だといえる。そこには保障による安全はないが、人びとが不安を共有するという意味での安心は生まれるであろう。けだし患者はどんな名医にも完治の保障は受けられないが、誠実に脅えをともにしてくれる医者には、安んじて最期の看取りを委ねることができるはずである。

　グローバル化とは近代の組織原理の徹底の過程であり、皮肉にもそれが弁証法的に逆転して、当の組織社会を揺るがせつつある過程である。かねて国家や企業を支えてきた合理的な秩序、法と契約を絶対視する精神が地球規模に拡大し、人間の生きる空間を一元的に支配しつつある過程である。かつて古い村を脱出して国家と企業に参加した人間が、いま同じ論理の普遍性にしたがって、地球社会の一員に加わろうとしている。その意味でグローバル化は近代化の連続的な進行の［　X　］なのであり、近代そのものの精神と成果を否定するのでなければ、この新しい現実を阻止することはできない。

しかしグローバル化が一点において従来の近代化と違うのは、それが個人の顔の見える社会、身に触れて具体的に感じられる社会のすべてを脅かしていることである。かつて村を捨てた個人には国家と企業があったが、その国家と企業から自立した個人にはもはや抽象的な「地球社会」しかない。そのうえ、この一元化は都市文化という人間の絆、組織とは正反対の社会単位さえ破壊しようとしている。呼べど答えぬ無限空間のなかで、個人は独り一方的な説明責任を負って立ち尽くしている。二十一世紀の人類がいま漠然と感じているのはこの「空間恐怖」であって、逆説的なことに、これが人類が歴史上のさまざまな閉塞感を打ち破ったことの成果であった。

そのなかで現代人は少なくとも B組織原理の危機には気づき、それを補綴し存続させようという努力を始めている。誰もが知ることだが、たとえば弱体化しつつある国家の力を補強して、いわゆるセーフティーネットを完備することが提案されている。とくに西欧の社会民主主義はこれに生き残りの道を求め、アンソニー・ギデンズのように、福祉政策を現状に対抗する「第三の道」と呼ぶ論者も現れている。グローバル化を推進する自由主義と、社会主義が標榜する平等主義の中間の道という意味だろうが、これは用語として明らかに誇張だろう。もちろん福祉政策は現実に必要だし、それを担う主体が当面は国家であることにも異論はないが、文明史の観点からいえば、自由と平等が現代の最大の二項対立問題であるかどうか疑わしいからである。

もし現代文明に正しく「第三の道」と呼べるものがあるとければ、それは一方に P茫漠たる地球社会、他方に Q国家や企業を含めた組織社会をひかえて、 Cその両方に拮抗して個人に心の居場所を与える、もう一つの人間関係でなければならないだろう。

（山崎正和著『社交する人間』より。一部省略等がある。）

(注)「メリトクラシー」＝個人の持っている能力によって地位が決まり、能力の高い者が統治する社会を指す。

（1）傍線部ア～ウの、漢字には読みがなを書き、カタカナは漢字に直して書きなさい。
（2）傍線部①～③について、次の（a）・（b）に答えなさい。
（a）①・②の品詞名をそれぞれ書きなさい。
（b）②と③との意味の違いを説明しなさい。
（3）傍線部Aとはどういうことか。「選択」「情報」の二つの言葉を両方使って、九十字以上百字以内で説明しなさい。ただし、「という不幸」に続く形で書くこと。
（4）空欄［　X　］にあてはまる最もふさわしい言葉をア～オから選び、記号で答えなさい。
ア　断絶　　イ　逆流　　ウ　拡散　　エ　帰結　　オ　停滞
（5）傍線部Bについて、その原因となるのは何か。文章中から十字以内で抜き出して書きなさい。
（6）傍線部PとQとについて述べた次のア～カのうち、正しいものをすべて選び、記号で答えなさい。
ア　PはQと同様、人間の絆さえ破壊しようとしている。
イ　PはQと違い、個人の顔の見える社会を脅かしている。
ウ　Pはリスク社会であり、Qは信用社会である。
エ　Pは社交社会であり、Qはサービス交換社会である。
オ　Pは組織とは正反対の社会単位さえ破壊するという点でQと異なる。
カ　PもQもセーフティーネットを完備するという点で同じである。
（7）傍線部Cとあるが、この「もう一つの人間関係」のある社会を文章中の言葉を使って、三十字以上四十字以内で書きなさい。ただし、「安心」という言葉を使って書くこと。

（☆☆☆◎◎◎）

【二】次の文章を読んで、(1)～(6)の問いに答えなさい。

あまの河あさせしら波たどりつつわたりはてねばあけぞしにける

〔古今　秋上　一七七　紀友則、六帖　一　一五九〕

この歌の心は、あまの河の深さに、あさせ白波たどりて、河の岸に立てるほどに、明けぬれば、「A今はいかがはせむ」と、逢はでかへりぬるなり。さることやはあるべき。ただの人すら、ひととせを、夜昼恋ひくらして、たまたま、女逢ふべき夜なれば、いかにしても、かまへて渡るらむものを。まして、たなばたと申す星宿には、おはせずや。あまの河、深しとて、かへり給ふべきにあらず。いかにいはむや。その河には、かささぎありて、紅葉をはしに渡しともいひ、わたしもりふねはや渡せともいひ、君渡りなば楫かくしてよとも詠めり。かたがたに、渡らむことは、さまたげあらじ。わたしもりの、人を渡すは、知る知らぬはあるべき。七夕の、心ざしありて、渡らむとあらむに、わたしもり、などてかいなび申さむ。また、河も、さまでやは深からむ。Bかたがたに、心得られぬことなり。また、ひがごとを詠みたらむ歌を、古今に、躬恒・貫之、まさに入れむやは。Cたとひ、かの人々こそ、あやまちて入れめ、延喜の聖主、のぞかせ給はざらむやは。もし、古今の書きあやまりかと思ひて、あまたの本をみれば、みな、わたりはてねばとあり。おろさかしき人の、書きたる本にやあらむ、わたりはつればと書ける本もあり。おぼつかなさに、人に、尋ね申ししは、なほ、わたりはてねばとあるべきDなめり。わたりはつればとあるは、あしきなめり。かやうのことは、E古き歌の、ひとつの姿なり。恋ひかなしみて、立ちゐ待ちつることは、ひととせなり。たまたま、待ちつけて、逢へることは、ただ、ひと夜なり。その程の、まことにすくなければ、まことには、逢ひたれど、中々にて、逢はぬかのやうにおぼゆるなり。されば、程のすくなきに、逢はぬ心ちこそすれと詠むべけれど、歌のならひにて、さもよみ、また、逢ひたれど、ひとへに、まだ逢はぬさまに詠めるなり。たとへば、月の、山のはに出でて、山のはに入る、と詠むがごとし。いつかは、月、山より出でて、山には入る。されども、うち見るが、さ見ゆるを、さこそおぼゆれとはいはで、ひとへに、山より出づるやうに詠むなり。

(『俊頼髄脳』より。)

(1) 冒頭の和歌に用いられている掛詞を説明しなさい。

(2) 傍線部A・Cを、現代語訳しなさい。

(3) 傍線部Bについて、筆者が「心得られぬこと」としてあげていることのうちから、任意の二点を現代語で指摘しなさい。

(4) 傍線部「古今」について説明した、次の文章の空欄(　ア　)〜(　オ　)に適語を漢字で入れなさい。ただし、和歌集については成立年代順に並ぶように答えること。

古今和歌集は、(　ア　)の勅命を受け、紀貫之・紀友則・(　イ　)躬恒・(　ウ　)らが編纂したとされる、日本最初の勅撰和歌集であるが、この勅撰和歌集の後に編まれた後撰和歌集・拾遺和歌集・(　エ　)和歌集・金葉和歌集・(　オ　)和歌集・千載和歌集・新古今和歌集と合わせて、通常、勅撰八代集と呼ぶ。

(5) 傍線部Dの語形変化の経緯を、文法的に説明しなさい。

(6) 傍線部Eの「ひとつの姿」とは、表現方法の一つという意味であるが、ここでいう冒頭の和歌の表現方法とは、どのようなものか。本文に即して、具体的に説明しなさい。

(☆☆☆◎◎◎)

【三】次の文章を読んで、(1)～(6)の問いに答えなさい。(設問の都合上、表記を改めた箇所がある。)

昔晋文公、A将与楚戦城濮《じやうぼく》、問於咎犯《きうはん》曰、「為之①奈何。」咎犯曰、「仁義之事、不厭忠信、戦陣之事、不厭詐《さ》偽《ぎ》。君其詐《いつは》之②而已矣。」辞咎犯、問雍季《ようき》。雍季対曰、「焚《や》林而猟、愈《かりそめ》多得獣、後B(無・獣・必)。C以詐偽遇《あへ》人、雖愈利、後無復。君其正之而已矣。」③於是不聴雍季之計、而用咎犯之謀、与楚人戦大破之。D還帰賞有功者、先雍季而後咎犯。左右曰、「城濮之戦、咎犯之謀也。君行賞、先雍季何也。」文公曰、「咎犯之言、一時之権也、雍季之言、万世之利也。吾豈可以先一時之権、而後万世之利也哉。」

（『淮南子《えなんじ》』より。）

（注）「咎犯」＝文公の臣下。　「戦陳」＝戦場。　「愈」＝一時的に。　「雍季」＝文公の臣下。　「権」＝権謀。

（1）波線部①～③の漢字の読みを送り仮名も含めて現代仮名遣いで書きなさい。

（2）傍線部Aを書き下し文にしなさい。

（3）傍線部Bを「獣は全くいなくなるだろう」と解釈できるように、「無」「獣」「必」を正しい語順に並べなさい。

（4）傍線部Cを現代語訳しなさい。

（5）晋の文公が傍線部Dのようにした理由を、六十字以上七十字以内で説明しなさい。

（6）傍線部Eが、「豈に以て一時の権を先にして万世の利を後にすべけんや。」と書き下せるように、次の漢文に返り点をつけなさい。

豈 可 以 先 一 時 之 権、而 後 万 世 之 利 也 哉。

（☆☆☆◎◎◎）

【中学校】

【一】中学校学習指導要領「国語」及びそれに関連する事項について、次の(1)〜(4)の問いに答えなさい。

(1) 次の文は、第三学年の「1 目標」の一部である。(①)〜(④)にあてはまる語句を書きなさい。

(1) 目的や場面に応じ、(①)にかかわることなどについて(②)に応じて話す能力、(③)を評価して聞く能力、(④)に向けて話し合う能力を身に付けさせるとともに、話したり聞いたりして考えを深めようとする態度を育てる。

(2) 次の文は、第二学年の「2 内容」における「C 読むこと (1) 読むことの能力を育成するため、次の事項について指導する。」として挙げられているものの一部である。(①)〜(③)にあてはまる語句を書きなさい。

ウ 文章の構成や展開、表現の仕方について、(①)を明確にして自分の考えをまとめること。

エ 文章に表れているものの見方や考え方について、(②)と関連付けて自分の考えをもつこと。

オ 多様な方法で選んだ本や文章などから適切な(③)を得て、自分の考えをまとめること。

(3) 次の文は、第一学年の「2 内容」における「伝統的な言語文化と国語の特質に関する事項」の「(2) 書写に関する指導事項」である。(①)〜(④)にあてはまる語句を書きなさい。

ア (①)を整え、文字の(②)、(③)などについて理解して、楷書で書くこと。

イ 漢字の(④)書き方を理解して書くこと。

(4) 次の文は、第二学年の「2 内容」における「伝統的な言語文化と国語の特質に関する事項」の「(1)ア 伝統的な言語文化に関する事項」及び「第3 指導計画の作成と内容の取扱い」の教材についての留意事項の一部である。(①)〜(④)にあてはまる語句を書きなさい。

（ア）作品の特徴を生かして（　①　）するなどして、古典の世界を楽しむこと。
（イ）古典に表れたものの見方や考え方に触れ、登場人物や作者の思いなどを（　②　）こと。
（5）古典に関する教材については、古典の原文に加え、古典の（　③　）、古典について（　④　）文章などを取り上げること。

（☆☆☆◎◎◎）

【高等学校】

【一】高等学校学習指導要領「国語」及びそれに関連する事項について、(1)～(3)に答えなさい。

（1）次の文は、「第1　国語総合」「1　目標」である。文章中の【　①　】～【　⑦　】にあてはまる語句を答えなさい。

国語を【　①　】し【　②　】する能力を育成し、【　③　】を高めるとともに、思考力や【　④　】を伸ばし、【　⑤　】を豊かにし、【　⑥　】を磨き、【　⑦　】に対する関心を深め、国語を尊重してその向上を図る態度を育てる。

（2）次の①～⑨は、「第5　古典A」「第6　古典B」の「2　内容　(1)　次の事項について指導する。」としてそれぞれ挙げられている項目である。この中で、「第5　古典A」の「2　内容　(1)　次の事項について指導する。」として挙げられているものをすべて答えなさい。

① 古典特有の表現を味わったり、古典の言葉と現代の言葉とのつながりについて理解したりすること。
② 古典の内容や表現の特色を理解して読み味わい、作品の価値について考察すること。
③ 古典に用いられている語句の意味、用法及び文の構造を理解すること。
④ 古典などを読んで、言語文化の特質や我が国の文化と中国の文化との関係について理解すること。

⑤　古典を読んで、人間、社会、自然などに対する思想や感情を的確にとらえ、ものの見方、感じ方、考え方を豊かにすること。
⑥　古典を読んで、我が国の文化の特質や我が国の文化と中国の文化との関係について理解を深めること。
⑦　古典などに表れた思想や感情を読み取り、人間、社会、自然などについて考察すること。
⑧　古典を読んで、内容を構成や展開に即して的確にとらえること。
⑨　伝統的な言語文化についての課題を設定し、様々な資料を読んで探究して、我が国の伝統と文化について理解を深めること。

(3)　次の文は、「第4　現代文B」「2　内容　(1)　次の事項について指導する。」として挙げられているものの一部である。【　①　】～【　⑤　】にあてはまる語句を答えなさい。

ア　文章を読んで、構成、展開、要旨などを的確にとらえ、その論理性を【　①　】すること。
イ　文章を読んで、【　②　】や、人物、情景、心情の描写などを的確にとらえ、表現を味わうこと。
ウ　文章を読んで【　③　】ことを通して、人間、社会、自然などについて自分の考えを深めたり発展させたりすること。
エ　【　④　】に応じて、収集した様々な情報を分析、整理して貸料を作成し、自分の考えを効果的に表現すること。
オ　語句の意味、用法を的確に理解し、語彙を豊かにするとともに、文体や修辞などの【　⑤　】をとらえ、自分の表現や推敲に役立てること。

(☆☆☆◎◎◎)

解答・解説

【中高共通】

【一】(1) ア　わいしょう　イ　覆(す)　ウ　享受　(2) (a) ①　形容詞　②　助動詞　(b) ②は否定の意味のみで、③は否定推量の意味を表す。　(3) 現代における個人の自由な選択は、個人よりも情報を多く持ち、意志の主体でありながらも、責任能力を欠いていると考えられる組織の支配を受けた中で行われ、その結果については、自己責任を問われることになる(という不幸)　(4) エ　(5) グローバル化　(6) イ、オ　(7) 損失に対する保障はないが、人びとが失敗とデメリットをも共有するため安心できる社会

〈解説〉(2) (a) ①は形容詞、②は助動詞で、助動詞は動詞にのみ接続する。　(3) Aと同様な表現として、同段落の最後の文にある「現代人の脅える新しいリスク」があげられる。内容は形式第一段落の内容をまとめればよい。　(4) 筆者はグローバル化を「近代化の連続的な進行」とし、「近代化」について「かつて古い村を脱出して国家と企業に参加した人間が、いま同じ論理の普遍性にしたがって、地球社会の一員に加わろうとしている」と述べていることを踏まえて考えること。　(5) Bの前の段落は、グローバル化のもたらす、抽象的「地球社会」、その一元化された「空間恐怖」について論じている。都市文化という人間の絆、共同体としての組織原理の危機の原因を述べている。　(6) それぞれのキーワードを考えるとよい。Pはグローバル化社会、抽象的な「地球社会」、「空間恐怖」であり、Qは人間の絆、組織原理に支えられた社会、個人の顔の見える社会、サービス交換社会である。この点を踏まえて正誤を見分ければよい。　(7) 筆者は第二段落で、グローバル化社会を生きぬく救済策として契約社会に対立する信用社会(サービス交換社会)を示している。

また第二段落では「信用社会は人びとが失敗とデメリットをも共有できる世界だといえる。そこには保障による安全はないが、人びとが不安を共有するという意味での安心は生まれるだろう」と述べ、グローバル化社会での個人の生きる「もう一つの世界」の確保を論じている。

【二】（1）「しら波」に、浅瀬を「知らない」意と、「白波」の意とが掛けられている。（2）A 今となってはどうしようもない。 C 仮にあの人たちが誤って入れたとしても、 （3）・渡し守が人を渡すときに、知人かどうかで判断したりするはずがない点。 ・河が、船で渡せないほど深いとは考えられない点。（4）ア 醍醐天皇 イ 凡河内 ウ 壬生忠岑 エ 後拾遺 オ 詞花 （5）断定の助動詞「なり」の連体形「なる」に、推量の助動詞「めり」が接続した「なるめり」の撥音便形である「なんめり」の「ん」が表記されていない形になっている。 （6）本来なら「逢わなかったような気がする」と詠むべきだけれど、実際には逢ったのに、逢わなかったかのように詠んだということ。

〈解説〉（1）「あまの河…」の歌意は、「天の川の浅瀬がわからないので、川の白波をわけてたどりたどり行ったものだから、川を渡りおわらないうちに、夜が明けてしまった」である。掛詞は、同訓異義の語を用い、上下にかけて、一語に両方の意味をもたせた修辞法である。この和歌では、「しら波」の「しら」に「知ら」と「白」とを掛けている。 （2）A「今はいかがはせむ」の「今は」は、「これでは」の意で、「いかがはせむ」は、「どうしようもない」意の慣用的表現である。 C「かの人々こそ、あやまちて入れめ」の「かの人々」は、「古今和歌集の撰者たちのこと」。「…こそ…め」は、強意の係結びで「誤って入れたとしても」の意。（3）B「かたがたに心得られぬことなり」の「かたがたに」は、「いずれにしても」の意。「心得られぬことなり」とは、「納得できないことである」の意。「納得できないこと」の一つに、「わたしもりの、人を渡すは、知る知らぬはあるべき」と他に、「河も、さまでやは深からむ。」 また「七夕の…いなび申さむ」もある。現代語訳するときは、最初の例で「渡し守が人を渡すのに、知り知らぬ人の区別はあろうか、いやありはしない」と丁寧に解釈しよう。 （4）「古今和歌集」(九〇五年)は、「醍醐天皇」の勅命により、紀貫之・紀友則・凡河内躬恒・壬生忠岑たちが編集した日本最初の勅撰和歌集である。勅撰八代集は、「古今」「後撰」「拾遺」「後拾遺」「金葉」「詞花」「千載」「新古今」の各和歌集である。 （6） E 「古き歌の、ひとつの姿なり」の「姿」は、歌論用語で表現技法のこと。冒頭の「この歌の心」の「心」(意味・内容)も歌論用語である。「ひとつの姿」とは、文中の「…(されば、程のすくなきに、逢はぬ心ちこそすれど詠むべけれど、歌のならひにて、さもよみ、また、逢ひたれど、ひとへに、まだ逢はぬさまに詠めるなり。」を指す。「(そうであるから、時間が限られていたので逢わなかったような気がすると詠むべきであるが、歌のならひ(和歌表現のきまり)として、そうも詠み、また逢ったのだが、一向にまだ逢いもしていない状態に詠んだのである」の現代語訳を踏まえて説明する。

【三】（1）① いかんと　② のみと　③ ここにおいて　（2） 将に楚と城濮に戦はんとし、
（3） 必無獣　（4） 詐偽を用いて人に対処すれば一時的には利を得られても、その後は、二度と利は得られません。 （5） 咎犯の意見は、戦争には有効だと考えて採用したが、一時的な利を得られる権謀に過ぎず、雍季の意見は、永続的な利を得られるものだと評価したから。
（6）

豈可下以先二一時之権一、

而後中万世之利上也哉。

〈解説〉(1) ①「奈何」は、「いかん」と読む。「奈」は一文字で「いかん」と読むこともある。対処・処置などの手段・方法を問う疑問詞である。②「而已矣」は、「のみ」と読む。「已」は、「それで終わり」の意である。「而已・而已矣」も「のみ」と読み、限定や断定、強調の意を表す。③「於是」は、「ここにおいて」と読み、そこで、その時にという意味である。(2) Aの「将」は、「まさニ…(ント)す」の再読文字。レ点に続いて、一・二点を訓読しながら書き下す。(4)「詐偽を以て人に遇へば」とは、詐偽を用いて人に対処すれば、「愈(かりそめ)に利すと雖も」とは、一時的には利がありましょうが、「後復すること無し。」とは、その後は、二度と利は得られますまい、という意味である。(5) D「還帰賞有功者、先雍季而後咎犯」(還帰して功有る者を賞するに、雍季を先にして、咎犯を後にす)は、晋の文公が楚と城濮と戦うにあたり、咎犯と雍季に戦略を問い、咎犯の計略を採用して楚を破ったのに対し、褒賞は雍季が先で咎犯を後にしたことを指す。左右(側近の者)が、これを不審に思い文公にその理由を問うたところ、文公は「咎犯之言、一時之権也、雍季之言、万世之利也」(咎犯の言は、一時の権謀に過ぎないが、雍地の言は、万世の利となるものである」と答えている。(6)「豈…哉」は反語形である。

【中学校】

【一】(1) ① 社会生活 ② 相手や場 ③ 表現の工夫 ④ 課題の解決 (2) ① 根拠 ② 知識や体験 ③ 情報 (3) ① 字形 ② 大きさ ③ 配列 ④ 行書の基礎的な (4) ① 朗読 ② 想像する ③ 現代語訳 ④ 解説した

〈解説〉(1) 学習指導要領の改訂によって、従来、目標と内容を二学年まとめて示していたが、今回は学年ごとに目標が示されるようになった。目標の前段は話す能力、聞く能力及び話し合う能力について、後段は話すこと・聞くこと全体にわたる態度を示している。(2) 第二学年の「C 読むこと」は、ア「語句の意味の理解」、イ「文章の解釈」、ウ・エ「自分の考えの形成」、オ「読書と情報」となっている。（3）〔伝統的な言語文化と国語の特質に関する事項〕は、我が国の歴史の中で創造され継承されてきた伝統的な言語文化に親しみ発展させる態度の育成や知識の習得により実際の言語活動に働く能力を見につけさせるため、新たに設けられた事項である。「書写」に関しては「漢字に関する事項」の中にあり、アは「楷書に関する事項」、イは「漢字の基礎的な書き方に関する事項」である。（4）第二学年の〔伝統的な言語文化と国語の特質に関する事項〕のア「伝統的な言語文化に関する事項」の(ア)では「作品の特徴を生かして朗読などして、古典の世界を楽しむこと」、(イ)では「古典に表れたものの見方や考え方に触れ、登場人物や作者の思いなどを想像すること」の二つが示されている。また、「指導計画の作成と内容の取扱い」の教材についての配慮事項としては「古典の原文に加え、古典の現代語訳、古典について解説した文章などを取り上げること」が示されている。

【高等学校】

【一】（1）① 適切に表現　② 的確に理解　③ 伝え合う力　④ 想像力　⑤ 心情　⑥ 言語感覚　⑦ 言語文化　（2）①、④、⑦、⑨　（3）① 評価　② 書き手の意図　③ 批評する　④ 目的や課題　⑤ 表現上の特色

〈解説〉（1）「国語総合」は、これまでの「国語総合」の内容を改善し、教科目標を全面的に受け、総合的な言語能力を育成することをねらいとした共通必履修科目である。目標は教科目標と同一であり、前段では国語を適切に表現する能力と的確に理解する能力を育成すること、伝え合う力を高めることを示し、後段では思考力や想像力を伸ばすこと、心情を豊かにすること、言語感覚を磨くこと、言語文化に対する関心を深めること、国語を尊重してその向上を図る態度を育成することを示している。（2）古典Aは、これまでの「古典講読」の内容を改善し、古典としての古文と漢文、古典に関連する文章を読むことによって、我が国の伝統と文化に

対する理解を深め、生涯にわたって古典に親しむ態度を育成することをねらいとした選択科目である。一方、古典Bは、これまでの「古典」の内容を改善し、古典として古文と漢文を読む能力を育成するとともに、ものの見方、感じ方、考え方を広くし、古典についての理解や関心を深めることをねらいとした選択科目である。
(3)「現代文B」は、これまでの「現代文」の内容を改善し、近代以降の様々な文章を的確に理解し、適切に表現する能力を高めるとともに、ものの見方、感じ方、考え方を深め、進んで読書することによって国語の向上を図る態度や人生を豊かにする態度を育成するなど、読むことを中心としつつも総合的な言語能力を育成することをねらいとした選択科目である。指導事項は、ア「文章の構成、展開、要旨を的確にとらえ、その論理性を評価すること」、イ「書き手の意図や描写されたことを的確にとらえ、表現を味わうこと」、ウ「文章を批評し、考えを深め発展させること」、エ「情報を収集、分析して資料を作成し、考えを効果的に表現すること」、オ「語句や語彙と、文章の推敲に関する指導事項」である。

二〇一三年度　実施問題

【中高共通】

【一】次の文章を読んで、(1)~(7)の問いに答えなさい。

映画『ペーパーチェイス』に登場するAハーバード大学の法学部教授チャールズ・キングスフィールドは日課にしている尋問で、若い学生たちを恐慌に陥れている。学生たちが口にしたことは、すべて判例を挙げて正当性を示すように要求するからだ。最初の教室のシーンで、キングスフィールドはこう宣言する。「授業にはソクラテス式問答法を使う……回答、質問、回答。私の質問を通して、諸君は独学する術を学ぶ……時には、わかったと思うことがあるかもしれないが、断言しよう。それは妄想だ。私のクラスでは、常に別の質問が待っている。諸君が受けるのは脳外科手術だ。私はちょっとした質問で、諸君の脳を調べているのだよ」。

キングスフィールドは架空の人物ながら、現代版のソクラテス式問答法と十分にB機能する文字を読む脳の権化である。現在、多くの教壇に立っている教師や教授も、この実証の役割を引き継いでいて、あらゆる会話の仮定と知的基盤の分析に学生たちを取り組ませている。こうした教室の情景は、かつてアテナイのあちこちの中庭で行われていた批判的な探究の再現だ。キングスフィールド教授は学生たちに、判例に関する知識を要求している。法を理解していることが、社会正義の維持に役立つと考えているからだ。ソクラテスは弟子たちに、言葉、物事および思考の本質を知ることを求めた。そうすれば徳を得ることができるからであり、その徳こそが〝神の友と呼ばれる〟ようになるための条件だったからだ。

ソクラテス式問答法の根底には、言葉に対する独特の考え方がある。指導すれば、真実と善と徳の探究に結びつけることができる、あふれんばかりの命あるもの、それが言葉なのだ。ソクラテスは、書き留められた言葉の〝死んだ会話〟とは違って、話し言葉、つまり〝生きている言葉〟は、意味、音、旋律、強勢、①ヨクヨウおよびリズムに満ちた、吟味と対話によって一枚ずつ皮をはぐように明らかにしていくことのできる動的実体であると考えた。それに反して、書き留められた言葉は反論を許さない。書かれた文章の柔軟性に欠ける沈黙は、ソクラテスが教育の核心と考えていた対話のプロセスを死すべき運命へと追いやったのである。

ソクラテスが唱えた人間としての発達の追求における〝生きている言葉〟の重要性と対話の価値を、レフ・ヴィゴツキーほどすんなりと受け止めた学者はまずいないだろう。ヴィゴツキーは代表的著作『思考と言語』のなかで、言葉と思考、教師と生徒との実に生成的な関係について記述している。ソクラテス同様、ヴィゴツキーも、どんどん深まっていく子どもの言葉と概念の関係の発達には、社会的相互作用がきわめて重要な役割を担うと考えたのだ。

しかし、ヴィゴツキーと現代の言語学者たちは結局、ソクラテスの書記言語に対する視野の狭さの故に、彼と袂を分かっている。ヴィゴツキーは短い生涯のあいだに、自分の思考を書くというプロセスそのものが思考の洗練と新たな思考法の発見につながることに気付いたのだ。この意味で、書字のプロセスは、実際には、ソクラテスがパイドロスに説明した対話を一人の人間の内面において再現できるものと言える。言い換えるなら、より正確な書き言葉で考えを記録しようとする書き手の努力のなかには内的対話が含まれているということだ。自分の思考をa明確に表現しようと苦労したことがある者はみな、書くという純粋な努力によって自分の考えが形を変えていくことを、経験から知っている。書字がまだ、あまりに未熟だったため、ソクラテスは書記言語が持つこの対話能力を一度も経験できずに終わってしまった。ほんの一世代後に生まれていたら、ソクラテスももっと寛大な見方をしていたかもしれない。

数百世代を経た今、二一世紀のコミュニケーションにおけるインタラクティブな次元の対話能力を見たら、ソクラテスは何と言うだろう。私たちは言葉の〝[　X　]〟する能力をさまざまな形で手にしている。子どもたちは携帯電話でメールを交わす。大人はｅメールをやりとりする。ｂおまけに、機械がしゃべり、読み、翻訳までしてくれるのだ。こうした能力が、思考の真の批判的な吟味を十分反映する形で発達を続けているのか否かは、ソクラテスにとっても私たちにとっても、本質的な問題となりそうだ。

ソクラテスがもっと微妙な問題として懸念していたのは、書かれた文章が真実と誤解される可能性である。書かれた文章は〝あたかも知的であるように〟見えるため、物事の真実により近いように思えるので、言葉が人々を②アザムいて、理解し始めたに過ぎない物事を理解したかのごとき浅はかな錯覚に陥らせてしまうのではないかと、ソクラテスは恐れたのだ。それは空虚な③ゴウマンさにつながるだけで、何の進歩もなければ、何の役にも立たないというわけだ。この心配事に関しては、ソクラテスとキングスフィールド教授は、子どもたちがコンピュータの画面に何時間も貼り付いて、あらゆる種類の情報を吸収しはしているものの、理解しているとは限らない様子を目の当たりにしている現代の幾多の教師や親たちと、ｃ同病相憐れむ仲にある。このような不完全な学習は、真の知識と知恵と徳が唯一の価値ある教育目標だと考えていたソクラテスにとっては、[　Y　]であろう。

（メアリアン・ウルフ著、小松淳子訳『プルーストとイカ』より。）

（１）傍線部①～③のカタカナを漢字に直して書きなさい。

（２）傍線部ａ・ｂの品詞名を書き、活用がある場合は活用形もそれぞれ書きなさい。

(3) 空欄［ X ］にあてはまる最も適切な言葉をア～エから選び、記号で答えなさい。
ア 吟味　イ 反論　ウ 探究　エ 思考
(4) 空欄［ Y ］にあてはまる最も適切な言葉をア～エから選び、記号で答えなさい。
ア 周章狼狽　イ 自業自得　ウ 疑心暗鬼　エ 言語道断
(5) 傍線部Aについて、「キングスフィールド」が「尋問」で目指していることは何か。ソクラテスの考え方を踏まえ、九十字以内で書きなさい。
(6) 傍線部Bとあるが、「機能する」とは、どのような意味で使われているか。文章中の言葉を使って、十字以上十五字以内で書きなさい。
(7) 傍線部Cとあるが、「ソクラテスとキングスフィールド教授」と「現代の教師や親たち」にとって、どのようなことが「同病」なのか、本文全体の主旨を踏まえて、四十字以内で書きなさい。

(☆☆☆◎◎◎)

【二】次の文章を読んで、(1)～(8)の問いに答えなさい。

いかなるにかありけむ、このごろの日、照りみ曇りみ、いと春寒き年とおぼえたり。夜は月明し。十二日、雪、こち風にたぐひて、散りまがふ。aむまどきばかりより雨になりて、しづかに降り暮らすにしたがひて、世の中あはれげなり。今日までおとなき人も、思ひしにたがはぬここちするを、今日より四日、かのbものいみにやあらむと思ふにぞ、すこしのどめたる。

十七日、雨のどやかに降るに、cかたふたがりたりと思ふこともあり、世の中あはれに心細くおぼゆるほどに、石山に一昨年《をととし》詣でたりしに、心細かりし夜な夜な、(注1)陀羅尼《だらに》いと尊う読みつつ礼堂にをがむ法師ありき、問ひしかば、「去年から山ごもりしてはべるなり。穀断ち（注2）なり」など言ひしかば、「さらば、祈りせよ」と①語らひし法師のもとより、言ひおこせたるやう、「いぬる五日の夜の夢に、御袖に月と日とを受けたまひて、月をば足の下に踏み、日をば胸にあてて抱きたまふとなむ、見てはべる。これ夢解き（注3）に問は②せたまへ」と言ひたり。いとうたておどろおどろしと思ふに、疑ひそひて、をこなるここちすれば、人にも解かせぬ時しもあれ、夢あはする者来たるに、異人《ことひと》の上にて問はすれば、うべもなく、「いかなる人の見たるぞ」と驚きて、「③みかどをわがままに、おぼしきさまのまつりごとせむものぞ」とぞ言ふ。「Aさればよ。これがそらあはせにはあらず。言ひおこせたる僧の疑はしきなり。④あなかま。いと似げなし」とてやみぬ。

また、ある者の言ふ、「この殿の御門《みかど》を四脚（注4）になすをこそ見しか」と言へば、「これは大臣公卿出できたまふべき夢なり。かく申せば、男君の大臣近くものしたまふを申すとぞ思すらむ。Bさにはあらず。きんだち御行先のことなり」とぞ言ふ。

また、みづからの一昨日《をととひ》の夜見たる夢、右のかたの足のうらに、大臣門といふ文字を、ふと書きつくれば、驚きて引き入ると見しを問へば、「この⑤おなじことの見ゆるなり」と言ふ。これもをこなるべきことなれば、ものぐるほしと思へど、さらぬ御族《ぞう》にはあらねば、わがひとりもたる人、もしおぼえぬさいはひもやとぞ、心のうちに思ふ。

（『蜻蛉日記』より。）

（注1）「陀羅尼」＝梵語のまま唱える経文。
（注2）「穀断ち」＝修行のために穀類を食べないこと。
（注3）「夢解き」＝夢の意味や吉凶を判断する人。
（注4）「四脚」＝門柱の前後に二本ずつ袖柱がある。

(1) 傍線部a～cの平仮名を漢字に直しなさい。
(2) 傍線部①とあるが、法師との出会いについて説明しているのはどこからか。最初の三字を答えなさい。
(3) 傍線部②は尊敬の助動詞だが、誰から誰に対する敬意か。次のア～オから選び、記号で答えなさい。
ア 法師　イ 夢解き　ウ 異人　エ みかど　オ 作者
(4) 傍線部③を口語訳しなさい。
(5) 傍線部④を文法的に説明しなさい。
(6) 傍線部A・Bについて、Aは作者が「思ったとおりだ」という内容を、Bは「さ」が指す内容を、それぞれ現代語で二十五字以上三十字以内で説明しなさい。
(7) 傍線部⑤は、誰の、どのようなことを言っているか、具体的に説明しなさい。
(8) この文章の作者名を漢字で書きなさい。

(☆☆☆☆◎◎◎)

【三】次の文章を読んで、(1)～(7)の問いに答えなさい。(設問の都合上、表記を改めた箇所がある。)

臣嚮《さき》ニ蒙リ三召二-対スルコトヲ便殿一ニ、親シク奉ズ二徳音一ヲ。①以為凡ソ在ルモノ二館閣一ニ、皆A当為朕深思治乱、指-陳得失、無有所隠。自リレ是以来、臣毎ニレ見ル二同列一ヲ、未ダ四嘗テ不三[a]為ニ道ハ二陛下ノ此ノ語一ヲ。非ズ三独リ以テ称二-頌スル[b]

盛徳ヲ一。亦タ欲ス人朝廷之間、如キ二臣等ノ輩ノ一、皆知リ丁陛下ノ不ルヲ丙以テ二疎賤ヲ一間乙‐廃セ其ノ言ヲ甲、共ニ献ジテレ所ヲレ聞ク、以テ輔地‐成セント太平之功業ヲ天。然レドモ窃カニ謂《おもフニ》空言率ヰルハレ人ヲ、不レ如カ二有リテレ実而人自ラ勧ムニ一。欲セバレ知ラント下陛下②能受クル二其ノ言ヲ一之実ヲ上、B莫レ如二以レ臣試レ之。故ニC臣願ハクハ以テレ身ヲ先ンジ二天下ニ一、試ミン二其ノ小ナル者ヲ一。上ハ以テ補‐二助シ聖明之万一ヲ一、下ハ以テ為ニ二賢者ノ一卜セン二其ノ可否ヲ一。③雖二以テレ此ヲ獲トレ罪ヲ、D万死ストモ無シレ悔ユルコト。

（『唐宋八大家文読本』より。）

（注）
「嚮」＝以前に。
「召対」＝皇帝に召されて下問を受ける。
「便殿」＝皇帝が日常生活を送る御殿。
「奉徳音」＝皇帝の言葉をつつしんで聞く。
「館閣」＝宮廷内の学術研究を取り扱う部署。
「指陳」＝具体的に取り上げて述べる。

「同列」＝勤務先の同僚。
「称頌」＝ほめたたえる。
「盛徳」＝皇帝の立派な徳。
「疎賤」＝疎遠で卑賤である者。
「間廃」＝遠ざけ捨て去る。
「輔成」＝助けて完成させる。
「聖明」＝神聖で賢明なる皇帝の徳。
「卜」＝測る。

（1）波線部①～③の漢字の読みを送り仮名も含めて現代仮名遣いで書きなさい。
（2）［a］・［b］に入る送り仮名をカタカナで書きなさい。
（3）傍線部Aは、「皆当に朕が為に深く治乱を思ひ、得失を指陳して、隠す所有る無かるべしと。」と書き下す。適切な返り点をつけなさい。
（4）傍線部Bをすべてひらがなで書き下しなさい。また、「之」の内容を明らかにして口語訳しなさい。
（5）傍線部Cで、願望する内容はどこまでか。終わり二字を抜き出しなさい。
（6）傍線部Dとあるが、「臣」は、どのような行いをすれば、この思いに達することができると考えているか。本文全体の内容を踏まえて四十字以上五十字以内で答えなさい。
（7）本文は唐宋八大家の一人、蘇軾の文章である。唐宋八大家についてまとめた表中の空欄、（　X　）・（　Y　）にあてはまる人物を次のア～オから選び、記号で答えなさい。

ア　杜甫　　イ　司馬遷　　ウ　王安石　　エ　韓愈　　オ　白居易

唐代　柳宗元、（　X　）　宋代　欧陽脩、蘇洵、蘇軾、蘇轍、曾鞏、（　Y　）

（☆☆☆☆◎◎◎）

【中学校】

【一】中学校学習指導要領(平成20年3月告示)「国語」及びそれに関連する事項について、次の(1)～(4)の問いに答えなさい。

(1) 次の文は、「国語科改訂の趣旨」について述べたものの一部である。（　①　）～（　④　）にあてはまる語句を書きなさい。

国語科については、その課題を踏まえ、小学校、中学校及び高等学校を通じて、（　①　）としての立場を一層重視し、国語に対する関心を高め、国語を尊重する態度を育てるとともに、（　②　）で生きてはたらき、各教科等の（　③　）ともなる国語の能力を身に付けること、我が国の（　④　）を享受し継承・発展させる態度を育てることに重点を置いて内容の改善を図る。

(2) 次の文は、第二学年の「1　目標」の一部である。（　①　）～（　③　）にあてはまる語句を書きなさい。

(3)（　①　）に応じ、文章の内容や（　②　）に注意して読む能力、広い範囲から情報を集め効果的に活用する能力を身に付けさせるとともに、読書を生活に（　③　）とする態度を育てる。

(3) 次の文は、第一学年の「2　内容」における「B　書くこと　(1)　書くことの能力を育成するため、次の事項について指導する。」として挙げられているものの一部である。（　①　）～（　③　）にあてはまる語句を書きなさい。

イ　集めた材料を（　①　）などして整理するとともに、段落の役割を考えて文章を構成すること。

ウ　伝えたい事実や事柄について、自分の考えや気持ちを（　②　）して書くこと。
エ　書いた文章を読み返し、表記や語句の用法、（　③　）などを確かめて、読みやすく分かりやすい文章にすること。

(4)　次の文は、「第3　指導計画の作成と内容の取扱い」の一部である。（　①　）～（　③　）にはあてはまる語句を書きなさい。また、学校図書館にある機能を二つ答えなさい。

(2)　第2の各学年の内容の「A話すこと・聞くこと」、「B書くこと」、「C読むこと」及び〔伝統的な言語文化と国語の特質に関する事項〕について相互に（　①　）を図り、効果的に指導すること。その際、学校図書館などを（　②　）利用しその機能の活用を図るようにすること。また、生徒が（　③　）を活用する機会を設けるなどして、指導の効果を高めるよう工夫すること。

(☆☆☆◎◎◎)

【高等学校】

【一】新高等学校学習指導要領(平成21年3月告示)「国語」の内容について、(1)～(3)に答えなさい。

(1)　次の文は、「第1　国語総合」「3　内容の取扱い　内容の『C　読むこと』に関する指導については、次の事項に配慮するものとする。」として挙げられているものの一部である。（　①　）～（　⑤　）にあてはまる語句を答えなさい。

ア　古典を教材とした授業時数と近代以降の文章を教材とした授業時数との割合は、おおむね同等とすることを目安として、（　①　）に応じて適切に定めること。なお、古典における古文と漢文との割合は、（　②　）ようにすること。

イ　文章を（　③　）ため、音読、朗読、暗唱などを取り入れること。

ウ　自分の読書生活を振り返り、（　④　）を広げ、（　⑤　）を養うこと。

(2)　次の文は、「第3　現代文A」「2　内容　(2)　(1)に示す事項については、例えば、次のような言語活動を通して指導するものとする。」として挙げられているものの一部である。（　①　）～（　④　）にあてはまる語句を後から選び、記号で答えなさい。

ア　文章の（　①　）などを味わいながら音読や朗読をしたり、印象に残った内容や場面について文章中の表現を（　②　）説明したりすること。

イ　（　③　）との関係なども視野に入れて、文章の内容や表現の特色を調べ、発表したり論文にまとめたりすること。

ウ　図書館を利用して同じ作者や同じテーマの文章を読み比べ、それについて話し合ったり（　④　）したりすること。

a　評価　　b　構成　　c　調子　　d　編集して　　e　外国の文化　　f　考慮　　g　理解
h　重点に置いて　　i　批評　　j　根拠にして　　k　展開　　l　吟味　　m　古典文学

(3)　次の文は、「第5　古典A」「2　内容(1)　次の事項について指導する。」として挙げられているものの一部である。（　①　）～（　⑥　）にあてはまる語句を答えなさい。

ア　古典などに表れた思想や感情を読み取り、人間、（　①　）、自然などについて（　②　）こと。

イ　（　③　）の表現を味わったり、古典の言葉と現代の言葉とのつながりについて理解したりすること。

ウ　古典などを読んで、言語文化の（　④　）や我が国の文化と中国の文化との関係について理解すること。

エ　伝統的な言語文化についての課題を（　⑤　）、様々な資料を読んで（　⑥　）、我が国の伝統と文化について理解を深めること。

(☆☆☆◎◎◎)

解答・解説

【中高共通】

【一】(1) ① 抑揚　② 欺(いて)　③ 傲慢　(2) ① a 形容動詞の連用形　b 接続詞

(3) イ　(4) エ　(5) ソクラテスが問答法によって言葉、物事および思考の本質を知ることを求めたように、批判的に探究することによって判例に関する知識を得、法を理解し、社会正義の維持に役立つようにすること。　(6) 思考の吟味を経て生きている　(7) 対話による十分な吟味をしていないのに、理解したと錯覚することを心配していること。

〈解説〉(2) a 「明確に」は形容動詞「明確だ」の連用形、b 「おまけに」は「その上に」「のみならず」と同じく接続詞である。　(3) Xのあとの文に「こうした能力が、思考の真の批判的な吟味を十分反映する形で発達を続けているのか否かは、ソクラテスにとっても私たちにとっても、本質的な問題となりそうだ。」とある。ソクラテス式問答法は、質問、回答、質問の言葉の反論による物事の批判的な探究であり、言葉や物事および思考の本質を知ることを目的とした。つまり、現在の私たちの言葉の反論する能力についての実際を述べている。　(4) ソクラテスの話し言葉(生きている言葉)による対話で、物事および思考の本質を知るという考えに反し、対話でなく情報機器(コンピュータ)により情報を入手している現代の子どもたちへのソクラテスの心中を考える。　(5) 第二段落で述べているソクラテス式問答法は、生きた言葉の本質、物事および思考の本質を知ることを求めている。キングスフィールドの「尋問」(質問)は、学生たちが、批判的な探究心のもとで判例を学び、その知識を社会正義の維持に役立てるようにするとあるので、それをまとめる。

(7) ここでいう「同病」とは、対話による物事および思考の本質の認識(理解)が、情報機器(コンピュータ)等による情報(知識)の収集で果して可能か、という不安感である。さらにいえば人間でなく機器との対面学習の不完全さと人間相手の「心」の交流を基盤とする人間教育のあり方への悩みである。

【二】(1) a 午時 b 物忌 c 方塞(がり) (2) 石山に (3) アからオに対する敬意 (4) 朝廷を意のままにし、お思いになる通りの政治を行うことになりましょうぞ。 (5) 感動詞「あな」＋形容詞「かまし」の語幹(形容詞「かまびすし」の一部) (6) A 僧が言いよこした夢の話はばかげていて疑わしいということ。 B 作者の夫が近く大臣になることを申し上げているということ。 (7) 作者の息子が将来、大臣公卿に出世すること。 (8) 藤原道綱母

〈解説〉(1) a「むまどき」は古時刻の「午時」で、正午またはその前後の二時間のこと。b「ものいみ」は「物忌(み)」で、神事に奉仕するにあたって、一定期間、飲食・行為などを慎み、身心を清めて家にこもること。c「かたふたがり」は「方塞(がり)」で、陰陽道で、行こうとする方角に天一神(なかがみ)がいるので、行くことを忌むこと。 (2) 法師との出会いは、「石山に一昨年詣でたりしに…これ夢解きに問はせたまへ、と言ひたり。」までである。 (4) ③「みかどをわがままに」は、朝廷を自分の意のままに、「おぼしきさまのまつりごと」とは、自分の思う通りの政治、「せむものぞ」は、「…ましょうぞ」という意味である。ここでの「ぞ」は、強意の終助詞。 (5) ④「あなかま」は、「あな」(感動詞)＋「かま」(形容詞「かまし」の語幹)であり、慣用句で人の話を制するときの言葉である。 (6) Aのあとに「言ひおこせたる僧の疑はしきなり…いと似げなし」(言ってよこした僧が疑わしい…とんでもないことだ」とある。Bの「さ」は、「男君の大臣近くものしたまふを申すとぞ思すらむ」を指す。 (7) ⑤「同じこと」は、侍女の見た夢と同じだということ。「きんだち御行先のこと」(兼家の息子である道綱が大臣公卿に出世すること。 (8) 作者の藤原道綱母は藤原倫寧の娘で、『更級日記』の作者である菅原孝標女の伯母にあたる。

【三】(1) ① おもえらく　② よく　③ いえども　(2) a ンバアラ　b ノミニ

(3)

皆当下為レ朕深思二治乱一、指二‐陳得失一、無上有レ所レ隠。

(4) 書き下し文…しんをもつてこれをこころむるにしくはなし。　口語訳…私が陛下に進言を試みるのが一番です。　(5) 可否　(6) 皇帝の天下泰平のために、世の治乱や政治上の得失についても、自分の身分を顧みずに進言すること。　(7) X エ　Y ウ

〈解説〉(1) ①「以為」は「おもえ(へ)らく」と読み、思うには、思うことには、と訳す。②「能」は「よく」と読み、うまく・じょうずにできる、といった意味。③「雖」は、「いえ(へ)ども」と読み、仮定条件を表す逆接の接続詞である。　(2) aは、「未…不…」(いまダ…ずンバアラ)から「ンバアラ」が入る。bは「独り…ノミニ」から「ノミニ」が入る。　(3) 再読文字である「当」、動詞「思」、熟語「指‐陳」、返読文字「無」「有」「所」に注意すること。　(4) 莫は「無」と同じ。「如」は、「しク」(比較形)「…に及ぶ」と訳す。「莫如」(しくなし)は、及ぶものはない、という意味で、全訳すると「臣(私が)之を(進言を)試みに及ぶものはありません(試みるのが一番です)」となる。　(5) C「臣願」以下「以身先天下、試其小者」(自分が天下に先んじてささやかなことを申し上げます)の内容は、上は、陛下の万分の一の補佐、下は、賢臣たちの考えが妥当であるかどうか(可否)をトする(測る)までである。　(6) 文中の「皆知陛下不以疎賤間廃其言、共献所聞以輔成太平之功業。」(陛下が朝廷において臣たちの声を遠ざけずお聞きになることが分かりましたので、臣らが見聞したことを奏上し陛下の天下太平の大事業を完成にいたらせるお手伝いができればと願っております)

並びに傍線Aをふまえて、自分の身分を顧みずまた咎めを受けることも覚悟して進言することを考えている。
(7)「唐宋八大家」は、古文の復興を唱え(古文復興運動)、自分でも優れた古文を書いて実践した唐代の韓愈・柳宗元とこれを受け継いで発展させた宋代の欧陽脩・曾鞏・王安石・蘇洵・蘇軾・蘇轍の八人の古文家たちのことである。

【中学校】

【二】(1)①　言語の教育　②　実生活　③　学習の基本　④　言語文化　(2)①　目的や意図　②　表現の仕方　③　役立てよう　(3)①　分類する　②　根拠を明確に　③　叙述の仕方　(4)①　密接な関連　②　計画的に　③　情報機器　学校図書館にある機能…読書センター機能、学習・情報センター機能

〈解説〉(1)　中学校学習指導要領は、平成二十四年四月から全面実施されている。本問の国語科改訂の趣旨は、平成二十年一月の中央教育審議会答申における国語科の改善の基本方針である。これらの基本方針を踏まえ、これまでに培われた国語の能力をさらに伸ばすこと、社会生活に必要な国語能力の基礎を身に付けることができるようにするため、改訂されている。　(2)　従来、第二学年と第三学年は、目標と内容を二学年まとめて示していたが、今回の改訂では学年ごとに示されている。　(3)　学習の内容は、従来どおり「話すこと・聞くこと」「書くこと」「読むこと」の三領域で構成されている。「書くこと」の指導事項は①課題設定や取材、②構成、③記述、④推敲、⑤交流の五つである。　(4)　指導計画の作成上の配慮事項の(2)には、①学校図書館の機能の活用、②情報機器の活用の二つが示されている。これは、三つの領域と〔伝統的な言語文化と国語の特質に関する事項〕を効果的に指導するための配慮である。

【高等学校】

【一】（1）① 生徒の実態　② 一方に偏らない　③ 読み深める　④ 読書の幅　⑤ 読書の習慣
（2）① c　② j　③ e　④ i　（3）① 社会　② 考察する　③ 古典特有
④ 特質　⑤ 設定し　⑥ 探究して

〈解説〉（1）「国語総合」は、従来の選択必履修科目から共通必履修科目に改訂された。アは内容面では従来と同じ、イには「暗唱」が加わり、ウは新設事項である。（2）「現代文A」は、新しく設けられた選択科目である。近代以降のさまざまな文章を読むことによって、我が国の言語文化に対する理解を深め、生涯にわたって読書に親しみ、国語の向上や社会生活の充実を図る態度を育成することをねらいとしている。（3）「古典A」は、これまでの古典講読の内容を改善し、古典としての古文と漢文、古典に関連する文章を読むことによって、我が国の伝統と文化に対する理解を深め、生涯にわたって古典に親しむ態度を育成することをねらいとした選択科目である。

二〇一二年度　実施問題

【中高共通】

【一】次の文章を読んで、(1)～(7)に答えなさい。

芸術作品は、造形芸術ならば目に見える一個の建築、一体の彫像、一枚の絵として、音楽ならば耳に聞こえる一連の音声の流れとして、舞踏ならば舞台上の個人または集団の秩序ある動きの連鎖として、演劇ならば同じく舞台上での少人数または多人数のことばのやりとりとしぐさのぶつかり合いとして、わたしたちの前にある。提示するほうも受けとるほうも、統一性と純粋性を備えた美しい物体、美しい音声、美しい動き、美しいことばとしぐさを提示しようとし、受けとろうとするから、芸術の存在する空間と時間は、日常のなんの①ヘンテツもない暮らしの進行ぶりからすれば、多少とも特別の意味をもつ空間であり時間だ。法隆寺の境内にしても、美術館にしても、音楽ホールにしても、劇場にしても、日常の暮らしを少しく②チョウエツした場であり、そこに流れる時間は、日常の時間とは異なる密度と純粋さを備えているように思える。

が、そうはいっても、わたしたちの前にあるのは、目で見、耳で聞くことのできる現実の空間的存在あるいは時間的存在であり、享受する側は、緊張することこそあれ、目で見、耳で聞くという素朴で原始的な感覚的存在として作品に対峙している。ぎりぎりの構図としては、むこうに空間的あるいは時間的なものがあり、こちらにそれを受け止める感覚がある。それだけだ。きわめて単純・素朴な構図で、特別のものなどなにもない。それが芸術の出発点であり、おそらくは終着点でもある。そして、Aものと感覚との対峙という単純・素朴な構図こそが、芸術と日常の暮らしとを大きく重ね合わせる磁力なのだ。

たしかに、芸術の鑑賞に当たって知識がものを言うという場はないではない。奈良は円成寺の多宝塔に納められた、若き運慶の大日如来像に向き合うとき、平安末から鎌倉初期の時代状況、運慶の他の作品、慶派と院派の作風のちがい、大日如来の造形上の特徴などについての知識が、像の理解を深めることはあろう。実物を目の前にしながら、作品はろくに見ないでカタログの説明ばかりを読んでいる観客を美術館でよく見かける。よろしくない。知識は二の次なのだ。理想を現実化した作品が目の前にあるとき、それに向かって感覚を解き放つことがなにより大切だ。感覚を解き放てば理想の美しさの一端にはかならずふれられるというのが芸術というものの大きさであって、だからこそ、ものと感覚の対峙という単純素朴な構図が、長く芸術享受の原点となり、土台となりえているのである。

実際、芸術の喜びは肉体の喜びに近い。美しい形、美しい色、美しい音、美しい声、美しい体の動きに、感覚が感応し、昂揚し、全身が喜ぶのだ。体調が悪ければ楽しみが減殺されるし、それでも楽しめれば体調がよくなったように感じられるという、よくある経験が、芸術の楽しさと肉体との近さを示している。その意味で、芸術の美しさは肉体をもって作品に向き合うすべての人に開かれているということができる。かつて、二十世紀は大衆芸術の時代だ、とか、二十世紀になって芸術は大衆に開かれた、といった言い草をよく耳にしたが、もともと芸術は大衆のものであり、大衆にむかって開かれたものなのだ。それが歴史上のある時期、特権的な人たちのための特権的な作品となっていたとすれば、それは、芸術以外の政治的・社会的な力が働いて、開かれた芸術を閉じたものにしていたのである。

とはいえ、芸術を楽しむには肉体を制御し、感覚を整序しなければならない。B万人に開かれた芸術だが、楽しむにはそれなりの手続きが必要なのだ。わたしたちがこれまで、気息を整えるとか、気分を落ち着けるとか、雑念を排するとか、作品とじっくり向き合うなどと言ってきたことがそれだ。作品とそれを享受するものとの関係は、目で見、耳で聞くといったいかにも単純素朴な関係なのだが、作品が統一性と純粋さを備えた特別のものであるのに見合って、享受する側の感覚もその統一性と純粋さを共有するものとならねばならない。むろん、特別の訓練法などあるわけはない。感覚のことばに寄りそいつつ感覚を磨いていくしかない。建築の前に立ってどこをどう見ていいのか分からない。彫刻をながめているのだが焦点が定まらない。コンサート会場にいながら音楽の世界に入っていけない。そんな経験はだれしもあるはずだ。感覚が美に近づこうとして近づけず、もどかしがっているのだ。もどかしさをぬけだすには、作品のもつ特別の空間または時間に感覚をつきしたがわせる必要がある。建築の内と外を行ったり来たりするのもよい。離れた所からはるか上方を見あげるのもよい。彫刻の顔を真正面から見つめるのもよい。衣文の流れを舐めるように追っていくのもよい。音楽のリズムに合わせて右手で膝を叩くのもよい。目を閉じて音だけを追うのもよい。そうやって作品の空間や時間に近づこうとするのが感覚を磨くことだ。うまく行かなければ、また別の手立てを考える。いや、頭で考えるというより、感覚に促されて体が作品に近づく動きをみずから③モサクするのだ。

　美に向かってみずからを制御するその体は、日常の世界を生きている体でもある。芸術を楽しむという感覚は特別の空間または時間における特別の経験だが、その経験と日常の暮らしのなかでのさまざまな感覚とは、体のなかで通じ合っている。こうして美の経験はわたしたちの日常生活に入りこみ、日常生活を彩るものとなる。芸術の大衆化は芸術経験の【　　】をともなって進行しているのだ。古今東西の有名無名の芸術家たちが力を尽くして作品のうちに実現した美の理想が、無数の人びととの解き放たれた感覚を通して日常の暮らしへと流れこんでくる。芸術の楽しみはその多くが生活の楽しみへと転化し、生活を精神的にゆたかなものにする。芸術を楽しむ経験に慣れ親しんだ感覚は、身のまわりの物や自然のうちにも美しさを見いだして楽しむようになる。日常生活がそのまま芸術になることはありえないし、望むべきことでもないが、統一性のある純粋な空間と時間のなかで感受された芸術の喜びが、日常の暮らしに美の彩りを添えることは、個人にとっても社会にとっても価値あることだといえるように思う。

（長谷川　宏『高校生のための哲学入門』より。）

(1) 傍線部①～③のカタカナを漢字に直して書きなさい。
(2) 傍線部「対峙」の読みと、この文脈における意味を簡潔に書きなさい。
(3) 傍線部「解き放たれた感覚」を、例にならって単語に分け、品詞名をそれぞれ書きなさい。

(例)

芸術	の	楽しみ
名詞	助詞	名詞

(4) 次の一文は本文中から抜いたものである。どこに入るのが最も適切か、後に続く文の最初の五字を書きなさい。

［が、反対に、知識に気を取られて像との対峙が疎かになることもある。］

(5) 空欄［　］にあてはまる最も適切な言葉を次の中から選び、記号で答えなさい。

ア　理想化　　イ　大衆化　　ウ　日常化　　エ　肉体化

(6) 傍線部Aについて、なぜ「ものと感覚との対峙という単純・素朴な構図」が、「芸術と日常の暮らしとを大きく重ね合わせる磁力」といえるのか。筆者がそう考える理由を、文章全体の主旨を踏まえて、九十字以内で書きなさい。
(7) 傍線部Bについて、筆者がこのように考える理由を、「芸術を楽しむには、」に続けて、三十五字以内で書きなさい。

（☆☆☆◎◎◎）

【二】次の文章を読んで、(1)～(8)に答えなさい。

藤壺《ふぢつぼ》・弘徽殿《こきでん》との上《うへ》の御局《みつぼね》は、ほどもなく近きに、藤壺の方には小一条の女御（注1）、弘徽殿にはこの后（注2）の上りておはしましあへるを、いとやすからず、えやしづめがたくおはしましけむ、中隔（注3）の壁に穴をあけて、のぞかせたまひけるに、女御の御かたち、いとうつくしくめでたくおはしましければ、「①むべ、ときめくアにこそありけれ」と御覧ずるに、いとどA心やましくならたまひて、穴よりとほるばかりのa土器のわれして、打たせたまへりければ、帝（注4）おはしますほどにて、こればかりはえたへさせたまはず、むつかりおはしまして、「かうやうのことは、女房はせじ。伊尹（注5）・兼通・兼家などが、いひもよほして、せさするならむ」と仰せられて、皆、b殿上にさぶらはせたまふほどなりければ、三所ながら、かしこまらせ（注6）たまへりしかば、その折に、いとどおほきに腹立たせたまひて、「わたらせたまへ」と申させたまへば、思ふにBこのことならむ、と思し召して、②わたらずは、いとどこそむつからめと、わたらせたまはぬを、たびたび、「なほなほ」と御消息ありければ、おそろしくいとほしく思し召して、おはしましけるに、「いかでかかることはせさせたまふぞ。いみじからむさかさま（注7）の罪あり【　　】、この人々をば思しゆるすべきなり。いはむや、まろが方ざまにてかくせさせたまふは、いとあさましう心憂きことなり。ただいま召し返せ」と申させたまひければ、「いかでかただいまはゆるさむ。音聞き見ぐるしきことなり」と聞えさせたまひけるを、「さらにあるべきことならず」と、せめまうさせたまひければ、「さらば」とて、帰りわたらせたまふを、「おはしましイなば、ただいまもゆるさせたまはじ。ただこなたにてを召せ」とて、c御衣をとらへたてまつりて、立てたてまつらせたまはざりければ、いかがはせむと思し召して、この御方へ職事（注8）召してぞ、まゐるべきよしの宣旨下させたまひける。これのみにもあらず、かやうなることども多く聞えはべりしかは。

　おほかたの御心はいとひろく、人のためなどにも思ひやりおはしまし、あたりあたり（注9）に、あるべきほどほど過ぐさせたまはず、御かへりみあり。かたへの女御たちの御ためも、かつは情あり、御みやびをかはさせたまふに、心よりほかにあまらせたまひぬる時の御もの妬みのかたにや、いかが思し召しけむ。この小一条の女御は、いとかく御かたちのめでたくおはすればにや、御ゆるされにすぎたる折々の出でくるより、かかることもあるにこそ。その道は心ばへにもよらぬことにやな。かやうのことまでは申さじ、いとかたじけなし。

（『大鏡』より。）

（注1）「小一条の女御」＝藤原芳子（師尹女）
（注2）「この后」＝藤原安子（師輔女）
（注3）「中隔の壁」＝隣室と仕切るための壁
（注4）「帝」＝村上天皇
（注5）「伊尹・兼通・兼家」＝師輔の長男・次男・三男
（注6）「かしこまらせ」＝謹慎させ
（注7）「さかさまの罪」＝人の道に背く大逆罪
（注8）「職事」＝蔵人所の職員
（注9）「あたりあたりに」＝身辺に奉仕する者たちには

【藤原氏系図（略図）】

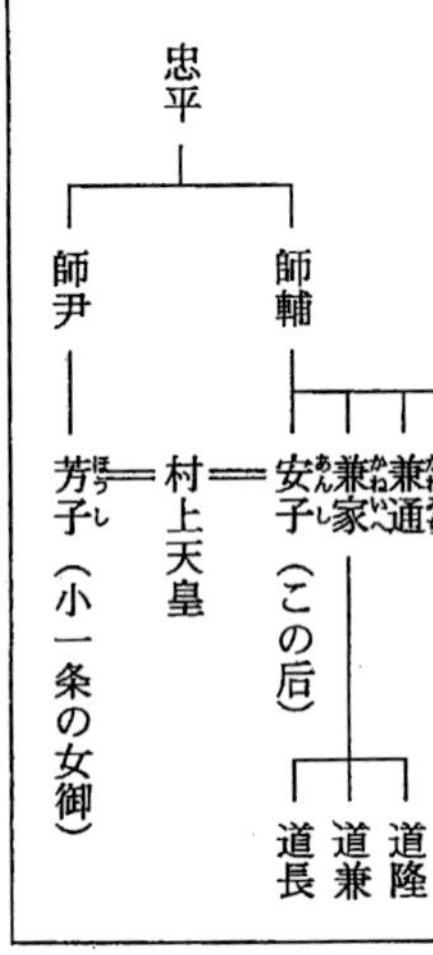

(1) 傍線部a〜cの漢字の読みを現代仮名遣いで答えなさい。ただし、aは四字、bは五字、cは三字のひらがなでそれぞれ答えること。
(2) 傍線部ア・イの助動詞について、それぞれ活用形、終止形、文法的意味(漢字二字)を答えなさい。
(3) 空欄［　　］に適切な接続助詞を補いなさい。
(4) 傍線部①・②をそれぞれ口語訳しなさい。
(5) 傍線部Aの心情を具体的に表した五字の言葉を本文中からそのまま抜き出して答えなさい。
(6) 傍線部Aとあるが、安子の普段のようすを述べたものとして最も適切なものを次の中から選び、記号で答えなさい。

ア　周辺で働く者に対してはほどほどに相手をする程度だが、女御たちに対しては大変人情深い。
イ　思いやりが深く、相手の身分に応じて情けをかけるのだが、女御たちは存在自体が許せない。
ウ　周囲の者の身分に応じた配慮を怠ることはないが、女御からの情けは素直には受け取れない。
エ　寛容な性格で、周りの者たちに何かと目をかけ、また女御たちに対しても温情をかけている。

(7) 傍線部B「このこと」とはどういうことか、本文に即して、三十字以上四十字以内で書きなさい。
(8) 歴史物語について述べた次の文章の空欄（　A　）・（　B　）に適切な言葉を補い、文を完成させなさい。ただし、空欄（　A　）は漢字で答え、空欄（　B　）は後のア〜オの中から一つ選び記号で答えること。

歴史物語とは、従来の歴史書と異なり、かなを使って貴族社会の歴史を物語風に描いたものであり、中でもこの『大鏡』は、司馬遷の『史記』にならって歴史を（　A　）で叙述しており、登場人物が歴史を語り合うという戯曲的な構成と相まって、歴史の裏表を生き生きと描いている。

また、比較的新しい時代を描いた歴史物語としては、南北朝期に成立し、後鳥羽天皇の誕生から後醍醐天皇の京帰還までの事蹟を公家を中心に描いた（　B　）が挙げられる。

ア　増鏡　　イ　栄花物語　　ウ　水鏡　　エ　太平記　　オ　今鏡

（☆☆☆◎◎◎）

【三】次の文章を読んで、(1)～(6)に答えなさい。（設問の都合上、表記を改めた箇所がある。）

有《リ》下上書《シテ》請《フ》レ去《ラント》二佞臣《ねいしん》《ヲ》一者上。曰《ハク》、「願《ハクハ》陽《いつはリテ》怒《リテ》以《テ》試《ミヨ》レ之《ヲ》。［A］執理不屈者、直臣也。畏《レテ》レ威《ヲ》順《フ》［①］レ旨《ニ》者《ハ》、佞臣也《ト》。」上曰《ハク》、「吾自《ラ》為《サバ》レ詐《ヲ》、何《ヲ》以《テ》責《メン》二臣下之直《ヲ》一乎。朕《ハ》方《ニ》［②］以《テ》二至誠《ヲ》一治《メント》二天下《ヲ》一。」

或《ヒト》請《フ》二重《クシテ》レ法《ヲ》禁《ゼンコトヲ》レ盗《ヲ》。上曰《ハク》、「［B］当《ニ》三去《リ》レ奢《ヲ》省《キ》レ費《ヲ》、軽《クシ》レ徭《ヲ》薄《クシ》レ賦《ヲ》、選二用《ス》廉吏《ヲ》一。［C］使民衣食有余、自《ラ》［③］不《ラン》レ為《サ》レ盗《ヲ》。［D］安《クンゾ》用《ヒン》二重《クスルヲ》レ法《ヲ》一邪《ト》。」［E］自《リ》レ是数年之後、路不レ拾《ハ》レ遺《おチタルヲ》、商旅野宿《ス》焉。

（『十八史略』より。）

(注)　佞臣＝こびへつらう臣
陽＝うわべだけみせかけること
傜・賦＝夫役と租税
商旅＝行商人や旅客

(1)　波線部①～③の漢字の読みを送り仮名も含めて現代仮名遣いで書きなさい。ただし、③は送り仮名を補うこと。
(2)　傍線部Aに適切な訓点をつけなさい。
(3)　傍線部Bを書き下し文にしなさい。ただし、「当」は送り仮名を省略してある。
(4)　傍線部Cが「人民の生活のゆとりを持たせたなら」という意味を表す文になるように、書き下し文にしなさい。
(5)　傍線部Dを口語訳しなさい。
(6)　傍線部Eのようになった理由を、本文に即して五十字以上六十字以内で答えなさい。

(☆☆☆◎◎◎)

【中学校】

【一】新中学校学習指導要領(平成20年3月告示)「国語」について、次の(1)～(5)の問いに答えなさい。
(1)　次の文は、第一学年の「1　目標」の一部である。(　①　)～(　③　)にあてはまる語句を書きなさい。
(2)　目的や意図に応じ、(　①　)にかかわることなどについて、(　②　)を考えて的確に書く能力を身に付けさせるとともに、進んで文章を書いて考えを(　③　)とする態度を育てる。
(2)　次の文は、第三学年の「2　内容」における「A　話すこと・聞くこと」の一部である。(　①　)～(　④　)

にあてはまる語句を書きなさい。
ア（ ① ）の中から話題を決め、自分の経験や知識を整理して考えをまとめ、（ ② ）を効果的に使い、資料などを活用して説得力のある話をすること。
イ 場の状況や相手の様子に応じて話すとともに、（ ③ ）を適切に使うこと。
ウ 聞き取った内容や表現の仕方を（ ④ ）して、自分のものの見方や考え方を深めたり、表現に生かしたりすること。
(3) 次の文は、第二学年の「2 内容」における「C 読むこと」の一部である。（ ① ）～（ ③ ）にあてはまる語句を書きなさい。
(2) (1)に示す事項については、例えば、次のような言語活動を通して指導するものとする。
ア（ ① ）などを読み、内容や表現の仕方について感想を交流すること。

イ（ ② ）などの文章を読み、内容や表現の仕方について自分の考えを述べること。

ウ 新聞やインターネット、学校図書館等の施設などを活用して得た情報を（ ③ ）すること。
(4) 次の文は、第三学年の「2 内容」における〔伝統的な言語文化と国語の特質に関する事項〕の「(1)ウ 漢字に関する事項」である。（ ① ）～（ ② ）にあてはまる語句を書きなさい。
(ア) 第2学年までに学習した（ ① ）に加え、その他の（ ① ）の大体を読むこと。
(イ)（ ② ）に示されている漢字について、文や文章の中で使い慣れること。
(5) 次の文は、「第3 指導計画の作成と内容の取扱い」の〔伝統的な言語文化と国語の特質に関する事項〕についての取扱いの一部である。（ ① ）～（ ④ ）にあてはまる語句を書きなさい。
ア 文字を正しく整えて速く書くことができるようにするとともに、書写の能力を（ ① ）に役立てる態度を育てるよう配慮すること。
イ　硬筆及び毛筆を使用する書写の指導は各学年で行い、毛筆を使用する書写の指導は硬筆による書写の能力の（　②　）を養うようにすること。
ウ　書写の指導に配当する授業時数は、第1学年及び第2学年では年間（　③　）単位時間程度、第3学年では年間（　④　）単位時間程度とすること。

（☆☆☆◎◎◎）

【高等学校】

【一】新高等学校学習指導要領（平成21年3月告示）「国語」の内容について、(1)～(4)の問いに答えなさい。

(1) 次の文は、「第1　国語総合」「3　内容の取扱い　(6)　ウ　教材は、次のような観点に配慮して取り上げること。」として挙げられているものの一部である。（　①　）～（　⑤　）にあてはまる語句を答えなさい。

(ア)（　①　）に対する関心や理解を深め、国語を尊重する態度を育てるのに役立つこと。
(イ) 日常の言葉遣いなど言語生活に関心をもち、（　②　）を高めるのに役立つこと。
(ウ) 思考力や想像力を伸ばし、（　③　）を豊かにし、言語感覚を磨くのに役立つこと。
(エ)（　④　）を活用して、公正かつ適切に判断する能力や創造的精神を養うのに役立つこと。
(オ) 科学的、（　⑤　）な見方や考え方を養い、視野を広げるのに役立つこと。

(2) 次の文は、「第2　国語表現」「2　内容　(1)　次の事項について指導する。」として挙げられているものの一部である。（　①　）～（　④　）にあてはまる語句を答えなさい。

ア　話題や題材に応じて（　①　）を収集し、分析して、自分の考えをまとめたり深めたりすること。
イ　相手の立場や異なる考えを尊重して課題を解決するために、（　②　）の妥当性を判断しながら話し合うこと。

ウ　主張や（　③　）などが効果的に伝わるように、論理の構成や（　④　）の仕方などを工夫して書くこと。

(3)　次の文は、「第4　現代文B」「3　内容の取扱い　(4)」である。（　①　）～（　④　）にあてはまる語句を答えなさい。

教材は、（　①　）の様々な種類の文章とする。その際、現代の社会生活で必要とされている（　②　）な文章を含めるものとする。また、必要に応じて（　③　）の文章や（　①　）の（　④　）などを用いることができる。

(4)　次の文は、「第6　古典B」「2　内容　(1)　次の事項について指導する。」として挙げられているものの一部である。（　①　）・（　②　）にあてはまる語句を答えなさい。

エ　古典の内容や（　①　）の特色を理解して読み味わい、作品の（　②　）について考察すること。

（☆☆☆◎◎◎）

解答・解説

【中高共通】

【一】(1) ① 変哲　② 超越　③ 模索　(2) (読み) たいじ　(意味) 向き合って立つこと

(3)

解き放た	れ	た	感覚
動詞	助動詞	助動詞	名詞

(4) 実物を目の　(5) ウ　(6) (例) 感覚を解き放ち、目の前にある作品の美しさの一端にふれることが、芸術を楽しむということであり、その感覚は、日常の暮らしのなかのさまざまな感覚と体のなかで通じ合うものであるから。　(7) (芸術を楽しむには、)作品が備えている統一性と純粋さを、享受する側も共有する必要があるから。

〈解説〉(1) 同音異義語や類似の字形に注意すること。　(2) 「対峙(たいじ)」には、①「(競い合うように)向かい合って立つこと」、②「行動を起こさずに、にらみ合ったまま対立すること(にらみ合い)」の意味がある。ここでは①の意味。　(3) 「解き放た」は複合動詞「解き放つ」の未然形、「れ」は受身の助動詞「れる」の連用形、「た」は存続を表す助動詞「た」の連体形、「感覚」は名詞である。　(4) 芸術の鑑賞について知識の必要性が述べられているのは、第三段落である。文中の彫刻美術に関する知識が、像の理解を深めることがあることを認めた文のあとに、設問の一文が入る。　(5) 芸術を楽しむ人間の感覚は特別な経験であるが、その経験は人間の日常生活に入りこんでいる、と筆者は述べている。この考えをヒントにして、適切な言葉を選ぶ。

(6) Aの前の「むこうに空間的あるいは時間的なものがあり、こちらにそれを受け止める感覚がある」ことをふまえる。Aでは「ものを感覚との対峙」という単純素朴な構造が示され、A以下に、芸術の鑑賞には、知識よりも感覚を解き放つことの大切さが述べられている。さらに、「芸術を楽しむという感覚」(特別な経験)は、「日常生活に入りこみ、日常生活を彩る(豊かにしている)ものとなる」と論じられている。知識によらない日常生活での芸術経験(感覚の解き放ち)が芸術享受の原点になるということを要約すればよい。 (7) B以下の内容の要約である。Bの「芸術を楽しむための手続き」とは、作品とそれを享受する者との関係は単に「もの(芸術作品)」を目で見、耳で聞くという単純で素朴な関係であるが、作品が、理想を現実化した作品(統一性と純粋さを備えた特別なもの)である以上、享受する側の感覚もその統一性と純粋さを共有することが求められるということ。この内容をまとめればよい。

【二】 (1) a かわらけ b てんじょう c おんぞ (2) ア 連用形 なり 断定 イ 未然形 ぬ 完了 (3) とも (4) ① なるほど ② 行かなければ、なおさら立腹するだろう (5) 御もの妬み (6) エ (7) 伊尹・兼通・兼家が安子をそそのかしたのだと考えて、三人ともに謹慎させたこと。 (8) A 紀伝体 B ア

〈解説〉 (1) a「土器」は「かわ(は)らけ」と読む。「素焼きの陶器」のこと。 b「殿上」は「てんじょう」と読む。「殿上の間」のことである。 c「御衣」は「みぞ」とも読む。「貴人の衣服」のこと。 (2) ア 断定の助動詞「なり」の連用形。「にや」「にして」等の慣用的な表現に用いる。 イ 完了の助動詞「ぬ」の未然形で、仮定条件を表す接続助詞「ば」と接続している。 (3) 伊尹・兼通・兼家の三人(安子の兄たち)を謹慎させた村上天皇に対して、安子の言葉「いかでかかることはせさせたまふぞ。」と兄たちを謹慎させたことへの怒りを述べ、そのあとに、「どういう大罪(さかさまの罪)があっても、この人々(兄たち)をお許し下さるのは当然なことではございませんか」の「あっても」の意を表す接続助詞を考える。 (4) ①「むべ」は「うべ」と同じで、「ほんとうに」の意。 ②「わたらずは」は「もし行かなかったら」の意。「いとどこそむつからめ」

の「こそ〜め(「む」の已然形)」は係結びである。「いっそう立腹するであろう」の意。(5) A「心やましくならせたまひて」の意は、「妬(ねた)ましくお思いになって」の意。安子の嫉妬深さを表した言葉を選ぶ。(6) 最後の段落の二行目までを正しく読解すること。「あたりあたり」以下の文「あるべきほどほど過ぐさせたまはず」は、「その人々に相応する身分身分に応じてお見過ごしなさることなく」の意。「御かへりみ」は「目をかけること」、寛容で温情あふれる安子の様子である。(8) 『大鏡』は、十二世紀初めの作品で、文徳天皇(八五〇)から後一条天皇(一〇二五)までの十四代、百七十六年間を紀伝体で記している。『栄花物語』は、十一世紀の作品で、編年体。後鳥羽天皇誕生から後醍醐天皇が隠岐より還幸するまでの十五代、百五十年余を編年体で記したものとして『増鏡』がある。一三七六年以前の成立。

【三】(1) ① したがう　② まさに　③ おのずから　(2) 執リテレ理ヲ不ルレ屈セ者ハ　(3) 当に奢を去り費を省き、徭を軽くし賦を薄くし、廉吏を選用すべし。(4) 民をして衣食に余り有らしめば　(5) どうして法律を重くする必要があろうか。いや、そんな必要はない。(6) 贅沢をやめて夫役と税を軽減し、清廉潔白な役人を選び用いれば、民の生活にゆとりが生まれるという、帝の政治が実を結んだから。

〈解説〉(1) ①「順」は「耳順」の「順」と同じく、「したがう(ふ)」と読む。②「方(に)」は「まさ(に)」と読む。「いま(今)」の意。③「自」は「おのずから(ら)」と読む。「自然に」の意。(2)「執理不屈者(理を執り屈せざる者)」に訓点(送りがなと返り点)をつける。「返り点」と「訓点」を混同しないように注意すること。(3)「当」は「まさニ〜べし(当然〜すべきである)」の再読文字。レ点や一・二点に注意して書き下すこと。(4) Cは使役形と仮定形の書き下し文。「使メバ二民ヲシテ衣食ニ有ラレ余リ」の書き下し文。(5)「安〜邪」は「どうして〜だろうか、いや〜ではない」の反語形である。「用重法」は「法律を重く用いること」の意。

(6)　E「自是数年之後」は、上(帝)の「当去奢省費、軽徭薄賦、選―用廉吏」によって、「民衣食有余」の政治を行った後をさす。Eは「人民は衣食にも困らず、治安も良くなったことにより、旅商人たちも安心して野宿できるようになったこと」を意味している。

【中学校】

【一】(1)　①　日常生活　②　構成　③　まとめよう　(2)　①　社会生活　②　語句や文　③　敬語　④　評価　(3)　①　詩歌や物語　②　説明や評論　③　比較　(4)　①　常用漢字　②　学年別漢字配当表　(5)　①　学習や生活　②　基礎　③　20　④　10

〈解説〉新学習指導要領では内容の構成が改訂され、従来は「A話すこと・聞くこと」「B書くこと」「C読むこと」の三領域及び〔言語事項〕で構成されていたが、三領域と〔伝統的な言語文化と国語の特質に関する事項〕に改められた。また、これまで第二学年及び第三学年については、目標と内容を二学年まとめて示していたが、今回の改訂では学年ごとに示している。　(1)　前段は、書く能力、後段は、書く態度を示している。　(2)　ア・イは話題設定や取材、話すことに関する指導事項、ウは聞くことに関する指導事項である。　(3)　アは詩歌や物語などを読み、内容や表現の仕方について感想を交流する言語活動。イは説明や評論などの文章を読み、内容や表現の仕方について自分の考えを述べる言語活動。ウは新聞やインターネット、学校図書館等の施設などを活用して得た情報を比較する言語活動である。　(4)　〔伝統的な言語文化と国語の特質に関する事項〕は、我が国の歴史の中で創造され、継承されてきた伝統的な言語文化に親しみ、継承し、発展させる態度を育てることや、国語の果たす役割や特質についての知識を身につけさせ、実際の言語活動において役立つための能力の育成を目指している。(ア)(イ)は、漢字に関する事項である。　(5)　(4)の事項をふまえた「書写」の指導に関する空欄補充である。ウの書写の配当時数は、第一学年と第二学年では、年間20単位時間程度とされ、二年間を見通した系統的で計画的な指導が行いやすいよう配慮されている。

【高等学校】

【一】(1) ① 言語文化　② 伝え合う力　③ 心情　④ 情報　⑤ 論理的　(2) ① 情報　② 論拠　③ 感動　④ 描写　(3) ① 近代以降　② 実用的　③ 翻訳　④ 文語文　(4) ① 表現　② 価値

〈解説〉(1)「国語総合」は、すべての生徒に履修させる必履修科目である。そのため、教材の選定に当たっても、教科の目標を全面的に受け、総合的な言語能力を育成することをねらいとしている点に留意する必要がある。教材の選定に当たっては具体的な観点が九項目示されているが、設問はア〜オの五項目についての空欄補充の問題である。　(2)「国語表現」は、「国語総合」のうち、「A話すこと・聞くこと」「B書くこと」及び〔伝統的な言語文化と国語の特質に関する事項〕とを中心として、その内容を発展させた選択科目である。アは話題や題材に応じた情報を基に、考えをまとめ、深めることに関する事項。イは、異なる考えを尊重し、課題解決のために話し合うことに関する指導事項。ウは、内容が効果的に伝わるように、論理の構成や描写の仕方などを工夫することに関する指導事項である。　(3)「現代文B」は近代以降の文を読むことを中心としつつ、「国語総合」の総合的な言語能力を育成する科目としての性格を発展させた選択科目である。そのため、「教材に関する事項」の目的に応じた内容になっている。実用的文章、翻訳文、近代以降の文語文等がその対象となる。(4)「古典B」は「国語総合」の「C読むこと」の古典分野と〔伝統的な言語文化と国語の特質に関する事項〕を中心として、その内容を発展させた選択科目である。エは、古典を読み味わい、作品の価値について考案することに関する指導事項である。

二〇一一年度

実施問題

【中高共通】

【一】次の文章を読んで、(1)～(6)に答えなさい。

時を同じくして生まれた政治と哲学が、プラトンとアリストテレスによって統合され、ここに西洋政治思想史という大河が始まる。そのように言えば、すべてがそこにぴたりと収まり、輝かしい伝説の始まりに見えるかもしれない。しかしながら、Aこの「双子」、そもそもの出発点から、必ずしも仲が良いとは言えなかったというか、かなり緊張感をはらむ関係であった。

このような政治と哲学の緊張関係について、もっとも①センエイテキな議論を行ったのが、ドイツに生まれ、ナチスに追われアメリカで活躍したハンナ・アレントである。

アレントは繰り返し、政治と哲学の相性の悪さを指摘する。政治と哲学は本来、水と油のごとき関係にあり、両者を結びつける「政治哲学」など、巨大な矛盾に他ならないと言わんばかりである。

「政治哲学の伝統は、哲学者がいったんは政治に背を向けながらも、自らの尺度を人間の事柄に押しつけようと政治に立ち戻ったとき始まった」。アレントは『過去と未来の間』の一節において、このように指摘している。あたかも、政治哲学の伝統とは、政治本来のあり方を歪めるものであるかのように彼女は言う。

アレントの見るところ、哲学者とは、「真理」と「意見」を対置する思考法に拠って立つものである。真理とは、その本性上、時と場所を越えて、永続的に妥当するはずのものである。これに対し、意見とはつねに流動的な状態にある人間の事柄について市民が抱くものであり、くるくると変わるのがその本質である。その意味で、真理は意見の対極にあり、およそ意見の上に真理を論じることなど、期待できないことになる。

しかしながら、言うまでもなく、政治において重要なのは意見である。どのような独裁的な支配者であれ、民衆の意見に多少とも耳を傾けることなしには、統治が成り立たない。民主政治となれば、なおさらである。良きにつけ悪しきにつけ、人々の揺れ動く意見こそが、政治のダイナミズムを決定する。

その意味で言えば、アレントが指摘するように、哲学者たちが「政治に背を向ける」のも当然であろう。もっとも有名なのは、プラトンの「洞窟の比喩」である。プラトンに言わせれば、「イデア」の真理を知らない人々とは、あたかも暗い洞窟の中に鎖で縛られているようなものであり、彼らの目にするものは、かすかな明かりに照らし出されて壁にぼんやりと映る影に過ぎない。そうだとすれば、真理を見いだすためには、束縛を解き放ち、洞窟の外に出て、日の光を直接見つめなければならない。

ただし、プラトンの比喩が重要なのはその後である。プラトンによれば、洞窟の外に出て真理を知った人々は、やがて洞窟に戻らなければなら①ない。洞窟に戻って、鎖につながれて影だけを見ている仲間を救うためである。真理を知った人間は、あとの人を放りっぱなしにしてはいけないのである。ある意味で言えば、これ以上②ないくらい「よけいなお世話」であるが、これぞまさしく、アレントの言うところの「〔　Ｘ　〕」とする試みなのだろう。

人の意見を寄せつけない絶対的真理なるものが、人間の事柄の領域において、絶対的支配を求めるとき、もっとも恐るべき専制となる。そもそも真理を扱う思考や、真理を前提とするコミュニケーションは、政治の視点からすれば、必然的に威圧的となる。政治において重要なのは多様な意見を考慮することであり、その限りで真理と政治の間には緊張関係があるとアレントは言う。意見とは、一人ひとりの個人にとって世界がどう見えるかを示すものであり、絶対的真理は政治にふさわしくないのである。

しかしながら、このようなアレントの議論にはどうしても「わかりにくさ」がつきまとう。政治と哲学、あるいは意見と真理の間の緊張関係を強調するアレントであるが、それなら両者を分離して、互いに相互②フカンショウを守れば良いのだろうか。そもそも相性の悪い「双子」である。別れて暮らすのが、双方にとっても幸せだと言いたいのだろうか。

いや、そうではあるまい。もし、そのように言い切ることができるならば、アレントにとっても話は簡単だったろう。しかしながら、彼女はひたすらに政治と哲学の関係を説き続けた。言い換えるならば、政治と哲学の緊張関係を説き続けることを通じて、［　a　］的に、両者の分離不可能な結びつきを強調したとも言える。そもそも、彼女の叙述のスタイル自体、「政治哲学」と呼ばずして、いったい何であろう。ある意味で、政治と哲学はきわめて相性が悪い、B政治哲学というのは巨大な矛盾であると言い続けることが、彼女にとっての「政治哲学」であったとさえ言えるかもしれない。

それにしても、回りくどい話である。いったい、なぜアレントは、このように回りくどい論法をとったのだろうか。ここに、アレントの政治哲学、さらには西洋政治思想史の鍵が隠されているように思われる。

すでに指摘したように、政治と哲学が、正確に時を同じくして生まれた「双子」であるとすれば、やはり何ごとかを共有しているはずである。両者に共通しているのは、偶然に抗して秩序を洞察したいという欲求に他ならない。

哲学とは、あらゆるものが絶え間なく変化し、運動し、生成するこの世の中に、変わらない何かを見いだそうとする企てである。③ウイテンペンを繰り返す生成的世界の背後に、真に存在するものの本質的秩序を認識しようとする企てである。［　b　］と特殊、本質と現象、同一性と［　c　］、必然と偶然などの二項対立の上に哲学は成り立っている。

対するに、伝統的な血縁共同体からポリスへの移行にあたっては、私的領域である「オイコス」から、公共領域である「ポリス」を峻別することが、きわめて重要な意味をもった。このような公と私の区別の上に、公共の事柄についての共同の意志決定としての政治の営みが開始したのである。

（宇野重規の文章より。一部省略等がある。）

(1) 傍線部①〜③のカタカナを漢字に直して書きなさい。

(2) 波線部①・②の品詞名をそれぞれ書きなさい。

(3) 空欄a〜cに入る熟語の組み合わせとして最も適切なものをア〜エから選び、記号で答えなさい。

ア　a　本質　b　性質　c　対立

イ　a　逆説　b　普遍　c　差異

ウ　a　包括　b　一般　c　格差

エ　a　帰納　b　具体　c　対照

(4) 空欄［　X　］にはアレントの言葉が入る。十八字で抜き出して書きなさい。

(5) 傍線部A「この『双子』」とあるが、生まれた時期以外にどのような点に共通性があると筆者は考えているか、「双子」が表すものを明らかにして、簡潔に書きなさい。

(6) 傍線部B「政治哲学というのは巨大な矛盾である」とあるが、なぜ「矛盾」と言えるのか。アレントの言う政治と哲学の違いを明確にして、九十字以内で書きなさい。

（☆☆☆◎◎◎）

【二】次の文章を読んで、(1)〜(7)に答えなさい。

堀河天皇に八年ばかり仕えた讃岐典侍《さぬきのすけ》(藤原長子)は、堀河天皇の崩御後、その年の十月、服喪三か月たらずで、幼い鳥羽天皇に奉仕せねばならぬ身の上となる。十二月一日には鳥羽天皇の即位にあたり帳《とばり》あげをつとめ、翌年正月早々から、鳥羽天皇に出仕する。

十二月《しはす》もやうやうつごもりになりて、「弁の典侍殿(注1)のふみ」といへば、取りいれて見れば、「A院(注2)より三位(注3)殿・大納言(注4)の典侍など、さぶらはぬついたちなり。さやうのをりは、さるべき人あまたさぶらふこそよけれ。参るべきよし、おほせられたる」とぞある。いかがせんとて、参らんとぞいそぎたつ。

ついたちの日の夕さりぞ参りつきて、陣いるより、昔思ひいでられて、かきぞくらさるる。つぼねに行きつきて見れば、こと所にわたらせたまひたるここちして、その夜は、何となくて明けぬ。

つとめて、起きて見れば、雪、いみじく降りたり。今もうち散る。Bおまへを見れば、べちにたがひたることなきここちして、おはしますらん有様、ことごとに思ひなされてゐたるほどに、「降れ、降れ、こ雪」と、いはけなき御けはひにて①おほせらるる、聞こゆる。こはたそ、たが子にか、と思ふほどに、まことにさぞかし。思ふに、あさましう、これを主とうちたのみまゐらせてさぶらはんずるかと、Cたのもしげなきぞ、あはれなる。

昼ははしたなきここちして、暮れてぞのぼる。「こよひよきに、もの参らせそめよ」といひにきたれば。おまへの大殿油《おほとなぶら》くららかにしなして、「こち」とあれば、②すべりいでて参らする、昔にたがはず。御台のいと黒らかなる、御器《ごき》なくてかはらけにてあるぞ、見ならはぬここちする。走りおはしまして、顔のもとにさし寄りて、「たれぞ、こは」とおほせらるれば、人々、「堀河院の御乳母子(注5)《めのとご》ぞかし」と申せば、まこととおぼしたり。

Dことのほかに、見まゐらせしほどよりは、おとなしくならせたまひにける、と見ゆ。をとしのことぞかし、参らせたまひて、弘徽殿《こきでん》におはしまいしに、この御かたにわたらせたまひしかば、しばしばかりありて、「今は、さは、帰らせたまひね。日の暮れぬさきに、かしらけづらん」とそのかしまゐらせたまひしかば、「いましばし、さぶらはばや」とおほせられたりしを、いみじうをかしげに③思ひまゐらせたまへりしなど、ただ今のここちして、かきくらすここちす。

その夜も御かたはらにさぶらひたれば、いといはけなげに御ぞがちにてふさせたまへる、見るぞ、あはれなる。(『讃岐典侍日記』より。一部省略等がある。)

(注1)「弁の典侍殿」＝藤原悦子。鳥羽天皇の乳母。(注2)「院」＝白河院。亡き堀河天皇父。(注3)「三位殿」＝弁の三位。藤原光子。鳥羽天皇の乳母。(注4)「大納言の典侍」＝藤原実子。弁の三位の子。鳥羽天皇の乳母。(注5)「御乳母子」＝ここでは、讃岐典侍のこと。

(1) 波線部「かきぞくらさるる」を単語に分けると、その数はいくつになるか、答えなさい。また、その中に含まれる助動詞の文法的意味を漢字二字で答えなさい。

(2) 傍線部①～③の主語を次のア～オから選び、それぞれ記号で答えなさい。

ア　讃岐典侍　　イ　堀河天皇　　ウ　鳥羽天皇　　エ　白河院　　オ　弁の典侍殿

(3) 傍線部Aの白河院の仰せの内容は、「三位殿」から始まり、どこで終わるのか。最後の四字を書きなさい。

(4) 傍線部Bを「たがひたることなきここち」の内容を明らかにして、口語訳しなさい。

(5) 傍線部Cに表れた筆者の思いを本文に即して五十字以内で説明しなさい。

(6) 傍線部Dのように感じたのは、鳥羽天皇のどのようなようすからか。鳥羽天皇の言動をふまえて、そのようすを以前の時と今回に分け、それぞれ四十字以内で書きなさい。

(7) 次の日記文学を成立の古い順に並べ、その記号を記しなさい。

ア　蜻蛉日記　　イ　更級日記　　ウ　讃岐典侍日記　　エ　土佐日記

(☆☆☆◎◎◎)

【三】次の文章を読んで、(1)～(5)に答えなさい。（設問の都合上、送り仮名を省略した箇所や一部表記を改めた箇所がある。）

古之學者ハ必ズ有リレ師。師者所二以傳一ヘレ道ヲ授ケレ業ヲ解クレ惑《まどひ》ヲ也。人ハ非ズ二生レナガラニシテ而知ルレ之ヲ者一ニ。孰能無レ惑。惑ヒテ而不ンバレ從ハレ師ニ、其ノ爲ルレ惑也、終ニ不ジレ解ケ矣。生レテ二乎吾ガ前一ニ、其ノ聞クレ道ヲ也、固ヨリ先ナラバ二乎吾一ヨリ、吾從ツテ而師トセンレ之ヲ。生ルトモ二乎吾ガ後一ニ、其ノ聞クレ道ヲ也、亦先ナラバ二乎吾一ヨリ、吾從ツテ而師トセンレ之ヲ。吾ハ師トスルレ道ヲ。夫レ庸《なんゾ》知ラン三其ノ年之先二後生ナルヲ於吾一ヨリ乎。是ノ故ニ無クレ貴無クレ賤、無クレ長無クレ少、道之所レ存スル、師之所レ存スル也。嗟乎、師ノ道之不ルレ傳ハラ也久シ矣。欲スル三人之無カラント二疑惑一也難シ矣。

（『文章軌範』より。）

(1) 波線部①～③の漢字の読みを現代仮名遣いで書きなさい。

(2) 傍線部Aが「迷いを持たずにすむ者はいない。」という意味を表す文になるように、適切な送り仮名を補い、すべてひらがなで書き下しなさい。

(3) 傍線部Bを口語訳しなさい。

(4) 傍線部Cについて、(ア)解答欄の漢文に適切な送り仮名をつけ、(イ)口語訳しなさい。

(ア)	無レ長無レ少、
(イ)	

(5) 傍線部Dのように筆者が考える理由を、本文に即して、五十字以上六十字以内で答えなさい。

(☆☆☆◎◎◎)

【中学校】

【一】現行及び新中学校学習指導要領「国語」について、(1)~(5)に答えなさい。

(1) 次の文は、新中学校学習指導要領、第一学年の「1　目標」の一部である。(　①　)~(　③　)にあてはまる語句を書きなさい。

(1) 目的や場面に応じ、(　①　)にかかわることなどについて立場や考えの違いを踏まえて話す能力、考えを(　②　)聞く能力、(　③　)を尊重して話し合う能力を身に付けさせるとともに、話したり聞いたりして考えを広げようとする態度を育てる。

(2) 次の文は、現行中学校学習指導要領、第二学年及び第三学年の「2　内容」における「C　読むこと」の一部である。(　①　)~(　④　)にあてはまる語句を書きなさい。

ア　文脈の中における(　①　)の効果的な使い方について理解し、自分の(　②　)の使い方に役立てること。

イ　書き手の（　③　）の展開の仕方を的確にとらえ、内容の理解や自分の（　④　）に役立てること。

(3)　次の文は、新中学校学習指導要領、第一学年の「2　内容」における「B　書くこと」の一部である。（　①　）～（　③　）にあてはまる語句を書きなさい。

(1)　書くことの能力を育成するため、次の事項について指導する。

ア（　①　）の中から課題を決め、材料を集めながら自分の考えをまとめること。

イ　集めた材料を分類するなどして整理するとともに、（　②　）の役割を考えて文章を構成すること

(2)　(1)に示す事項については、例えば、次のような言語活動を通して指導するものとする。

ア　関心のある芸術的な作品などについて、（　③　）したことを文章に書くこと。

(4)　次の文は、新中学校学習指導要領、第二学年の「2　内容」における「伝統的な言語文化と国語の特質に関する事項」の「(1)　ア　伝統的な言語文化に関する事項」である。（　①　）・（　②　）にあてはまる語句を書きなさい。

(ア)（　①　）などに注意して古典を読み、その世界に親しむこと。

(イ)（　②　）を引用するなどして、古典に関する簡単な文章を書くこと。

(5)　次の文は、新中学校学習指導要領、「第3　指導計画の作成と内容の取扱い」の指導計画の作成に当たっての配慮事項の一部である。（　①　）～（　③　）にあてはまる語句を書きなさい。

(3)　第2の各学年の内容の「A話すこと・聞くこと」の指導に配当する授業時数は、第1学年及び第2学年では年間（　①　）単位時間程度、第3学年では年間（　②　）単位時間程度とすること。また、（　③　）のための教材を積極的に活用するなどして、指導の効果を高めるよう工夫すること。

(☆☆☆◎◎◎)

【高等学校】

【一】次の文は、新高等学校学習指導要領「国語」の「第1　国語総合」「2　内容　C　読むこと」に「(1)次の事項について指導する。」として挙げられているものである。（　①　）～（　⑤　）にあてはまる語句を答えなさい。

ア　文章の内容や形態に応じた（　①　）の特色に注意して読むこと。
イ　文章の内容を叙述に即して的確に読み取ったり、必要に応じて（　②　）や詳述をしたりすること。
ウ　文章に描かれた人物、（　③　）、心情などを表現に即して読み味わうこと。
エ　文章の構成や展開を確かめ、内容や表現の仕方について評価したり、（　④　）の意図をとらえたりすること。
オ　幅広く本や文章を読み、（　⑤　）を得て用いたり、ものの見方、感じ方、考え方を豊かにしたりすること。

（☆☆☆◎◎◎）

【二】次の文は、現行高等学校学習指導要領「国語」の「第3款　各科目にわたる内容の取扱い」の一部である。（　①　）～（　④　）にあてはまる語句を答えなさい。

（　①　）を計画的に利用することを通して、（　②　）を喚起し読書力を高めるとともに情報を活用する能力を養うようにすること。また、（　③　）や映像による教材、（　④　）や情報通信ネットワークなども適宜活用し、学習の効果を高めるようにすること。

（☆☆☆◎◎◎）

【三】現行高等学校学習指導要領「国語」の「第5　古典」について、次の(1)・(2)に答えなさい。

(1)　次の文は、「2　内容」の一部である。（　①　）〜（　④　）にあてはまる語句を答えなさい。

ア　古文や漢文に用いられている語句の意味、用法及び（　①　）を理解すること。

イ　文章や作品の内容を（　②　）や展開に即して的確にとらえること。

ウ　文章や作品に表れた人間、社会、（　③　）などに対する（　④　）や感情を読み取り、ものの見方、感じ方、考え方を豊かにすること。

(2)　次の文は、「3　内容の取扱い」の一部である。（　①　）・（　②　）にあてはまる語句を答えなさい。

(3)　（　①　）の指導は読むことの学習に即して行い、必要に応じてある程度まとまった学習もできるようにする。

(4)　指導に当たっては、例えば次のような言語活動を通して行うようにする。

ア　古文や漢文の調子などを味わいながら、音読、朗読、（　②　）をすること。

（☆☆☆◎◎◎）

解答・解説

【中高共通】

【一】(1) ① 先(尖)鋭的　② 不干渉　③ 有為転変　(2) ① 助動詞　② 形容詞　(3) イ　(4) 自らの尺度を人間の事柄に押しつけようという欲求を有している点。　(5) 政治と哲学が、ともに偶然に抗して秩序を洞察したいという欲求を有している点。　(6) 時と場所を越えて永続的に妥当する絶対的真理を求めて人々に示す哲学は、一人ひとりの個人にとって世界がどう見えるかを示す意見を考慮することを重要視する政治とは折り合わないから。

〈解説〉(1) 同音異義語や類似の字形に注意すること。　(2) ①の「ない」は、動詞に付く打ち消しの助動詞。②の「ない」は、動詞以外の語につく形容詞(準形容詞とする説もある)。　(3) 空欄前後の語句や文脈に整合するように適切な語の組合せを選ぶこと。bとcは、それぞれ対義語の関係にある。　(4) Xの前の文の「よけいなお世話」の内容をアレントの言葉をのべている段落からさがすこと。プラトンの「洞窟の外に出て真理を知った人々(哲学者)」は、「洞窟の中の鎖につながれて影だけを見ている仲間(民衆)を救わねばならない。」と関連する第三形式段落のアレントの言葉を十八字にまとめる。　(5) 第十二形式段落に、政治と哲学の双子の両者に共通するものとして、偶然に抗し、生成的世界の中に真に必然的に存在するものの本質的秩序を認識(洞察)しようという欲求を持っていることについてのべてある。　(6) アレントは、「哲学」とは時と場所を越え(超時間的・超空間的)「真理」を探求するものであり、流動的に変化することを本質とする「意見」を中心とした「政治」とは、対極の関係にあることをのべている。いっぽうで第八形式段落では、政治において重要なのは多様な意見を考慮することであり、真理と政治の間には緊張関係があるとしている。人の意見を寄せつけない「絶対的真理」は、政治にはふさわしくないことを強調していることに注意したい。

【二】(1) 単語数：4　助動詞の意味：自発　(2) ① ウ　② ア　③ イ　(3) 参るべき
(4) 鳥羽天皇のおいでになる方を見ると、堀河天皇のご在世の時と別に変わったことのない感じがして
(5) あどけない声でおうたいになる鳥羽天皇の姿を見て、お仕えすることが頼りなく思われ、心細くなった。
(6) 以前：堀河天皇に「帰りなさい」と言われたが、「もう少しそばにいたい」と答えるようす。　今回：筆者の近くに走り寄り「だれだ、これは」と言って、人々の答えに納得しているようす。　(7) エ→ア→イ→ウ

〈解説〉(1) 「かきぞくらさるる」は、「かき」は接頭語。「ぞ」は係助詞。「くらさ」は、「暗らす」(サ四)の未然形。「るる」は、自発の助動詞「る」の連体形。　(2) ① 「おほせらるる」は、「言ふ」の尊敬語「降れ、降れ、こ雪」と、「いはけなき御けはひにて」から、主語は、幼少の鳥羽天皇。　② 「すべりいでて参らする」は、「そっと進み出てお食事をさし上げる」意。主語は、作者(讃岐典侍)自身である。　③ 「思ひまゐらせたまへりし」は、「お思い申し上げになる(ご様子)」の意。堀河天皇が「いましばし、さぶらはばや」という鳥羽天皇を「いみじうをかしげに」(大変かわいらしいと)思う場面である。主語は、堀河天皇。　(3) A「院より」の言葉は、「おほせられたる」の前の「参るべきよし」の「参るべき」まで。「よし」は、「由」(事情)。
(4) B「おまへを見れば」の「おまへ」は、「天皇のおいでになる方」のこと。「べちにたがひたることなきここちして」は、「(堀河天皇のご在世のころと)別に変わったことのない感じがして」の意。　(5) C「たのもしげなきぞ、あはれなる」は、「頼りになりそうにもないのが、悲しく思われる。」と解釈する。この心境は、Cの前の文「思ふに、あさましう、これを主とうちたのみまゐらせてさぶらはんずるかと」をふまえている。鳥羽天皇を主君としてお頼み申し上げて、おそばにお仕えすることへの筆者のたよりなく心細い思い。

(6) D「ことのほかに、見まゐらせしほどよりは」とは、「ことのほかに、以前拝見した折よりは」の意。「見まゐらせしほど」は、「をととしのことぞかし」以降の文にある鳥羽天皇か、父親(堀河天皇)を弘徽殿に訪ね、参内した折のことをいう。その時の堀河天皇と鳥羽天皇の言葉のやりとりにおける鳥羽天皇の様子と今回、筆者が感じた印象「おとなしくならせたまひける、と見ゆ。」(大人らしくおなりになった、と思われる。)をまとめる。　(7)　ア「蜻蛉日記」(九五四年ごろ)　イ「更級日記」(一〇六〇年ごろ)　ウ「讃岐典侍日記(一一〇八年ごろ)　エ「土佐日記」(九三五年)

【三】(1)　①　ゆえん　②　また　③　ああ　(2)　たれかよくまどひなからん。(3)　迷いを持ったとき師について学ばなければ、その迷いは最後まで解決しないであろう。　(4)　(ア)　無ク㆑長ト無ク㆑少ト、　(イ)　年齢の多い少ないに関係なく、　(5)　本来真理の存在するところが師の存在するところなのだが、今の人々は、相手の身分や年齢によって、師と仰ぎ学ぼうとしないから。

〈解説〉(1)　①「所―以」は、「ゆえん」と読む。「いわれ。理由」の意。　②「亦」は、「また」と読む。「さらに。その上。」の意。　③「嗟乎」は、「ああ」と読む。「嘆く声」である。　(2)　A「孰カ能ク無カラン㆑惑ヒ」(たれかよくまどひなからん)　(3)　B「惑而不従師、其爲惑也、終不解」(まどひてしにしたがはずんば、そのまどひたるや、つひにとけじ。)の口語訳。　(4)　(ア)「無ク㆑長ト無ク㆑少ト」(ちやうとなくせうとなく)の口語訳。「長」は、年齢が多いこと。」(年長)「少」は、「若」と同じで、「年齢が少ないこと。」(年少)。　(5)　D「欲人之無疑惑也難矣」(人の疑惑無からんと欲するや難し)とは、「人々の迷いをなくそうとしても、実にむつかしことだ。」と訳す。「道」(真理)を聞き知るについて、「先後生」(先に生まれたとか、あとに生まれたとかいうこと)を問題にせず、聞き知る人を師と仰ぎ学ぼうという態度が大切なのに、今の人々は、「先後生」や身分を重視し、「道」(真理)を聞こうとしないことへの韓愈の概嘆である。

【中学校】

【一】 (1) ① 社会生活　② 比べながら　③ 相手の立場　(2) ① 語句　② 言葉　③ 論理　④ 表現　(3) ① 日常生活　② 段落　③ 鑑賞　(4) ① 歴史的背景　② 古典の一節　(5) ① 15～25　② 10～20　③ 音声言語

〈解説〉 (1) 新学習指導要領中学国語の教科目標は、従前と同じで改訂されていない。目標は、二つの部分から構成されている。前段は、国語の能力の根幹となる、国語による表現力と理解力の育成。後段は、思考力や想像力の養成と言語感覚を豊かにすることが示され、新たな発想や思考を創造する力の育成が示されている。これを受けて、各学年の領域目標や内容等が示されている。設問の目標は、第二学年の「A話すこと・聞くこと」に関するものである。 (2) 現行の中学校学習指導要領では、第二学年と第三学年は統合された指導内容で示されている。 (3) 新中学校学習指導要領では、各学年における「B書くこと」の指導事項を五つ示している。アは、「課題設定や取材に関する指導事項」イは、「構成」。また、(2)は、(1)の指導事項のあとに例示されている「書くこと」の言語活動である。 (4) 「伝統的な言語文化と国語の特質に関する事項」は、新しく設けられたもので、わが国の伝統的な言語文化に親しみ、継承、発展させる態度を育てることや国語の果たす役割や特質に関する知識等を身に付けさせることをねらいとしている。アは、各学年を通じ、言葉の働きや特徴、言葉遣いに関する事項であり、イは、第三学年では、語句・語彙に関する事項である。 (5) 設問は、「A話すこと・聞くこと」の指導に配当する授業時数と音声言語の教材について示したものである。従前は、授業時数に対する割合が示され、「各学年とも十分の一～十分の二程度とすること」とのべてある。

【高等学校】

【一】①　表現　②　要約　③　情景　④　書き手　⑤　情報

〈解説〉(1)　新高等学校学習指導要領は、「国語総合」を従前の選択必修科目から共通必修科目にしている。これは、平成二十年一月の中央教育審議会答申において、「学習の基盤であり、広い意味での言語を活用する能力とも言うべき力を高める国語については～共通必修科目を置く必要がある。」という提言による。ア～オは、「国語総合」の「C読むこと」の指導事項である。

【二】①　学校図書館　②　読書意欲　③　音声言語　④　コンピュータ

〈解説〉設問は、現行の高等学校学習指導要領「国語」の「内容の取扱いに当たっての配慮事項」の(2)の内容であり、国語科における学校図書館の計画的な利用と教材・教具の適切な活用を示している。読書への意欲の喚起や、「伝え合う力」のベースである音声言語による教材。コンピュータ等の情報機器の活用が求められている。

【三】(1)　①　文の構造　②　構成　③　自然　④　思想　(2)　①　文語文法　②　暗唱

〈解説〉(1)「古典」は、古典を読む能力を養うとともに、古典に親しむ態度を育てることをねらいとする選択科目である。指導事項は、ア～オの五項目があり、アは、語句の意味、用法及び文の構造の理解。イは、内容の把握。ウは、人間、社会、自然に対する思想・感情を読みとり、ものの見方、感じ方を豊かにすることに関する指導事項である。　(2)「古典」の内容の取扱いは、指導上の配慮事項を五項目示している。(1)は、古文及び漢文の取扱い。(2)は、効果的に言語活動を取り入れること。(3)は、文語文法の指導。(4)は、言語活動例。(5)は、教材に関する配慮事項である。

二〇一〇年度　実施問題

【中高共通】

【一】次の文章を読んで、(1)〜(6)の問いに答えなさい。（[1]〜[7]は段落番号を示している。）

[1]　誰《だれ》かから、あるいは社会から「生きる意味」を押しつけられるのではなく、私たちひとりひとりが「生きる意味」の創造者となる社会への転換がいまこそ必要だ。しかし、そうした転換に大きな危惧《きぐ》を持つ人もいることだろう。ひとりひとりが自分自身の「生きる意味」のもとに行動していたら、この社会はバラバラになってしまうのではないか。そもそもひとりひとりがやりたいように生きていれば、それは利己的な個人の集まりとなってしまい、A社会の統合が取れなくなってしまう。

[2]　押しつけられた「生きる意味」ではなく、自分自身の人生を取り戻すこと。それは抑圧された自分自身から〈我がまま〉に生きることへの転換である。しかし、それは自己中心的で周りを意に介さない〈ワガママ〉となる可能性を秘めている。この〈我がまま―ワガママ〉問題はこれからの時代の大きな問題になるだろう。

[3]　まず何が〈ワガママ〉と感じられるかは、社会によってかなり違うということを認識しておきたい。例えばアメリカに行くと、多くのアメリカ人のあまりの自己主張の激しさに閉口する人が多い。「私がこうしたい！」ということを言い張るのが当たり前で、言わなければ何も考えていないと見なされ、日本のように「口に出して言わなくても、何を考えているかを感じてくれる」社会が①ナツかしくなる。このように私たちから見ればかなりの〈ワガママ〉を言っても、〈ワガママ〉とは見なされない社会もある。しかしそう

した社会でも、明らかに〈ワガママ〉ならば、強い調子で否定され拒否されるわけで、やはりそこには〈我がまま〉と〈ワガママ〉の差は存在しているわけだ。

［4］　そうした文化の差、社会の差を②コウリョに入れつつ考えたいが、この〈ワガママ〉を嫌う日本社会でもこのところ〈ワガママ〉としか思えない振る舞いが増えてきているのも事実だ。電車の中での大声での携帯電話の使用はこのごろ若者よりも大人のほうを多く目にするようになった。商品へのクレームもあるところまでは消費者の当然の権利だし、製造者の改善のためにもなるが、偏執的なクレーマーとなると話は別だ。幼稚園や小学校の運動会は、自分の子ども「だけ」をビデオに収めたい親の場所取り合戦になり、お互いに「お前が邪魔なんだよ」と怒号が飛ぶ。そしてインターネットの掲示板などで炸裂《さくれつ》する③ボウジャクブジンで攻撃的な発言など。どうしたらこんなに自己中心的に振る舞えるのかとBいぶかってしまうような場面に遭遇することが少なくない。

［5］　そうした状況でいつも感じるのは、「人の目」を気にしてきた日本人がいったん「人の目」を気にしなくなったとき、そこには自分自身の行動を律する何ものも存在していないのだろうかということだ。例えば、町中の道の上で座り込んでいる若者たちに聞くと、「通行人は単なる風景で、人だとは思っていないから」という答えが返ってくる。「人の目」は気にするが、いったん「人」でないと思ってしまえば何でもできる。そうした〈ワガママ〉な行動は、「人の目」に縛られてきた社会の反動ではないかと思えるのだ。

［6］　数年前、私の教えている東工大で留学生向けの講義を受け持ったとき、「日本の大学のどこに一番違和感を感じたか？」と聞いたことがある。その答えにびっくりした。ひとりが「学生が授業中寝ていることです」と答えたところ、皆が「そうだ、そうだ」と大きくうなずいたのである。「どうして大学生が教室で寝ているんですか？　それでも大学生ですか！」と言うのだ。

[7] それを日本人大学生にぶつけてみると誰もが「だって、誰にも迷惑かけていないんだから、寝ようが勝手じゃないですか」と言う。「寝ていて、授業についていけなくて後で困るのは自分なんですから、別に他人に何か言われる筋合いじゃないでしょう」。しかし、海外からの留学生にとってショックなのは、「大学生にもなって教室で寝ているあなたには、大学生としてのプライドがないのか？」ということなのだ。寝ていたら先生から怒られ、成績が下がるならば寝ない。友達から非難され、最低人間だと思われるのなら寝ない。しかしそうした「人の目」がなくなれば、寝てしまう。しかし、「人の目」がなくなっても、「自分の目」から見て教室で寝ることは大学生として恥ずかしいことだと思わないかと留学生たちは問うているのだ。

(上田　紀行『生きる意味』より。一部省略等がある。)

(1) 傍線部①～③のカタカナを漢字に直して書きなさい。

(2) 傍線部Ａ「社会の統合が取れなくなってしまう」を単語に区切ると、いくつに区切ることができるか。数字で答えなさい。

(3) 傍線部Ｂの動詞「いぶかっ」について、活用の種類と意味を書きなさい。

(4) 次の一段落は本文中[1]～[7]段落のいずれかの段落の前に入る。どの段落の前に入るめが最も適切か、段落番号で答えなさい。

〈我がまま〉と〈ワガママ〉の違いとは何だろう。また、〈我がまま〉への目覚めがどのようなときに単なる〈ワガママ〉になってしまうのだろうか。

(5)　波線部「『人の目』に縛られてきた社会」とあるが、筆者はこれと相反する社会はどのような社会だと述べているか、最も適切な箇所を、文章中から書き抜きなさい。

(6)　二重傍線部「〈我がまま〉と〈ワガママ〉の差」とあるが、筆者の言う〈我がまま〉と〈ワガママ〉の違いを、「人の目」と「自分の目」とを必ず使い、簡潔に説明しなさい。

(☆☆☆◎◎◎)

【二】次の文章を読んで、(1)～(6)の問いに答えなさい。

> 中納言の娘である姫君(女君)は、継母にあたる正妻北の方から、床の落ち窪《くぼ》んだ部屋に住まわせられひどい扱いを受けていた。しかし、召使いの阿漕《あこぎ》とその夫(帯刀《たちわき》)のつてで、左近少将にひそかに救い出され、今はその妻となり裕福な生活を送っている。ある時、姫君の現況を知らない中納言家の四の君と左近少将とのあいだに縁談が持ち込まれた。左近少将は妻の復讐《ふくしゅう》のため、兵部少輔《しょう》という評判の痴《し》れ者を自分の身代わりとすることで、中納言家に恥をかかせようと企てた。次の場面は、兵部少輔が結婚のため四の君のもとを訪れた日の翌朝から始まる場面である。

少将、(A)少輔のがり文やりたまふ。

「いかにぞ。文やり①たまひつや。まだしくは、かう書きてやりたまへ。いとをかしきことぞ」

とて、書きてやりたまふ。

「世の人のけふの(注1)けさには恋すとか聞きしにたがふ心地こそすれ

(注2)たままくくずの」

と書きてやりたまへれば、少輔、「文やらむ」とて、歌を(注3)によひをるほどに、かくて賜へれば、よきことと思ひて、急ぎ書きてやりつ。少将の返事には、

「昨夜は事成りにき。笑はず成りにしかば、うれしくなむ。くはしくは対面に。文はまだしくはべりつるほどに、喜びながら、これをなむつかはしつる」

と言へば、少将いとほしく、「女に恥を見するぞ」など思へども、「(B)とくいかでこれが報いせむ」と思ひしほどに、とげて後に、引きかへてかへり見むと②思すこと深くてなりけり。女君は、なほ思ひわびたるけしきいとほしうて、聞かせたまはず。心ひとつにをかしげれば、帯刀になむ語りて笑ひたまひければ、帯刀、「いとうれしうせさせたまひたり」と喜ぶ。

かの(注4)殿には、御文待つほど、持て来たれば、いつしか取り入れ、奉る。見たまふに、かかれば、いみじう恥《はづ》かしうて、えうちも置きたまはず、(c)すくみたるやうにて居たまへり。北の方、「御手はいかがある」とて見たまふに、死ぬる心地すること、かの落窪といふ名聞かれて、思ひしよりもまさる心地すべし。北の方うち見て、あやしう、さきざきの婿どりの文見る中に、かかれば、「いかならむ」と胸つぶれぬ。(注5)おとど、おし放ち、引き寄せて見たまへど、え見たまはで、「色好みの、いと薄く書きたまひけるかな。これ読みたまへ」とのたまへば、ふと取りて、(注6)蔵人の少将のつとめての文のおぼえけるをうち読みて、「『(注7)堪へ③ぬは人の』となむ書きたまへり」と言へば、おとどうち笑ひて、「すき者なれば、いひ知りためり。はや御返事、をかしくし④たまへ」とて立ちたまふを聞くに、四の君かたはらいたくわびしくおぼえて寄り伏し⑤ぬ。

（『落窪物語』より。一部省略等がある。）

(注1)「けさ」＝(後朝の文を贈る)今朝は。　(注2)「たままくくずの」＝「秋萩《はぎ》の玉まくくずのうるさ

うるさ我をなこひそあひも思はず」（古今六帖《じょう》）を引用とする。（注3）「によひ」＝うめく。苦痛に声を出す。（注4）「殿」＝ここでは屋敷。（注5）「おとど」＝中納言。（注6）「蔵人の少将」＝三の君の夫。（注7）『堪へぬは人の』＝「けふそへにくれざらめやはと思へどもたへぬは人のこころなりけり」（『後撰集《ごせんしゅう》』）を引歌とする。

人物関係図

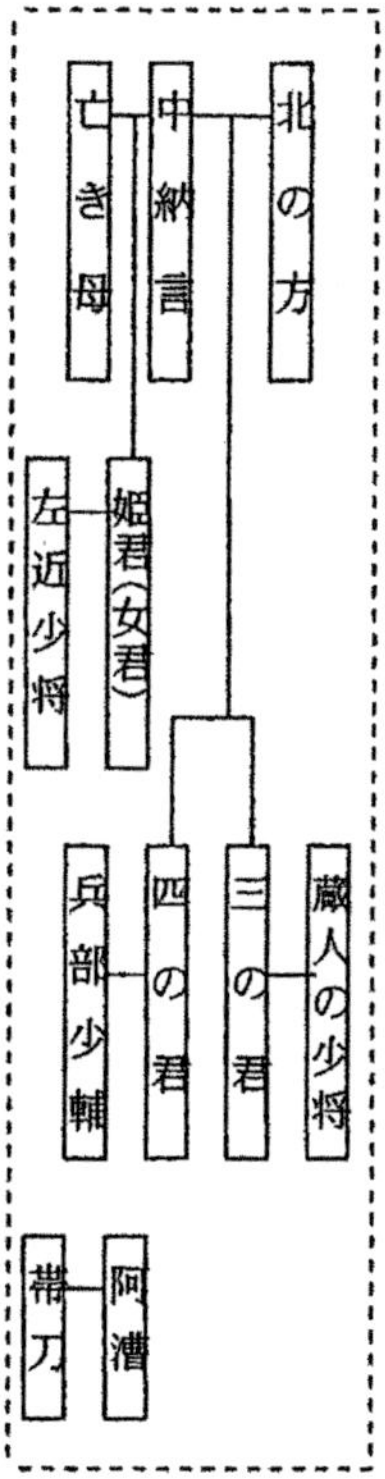

(1)　傍線部③・⑤の「ぬ」について、それぞれ、品詞名、活用形、文法的意味を答えなさい。

(2)　傍線部①・②・④の敬語は、「誰から誰に対する敬意」（敬意の方向）を表現したものか、あてはまる人物を次の語群から選び、その記号を記しなさい。

ア　中納言　イ　左近少将　ウ　女君　エ　四の君　オ　北の方　カ　作者　キ　将輔

(3)　傍線部(A)・(B)を簡潔に口語訳しなさい。ただし、(B)については指示語の内容を明らかにすること。

(4)　傍線部(C)について、誰が、どのような事情からそうしたのか、和歌の内容をふまえ、その人物の心情とあわせて五十字以上六十字以内で説明しなさい。

(5)　次の説明のなかから、本文の内容と一致するものとして最も適切なものをひとつ選び、その記号を記しなさい。

ア　左近少将から贈られた和歌ではあったが、歌を作るのに呻吟《しんぎん》していた少輔は、その歌があまりによいものだったので、相手に送ってしまった。

イ　少輔は、左近少将への返事には「相手に笑われもせず、この結婚はうまくいったと思う。対面できた喜びを、和歌が完成でき次第申し上げる。」と書いた。

ウ　左近少将は、この策略が女君を苦しめるようにならないか、気がかりには思っているが、女君のことは、引き替えにあとで慰めればよいと考え、今はその成功を帯刀と喜んでいる。

エ　四の君に送られてきた手紙を見た北の方は、夫の中納言に対してはその内容をふせて、別の手紙の一節などを口にしてその場をやり過ごした。

(6)　次の作品を成立の古い順に並べ、その記号を記しなさい。

ア　源氏物語　　イ　とりかへばや物語　　ウ　落窪物語　　エ　大和物語

(☆☆☆◎◎◎)

【三】次の文章を読んで、(1)～(5)の問いに答えなさい。(設問の都合上、返り点や送り仮名を省略した箇所や一部表記を改めた箇所がある。)

温人之クレ周ニ。周不レ納レレ客ヲ。問ウテレ之ニ曰ク、客耶ト。對ヘテ曰ク、主人ナリト。問フモ二

其ノ巷《かう》人《じん》ニ一而不ルレ知ラ也、吏因ツテ囚フレ之ヲ。君使一人問ロ之曰、子ハ非ザル二

周人ニ一也、而ルニ自ラ謂フハレ非ズトレ客ニ何ゾ也ト。對ヘテ曰ク、臣少カリシトキ也誦セリレ詩ヲ、曰ク、普

天之下、莫クレ非ザルハ二王土ニ一、率《そつ》土《ど》之濱《ひん》、莫シトレ非ザルハ二王臣ニ一、今君天子ナラバ、

則チ我ハ天子之臣ナラム也、D豈ニ③有爲人之臣、而又爲之客哉、

故ニ曰ヘリト二主人ナリト一也。君使ムレ出ダサレ之ヲ。

（『韓非子』より。）

（注）「温」＝国名。　「周」＝国名。　「主人」＝その国の人。
「普天之下…莫非王臣」＝『詩経』小雅の北山篇からの引用。
「濱」＝果て。

(1) 波線部①～③の漢字の読みを現代仮名遣いで書きなさい。

(2) 傍線部Aは「周の君主が臣下をつかわして男に質問させて言うことには、」という意味である。これを参考にして、送り仮名を適切に補い、書き下し文にしなさい。

(3) 傍線部B・Cをそれぞれ口語訳しなさい。

(4) 傍線部Dの書き下し文が「豈に人の臣と爲りて、而して又之が客と爲る有らむや、」となるように、次の漢文に返り点をつけなさい。

豈有爲人之臣、而又爲之客哉、

(5) 温人が二重傍線部のように答えた理由を、本文に即して、五十字以上六十字以内で答えなさい。

（☆☆☆◎◎◎）

【中学校】

【二】現行及び新中学校学習指導要領「国語」について、次の(1)～(4)の問いに答えなさい。

(1) 次の文は、現行中学校学習指導要領、第二学年及び第三学年の「1 目標」の一部である。（ ① ）～（ ③ ）にあてはまる語句を書きなさい。

> (3) 目的や意図に応じて文章を読み、広い範囲から（ ① ）を集め、効果的に（ ② ）を身に付けさせるとともに、（ ③ ）を生活に役立て自己を向上させようとする態度を育てる。

(2) 次の文は、新中学校学習指導要領、第三学年の「1 目標」の一部である。（ ① ）～（ ③ ）にあてはまる語句を書きなさい。

> (2) 目的や意図に応じ、（ ① ）にかかわることなどについて、（ ② ）の展開を工夫して書く能力を身に付けさせるとともに、文章を書いて考えを（ ③ ）とする態度を育てる。

(3) 次の文は、新中学校学習指導要領、第一学年の「2 内容〔伝統的な言語文化と国語の特質に関する事項〕」の書写に関する事項である。（ ① ）～（ ③ ）にあてはまる語句を書きなさい。

> ア 字形を整え、（ ① ）、（ ② ）などについて理解して、楷《かい》書で書くこと。
> イ 漢字の行書の（ ③ ）を理解して書くこと。

(4) 現行中学校学習指導要領、「第３　指導計画の作成と内容の取扱い」について、次の①・②に答えなさい。

① 次の文は、「A話すこと・聞くこと」に関する指導についての留意事項の一部である。（　a　）～（　d　）にあてはまる語句を書きなさい。

ア　目的や（　a　）に沿って効果的に話したり、（　b　）を考えながら聞いたりする能力を高めるようにすること。その際、広く（　c　）を求めるよう、意図的、（　d　）に指導する機会を設けること。

② 次の文は、「C読むこと」に関する指導についての留意事項の一部である。（　a　）～（　c　）にあてはまる語句を書きなさい。

イ　古典の指導については、古典としての古文や漢文を理解する基礎を養い（　a　）を育てるとともに、（　b　）や伝統について関心を深めるようにすること。その教材としては、古典に関心をもたせるように書いた文章、易しい文語文や格言・（　c　）、親しみやすい古典の文章などを生徒の発達段階に即して適宜用いるようにすること。

（☆☆☆◎◎◎）

【高等学校】

【一】次の文章は、現行高等学校学習指導要領「国語」の各科目の目標である。空欄(ア)～(ク)にあてはまる適切な語句を記入しなさい。

【国語表現Ⅰ】　国語(　ア　)適切に表現する能力を育成し、(　イ　)力を高めるとともに、思考力を伸ばし(　ウ　)を磨き、進んで表現することによって(　エ　)を充実させる態度を育てる。

【国語総合】　国語を適切に表現し(　オ　)に理解する能力を育成し、(　イ　)力を高めるとともに、思考力を伸ばし心情を豊かにし、(　ウ　)を磨き、言語文化に対する関心を深め、国語を尊重してその(　カ　)を図る態度を育てる。

【現代文】(　キ　)以降の様々な文章を読む能力を高めるとともに、ものの見方、感じ方、考え方を深め、進んで表現し(　ク　)することによって人生を豊かにする態度を育てる。

(☆☆☆◎◎◎)

【二】次の文章は、現行高等学校学習指導要領「国語」「第3　国語総合」の「3　内容の取扱い」に関する文章である。空欄(a)～(f)にあてはまる適切な語句を記入しなさい。

(2)　内容のA「話すこと・聞くこと」に関する指導については、次の事項に配慮するものとする。

ウ　指導に当たっては、例えば次のような言語活動を通して行うようにすること。

(ア)　話題を選んで、(　a　)や説明などを行うこと。

(イ)　情報を収集し活用して、(　b　)や発表などを行うこと。

(ウ)　課題について調べたり考えたりしたことを基にして、話合いや(　c　)などを行うこと。

(3)　内容のB「書くこと」に関する指導については、次の事項に配慮するものとする。

イ　指導に当たっては、例えば次のような言語活動を通して行うようにすること。
(イ)　相手や(　d　)に応じて適切な語句を用い、手紙や(　e　)などを書くこと。
(4)　内容のC「読むこと」に関する指導については、次の事項に配慮するものとする。
イ　文章を読み深めるため、音読や(　f　)などを取り入れること。

(☆☆☆◎◎◎)

【三】次の文は、現行高等学校学習指導要領「国語」「第6　古典購読」の「3　内容の取扱い」に「(4) 指導に当たっては、例えば次のような言語活動を通して行うようにする。」として挙げられているものである。空欄(a)・(b)にあてはまる適切な語句を記入しなさい。
ア　古文や漢文の(　a　)ながら、音読、朗読をすること。
ウ　古典を読んで、関連する文章や作品を(　b　)すること。

(☆☆☆◎◎◎)

解答・解説

【中高共通】

【一】(1) ① 懐 ② 考慮 ③ 傍若無人 (2) 九 (3) 活用の種類：五段活用 意味：不思議に思う（疑わしく思う）。 (4) 3 (5) 私たちひとりひとりが「生きる意味」の創造者となる社会 (6) 〈ワガママ〉は「人の目」がなくなると自己中心的に振る舞うことであり、〈我がまま〉は「人の目」がなくなっても「自分の目」から見て恥ずかしいことはしないことである。

〈解説〉(4) 〈我がまま〉と〈ワガママ〉について述べられているところを探す。2段落目の最後の文に「〈我がまま—ワガママ〉」とある。設問は、「どの段落の前に入るのが最も適切か」と聞いているので、3段落が答えとなる。 (5) 第1段落に「誰かから、あるいは社会から『生きる意味』を押しつけられるのではなく、私たちひとりひとりが『生きる意味』の創造者となる社会への転換がいまこそ必要だ」と述べられている。「人の目」という部分を「誰か」や「社会」に当てはめて考えると、「私たち」からの部分が答えとなる。「どのような社会」と問われているので、文末は「社会」となる。 (6) 〈ワガママ〉ではなく、〈我がまま〉であるべきと筆者は考えている。では、この違いは何なのか。〈ワガママ〉は自己中心的なものになってしまう可能性があるのである。それは、「人の目」がなくなってしまうことで起こってしまう可能性がある。一方で、〈我がまま〉は、たとえ「人の目」がなくても「自分の目」によって、自己を自制することである。文章では「恥ずかしい」という表現でまとめている。

【二】 (1) ③ 品詞名：助動詞　活用形：連体形　文法的意味：打ち消し　⑤ 品詞名：助動詞　活用形：終止形　文法的意味：完了　(2) ① イからキ　② カからイ　④ アからエ　(3) A (少将は)、少輔のところへ手紙をお遣りになった。　B なんとか早く妻の復讐をしよう。　(4) 中納言家の四の君は、あなたを恋しく思わないというひどい内容の後朝の文を受け取ったために、強い衝撃を受けたから。　(5) エ　(6) エ→ウ→ア→イ

〈解説〉(1) ③の「ぬ」は、動詞「堪ふ」の未然形「堪へ」に接続している。⑤の「ぬ」は、動詞「伏す」の連用形に接続している。前者は、打ち消しの助動詞「ず」の連体形。後者は、完了の助動詞「ぬ」の終止形。
(2) ① 手紙をお遣りになった少将が主語。少将の少輔への敬意。② 敬語「思す」は、地の文であるから、作者から少将への敬意。④ 会話文だから会話の主体は、中納言。中納言から四の君への敬意。
(3) A「少輔のがり」の「がり」は、「～の許へ」の意。「文やりたまふ」は、「手紙をお遣りになる」。B「とく」は、「早く」。「いかで」は、「何とかして」の意味の副詞で、願望を表す。「報いせむ」の「む」は意志を表す助動詞。(4) C「すくみたるやうにて居たまへり」は、「いみじう恥かしうて」を受けている。少輔の後朝の文の内容に、胸つぶれたのである。手紙の文「世の人の～」は、「世間の人は結婚の翌朝は、妻を恋しく思うと聞きましたが、私はいっこうにそんな気がせず少しも恋しくありません」という意。
(5) エが正解。「北の方うち見て、あやしう、～」以下を参照。(6) エ『大和物語』(九五六)　ウ『落窪物語』(九八八)　ア『源氏物語』(一〇〇〇年頃)　イ『とりかへばや物語』(十一世紀末)

【三】(1) ① しか ② わか ③ あ (2) 君人をして之に問はしめて曰く、 (3) B 自分では旅客ではない、と言うそうだが、どうしたわけだ、と。 C 王の土地でないものはなく、 (4) 豈有下為二人之臣一、而又為中之客上哉、 (5) 天下はすべて王の土地、王の臣下であり、今周の君主が天子であるならば、私は天子たる周の君主の臣下であり、旅客ではないから。

〈解説〉(1) ①「而」は、「しか」と読む。「そうであるのに」の意。②「少」は、「わか」と読む。「わかし」の語幹である。③「豈」は、「あ」と読む。「あに」は、疑問の副詞。単独、あるいは他の助字(乎・哉)と呼応して反語の意を表す。 (2)「君使メテ二人ヲシテ問ハレ之ニ曰ク一」は、「使ム二AヲシテBセレCニ」の応用。 (3) B「自謂非客何也」(自ら客に非ずと謂ふは何ぞや)の口語訳。 C「莫非王土」(王土に非ざるはなく)は、二重否定。強い肯定。
(4)「豈ニ有ラム下為リテ二人之臣一ト、而シテ又為ル中之ガ客ト上哉、」(訓点) 一・二点を間にして、上・中・下点をつける。
(5)「普天之下、莫非王土、率土之濱、莫非王臣、今君天子、則我天子之臣也、」が、主人(周人)の理由の内容。

【中学校】

【一】(1) ① 情報 ② 活用する能力 ③ 読書 (2) ① 社会生活 ② 論理 ③ 深めよう
(3) ① 文字の大きさ ② 配列 ③ 基礎的な書き方 (4) ① a 方向 b 相手の意図
c 話題 d 計画的 ② a 古典に親しむ態度 b 我が国の文化 c 故事成語

〈解説〉(1)(2) 共に「目標」についての問題である。「目標」は頻出であるから、しっかりと読み込む、覚えておくべきである。 (3)「伝統的な言語文化と国語の特質に関する事項」も「目標」同様に頻出であるから、しっかりと読み、理解しておくべきである。 (4) 覚える際には、前後の文脈を理解しながら読んでいくと、理解しやすいであろう。また、この問題のように、空欄になっているものを何度も読んだ方が印象にも残るはずである。

【高等学校】

【一】ア　で　イ　伝え合う　ウ　言語感覚　エ　社会生活　オ　的確　カ　向上　キ　近代　ク　読書

〈解説〉「目標」は頻出事項であるので、しっかり読み、理解しておくべきである。空欄になっているところは、目標の文章の中でも、特に問われるところである。

【二】a　スピーチ　b　報告　c　討論　d　目的　e　通知　f　朗読

〈解説〉覚えておくことが理想であるが、前後の文脈から判断できるまでは最低限、繰り返し読んでおくべきである。「話すこと・聞くこと」、「書くこと」、「読むこと」という分け方もヒントになるであろう。

【三】a　調子などを味わい　b　調べたり読み比べたり

〈解説〉「言語活動」もよく問われるところである。何度も読んでおくべきである。アは「音読・朗読」をする際に大切なことは何かを考える。ウは古典を読んだ後に何をすべきかを考えてみるとよい。

二〇〇九年度 実施問題

【中学校】

【一】次の文章を読んで、(1)～(6)の問いに答えなさい。

言語記号の特徴として、「恣意性」とならんで「慣習性(規約性)」ということがあげアられるのが普通である。その語の用い方は学者によって異なるようであるが、一般には、ことばと表示対象が本来的な有縁関係をもたず、人為的につくり出されたものであり、その言語社会の人たちの約束にもとづくものであるという意味においてである。しかし、それはすでに社会のなかにできあがり、おとなたちが用いている公的な言語体系を問題にする限り、それで十分であろうが、ことばを獲得してゆく「ひとりの」子どもに①ショウテンをあててみるとき、Aそこには言語学者や記号学者の知りえぬ苦闘を子どもは重ねているのである。

子どもは有縁的記号にみちた世界のなかで、特定のごく少数の人との共有関係をより所にしながら、自由にしてかつ広い社会的妥当性をもったことばシンボルを獲得してゆかねばならぬのである。私がこれまで、おとなのことばに適用されている慣習性や社会的規約性という語を避けて、あえて「協約性」という語を用いてきたのも、子どもが、自分と直接交わるごく少数の人と協力してつくりあげてゆく比較的私的な記号化過程を重視してみたかったからである。おとなにあっては、恣意性と慣習性は矛盾なく表裏一体化しているものであっても、獲得過程にある子どもにとっては、両者は大きい葛藤をはらむはずである。物的な現実界の②ソクバクを脱して、そこに自分の見たてる関係にもとづく、新たな意味世界を生み出していく自由な精神と、自分ひとりのみに通用する記号は社会的効果をもちえず、相手との相互了解の上に立たねばならぬという制約とが、シンボルのなかにはらまれているのである。ましてや、言語の体系が子どもが生まれる以前に社会に存在しており、そうした社会的規約にもとづく既成の記号使用への習熟を慣習化とよぶなら、子どもはきわめて矛盾したことを同時におこなっていかねばならぬこととなる。

シンボルということばは「共に《シン》投げこむ《ボール》」という語源から出ていて、ギリシャでは割符のことを意味したとのことである。一つのものを二つに割って一方を自分、他方を相手が分かち持ち、それを合わせて照合することによって仲間の証《あかし》をイ□□□ものであったという。このことはシンボルということの本質をまことにシンボリックにあらわしている。

ことばによる行動が、自己の自由な表現精神の創造であると同時に、その③バイタイを既成の社会的規約にもとづく記号体系から借りてこなければならぬという制約、もともとことばはそうした矛盾を宿しているのだといってしまえばそれまでだが、自由と制約を同時に学んでゆかなければならぬ子どもの身になれば、これはきわめてむずかしい課題である。

子どもに初語らしいのがあらわれはじめるのは、一般に一〇か月から誕生すぎ頃のあいだが多いようだが、そのときから、組織的な言語獲得が急激にあらわれてくる時期(満二歳前後)までには、かなりの時日を費やしている。それは象徴機能の確立に要する時間だとされているが、同時にこの期間は、いま述べてきたような矛盾をはらむ課題の解決に子どもが苦闘している時期なのであろう。その間の内的な過程は推測によるしかないが、子どもの発達史における一つの謎の時代といえる。さまざまの機能の移行と統合がおこっている時期としか現在の研究水準では言いようがないところである。

ただし、つぎのようなことは考えられる。Bもし子どもが、すでにできあがっておとなが用いている言語体系を、連合過程によってそのままうつし取っていくだけなら、慣習性とか協約性の学習はわりあい簡単なのかもしれない。しかしシンボルの形成過程では、外からは既成の慣習性をもって与えられている関係でも、子ども自身が自分の解釈にもとづいて受けとめ、自己の用法を通してたしかめ直そうとしてゆくところに大きい意味があるといえる。表面的には慣習語をうまく使っているような場合でも、その語のなりたちや内容を調べてみると、子どもがいかに根強く自分の見かたにしたがって、ことばを受けとめているかがよくわかる。子どもは既存の慣習性をも、自分の自発的な意味づけによって受けとめ、さらに自分のその受けとめ方をコミュニケーションの場における対人関係をとおして確かめ修正していくのがみられる。

この自分にひきつけての検討過程を欠くなら、ことばの習得はたんなる機械的学習におわり、それを積極的に使用することによって新しい世界を切りひらき、また、自己を構築していくことはできないであろう。

（岡本夏木『子どもとことば』より。一部表記を改めたところ、省略等がある。）

(1) 傍線部①〜③のカタカナを漢字に直して書きなさい。
(2) 傍線部「恣意性」とあるが、「恣意」の読みがなと、その意味を簡潔に書きなさい。
(3) 傍線部ア「られる」の文法的な意味と、その活用形を書きなさい。
(4) 傍線部イ「□□□」にあてはまる適切な言葉を三字で書きなさい。
(5) 傍線部Ａ「そこには〜重ねているのである。」とあるが、それはなぜか。その理由を「ことばを獲得してゆく子どもにとっては」に続けて、三十五字以内で書きなさい。（ただし、句読点及び記号は一字とする。）
(6) 傍線部Ｂ「もし子どもが〜簡単なのかもしれない。」とあるが、筆者は実際にはどう考えているか。筆者がそう考える根拠をあげて答えなさい。

（☆☆☆◎◎◎）

【二】次の文章を読んで、(1)〜(7)の問いに答えなさい。

心にあまる事を人にいひきかせても、其人あはれとおもはざれば何のかひなし。あはれときかるればこそ、心はなぐさむわざ[なり]。されば歌は人のききてあはれと思ふ所が緊要なり。此故に神代の歌とても、思ふ心のありのままにはよまず。必ず詞を文《あや》なして、声おかしくあはれにうたへる物なり。妻といはむとてはまづ若草のといひ、夜といはむとては［　　　］とうち出づるたぐひなどみな、詞を文にして詞をほどよくととのへむためならずや。後には、

敷嶋のやまとにはあらぬ唐衣ころも①経ずしてあふよしもがな
みかの原わきて流るるいづみ川いつ見きとてかこひしかるらむ
よそにのみ②見てややみなむ葛城《かつらぎ》やたかまの山のみねのしら雪

A これらおもふ心をばただ二句にいひて、のこり三句はみな詞の文なり。さればいらぬ物のやうにおもふ人有るべけれど、無用の詞の文によりて、二句のあはれがこよなく深くなるなり。万葉集に此たぐひことに多し。B すべてただの詞と歌とのかはりはこれなり。ただの詞は其意をつぶつぶといひつづけて、ことわりはこまかに聞こゆれども、猶いふにいはれぬ情のあはれは、歌ならではのべがたし。其いふにいはれぬあはれの深きところの歌にのべあらはさるるは何ゆゑぞといふに、詞に文を③なす故なり。其文によりてかぎりなきあはれもあらはるるなり。

さて其歌といふ物は、ただの詞のやうに事の意をくはしくつまびらかにいひのぶる物にはあらず。又其詞に深き義理のこもりたる物にもあらず。ただ心にあはれとおもふ事を、ふといひ出でてうち聞きたるまでのわざなれども、其中にそこひもなくかぎりもなきあはれのふくむ事は、詞に文ある故なり。

（本居宣長『石上私淑言《いそのかみささめごと》』より。一部表記を改めたところがある。）

(1) 本文中の［なり］を適切な形に改めるとともに、その根拠となる文法的なきまりを答えなさい。

(2) 傍線部①～③の動詞の活用の種類をそれぞれａ～ｉから選び、記号で答えなさい。

ａ 四段活用　ｂ 上一段活用　ｃ 上二段活用　ｄ 下一段活用　ｅ 下二段活用

ｆ カ行変格活用　ｇ サ行変格活用　ｈ ナ行変格活用　ｉ ラ行変格活用

(3) 本文中の空欄［　　］に適切な語句を、平仮名五字で書きなさい。

(4) 傍線部「あふよしもがな」を口語訳しなさい。

(5) 傍線部Ａ「これらおもふ心をば～みな詞の文なり。」について、(ア)・(イ)の問いに答えなさい。

(ア) ここでいう「詞の文」とは、和歌の修辞法における何のことか、漢字で答えなさい。

(イ) このことを「みかの原…」の歌に当てはめた場合、「のこり三句」は、「二句」に対してどのような働きと効果をもたらしているか、歌の意味を踏まえて、具体的に説明しなさい。

(6) 傍線部Ｂ「すべてただの詞と歌とのかはりはこれなり」とあるが、本文に即して、「ただの詞」と「歌」の違いを現代語で簡潔にまとめなさい。

(7) 本居宣長に関して述べた次の文章の空欄（　ａ　）・（　ｂ　）に、適切な言葉をそれぞれア～カから選び、記号で答えなさい。

本居宣長がこの作品に記した「もののあはれ」論は、彼の『（　ａ　）』研究にも貫かれており、彼の代表的な『古事記』研究とともに、後世に大きな影響を与えた。近代批評の確立者といわれる（　ｂ　）は、本居宣長の研究をライフワークとしていた。

ア 源氏物語　イ 枕草子　ウ 平家物語　エ 夏目漱石　オ 正岡子規　カ 小林秀雄

（☆☆☆◎◎◎）

【三】次の文章を読んで、(1)～(6)の問いに答えなさい。

晉書ニイフ、周《しう》嵩《すう》字①ハ仲智、兄《あに》顗《き》字ハ伯仁、汝南安成ノ人ナリ。中興ノ時、顗等並ビニ列ス二貴位ニ一。嘗②テ冬至ニ置酒ス。其ノ母擧ゲ觴《さかづき》ヲ賜ヒテ一三子ニ一曰ク、吾《われ》本《もと》渡ルニレ江ヲ、託スルニレ足ヲ無シレ所。不リキレ謂《おも》ハ爾《なんぢ》等並ビニ貴クシテ、列《つら》ナラントハ二吾《わ》ガ目前ニ一。A吾復何ヲカ憂ヘント。嵩起《た》チテ曰ク、恐ラクハ不ランレ如③クナラ二尊旨ノ一。伯仁ハ志大ニシテ而才短ク、名重クシテ而識《しき》闇《くら》ク、B好ンデ乘ズ二人之弊ニ一。非ザル二自全之道ニ一ナリ。嵩ハ性抗直ニシテ、亦不レ容レラレ二於世ニ一。唯阿奴ハ碌《ろく》碌《ろく》タリ、C當ニ在ル二阿母ノ目下ニ一耳ト。阿奴ハ嵩ノ弟謨《ぼ》ノ小《せう》字《じ》也。後顗・嵩並ビニD爲ル二王《わう》敦《とん》ノ所ト一レ害スル。E謨ハ歷《ふ》二侍中・護軍ヲ一。

（『蒙求《もうぎゅう》』より。一部表記を改めたところがある。）

（注）中興＝一旦衰えた国家が再び盛んになること。
抗直＝気性が強くて、まっ正直なこと。
碌碌＝凡庸な様子。人につき従う様子。
王敦＝東晋の初め権勢盛んであったが、のち乱を起こして殺された。
侍中・護軍＝門下省長官・護軍将軍。

(1) 波線部①～③の漢字の読みを現代仮名遣いで書きなさい。

(2) 傍線部Aを口語訳しなさい。
(3) 傍線部Bとはどういうことか、簡潔に答えなさい。
(4) 傍線部Cを書き下し文にしなさい。
(5) 傍線部Dと同じ意味になるように、次の漢文に適切な送り仮名を補いなさい。

爲㆓王敦㆒所㆑害。

(6) 傍線部D・Eにあるように、顗・嵩と謨のその後が対照的なものとなったのはなぜか、本文に即して、簡潔に答えなさい。

(☆☆☆◎◎◎)

【中学校】

【一】中学校学習指導要領「国語」について、次の(1)～(4)の問いに答えなさい。

(1) 次の文は、「第1　目標」である。(　①　)～(　③　)にあてはまる語句を書きなさい。

国語を適切に表現し正確に理解する能力を育成し、(　①　)を高めるとともに、(　②　)や(　③　)を養い言語感覚を豊かにし、国語に対する認識を深め国語を尊重する態度を育てる。

(2) 次の文は、第二学年及び第三学年の「2　内容」における「A　話すこと・聞くこと」の一部である。(　①　)～(　⑤　)にあてはまる語句を書きなさい。

イ　話の中心の部分と付加的な部分、事実と(　①　)との関係に注意し、話の論理的な(　②　)や展開を考えて、話したり聞き取ったりすること。

エ　相手の立場や考えを尊重し、話合いが(　③　)に沿って効果的に展開するように話したり聞き分けたりして、自分の考えを深めること。

(3)　次の文は、「2　内容〔言語事項〕」に示された言語生活に関する事項の一部である。（　①　）～（　③　）にあてはまる語句を書きなさい。

第一学年

カ　話し言葉と（　①　）との違いについて理解し、適切に使うこと。

第二学年及び第三学年

キ　共通語と（　②　）の果たす役割などについて理解するとともに、（　③　）についての理解を深め生活の中で適切に使えるようにすること。

(4)　「第3　指導計画の作成と内容の取扱い」について、次の①・②に答えなさい。

①　次の文は、「B　書くこと」に関する指導についての留意事項の一部である。（　a　）～（　d　）にあてはまる語句を書きなさい。

ア　（　a　）や目的に応じて効果的な文章を書くことのできる能力を高めるようにすること。その際、様々な形態の文章を書かせるとともに、論理的に書く能力を育てるようにすること。

イ　指導に当たっては、例えば次のような言語活動を通して行うこと。

(ア)　説明や（　b　）などの文章を書くこと。

(イ)　手紙や（　c　）などの文章を書くこと。

(ウ)　（　d　）や意見発表などのために簡潔で分かりやすい文章や資料などを作成すること。

②　次の文は、「C　読むこと」に関する指導についての留意事項の一部である。（　a　）と（　b　）にあてはまる語句を書きなさい。

ア　目的や（　a　）に応じて的確に読み取る能力や（　b　）に親しむ態度を育てるようにすること。その際、広く言語文化についての関心を深めるようにしたり、日常生活における読書活動が活発に行われるようにしたりすること。

(☆☆☆◎◎◎)

【高等学校】

【二】高等学校学習指導要領「国語」について、次の(1)~(4)の問いに答えなさい。

(1) 次の文は「第一款 目標」である。文中の(①)~(⑤)にあてはまる言葉を書きなさい。

国語を(①)的確に理解する能力を育成し、(②)を高めるとともに、(③)を伸ばし心情を豊かにし、(④)を磨き、(⑤)に対する関心を深め、国語を尊重してその向上を図る態度を育てる。

(2) 国語科の内容である「三領域一事項」をすべて答えなさい。

(3) 「国語総合」の「2 内容」において、三領域の指導を通して指導することとされている次の事項について、(①)~(⑤)にあてはまる言葉を書きなさい。

ア (①)に応じた話し方や言葉遣いなどを身につけること。

イ 文や文章の組み立て、語句の意味、用法および表記の仕方などを理解し、(②)すること。

ウ (③)の読みに慣れ、主な(③)が書けるようになること。

エ 文語のきまり、(④)などを理解すること。

オ 国語の成り立ちや特質、(⑤)などを理解すること。

(4) 高等学校国語の六科目すべての「3 内容の取扱い」において、具体的な例を挙げて示されている、指導に当たって留意すべき事項を簡潔に答えなさい。

(☆☆☆◎◎◎)

解答・解説

【中高共通】

【一】(1)　①　焦点　②　束縛　③　媒体　(2)　読みがな　しい　意味　気ままな心。自分勝手な考え。(3)　意味　可能　活用形　連体形　(4)　立てる　(5)　自由と制約とを同時に学ぶことは、大きい葛藤をはらむものであるから。　(6)　子どもは慣習性や協約性を、自分の自発的な意味づけによって受けとめ、さらに自分の受けとめ方をコミュニケーションの場における対人関係を通して確かめ修正してゆくことで学習するから、実際は簡単ではないと考えている。

〈解説〉(1)　漢字の表意性をふまえ、同音異義語・類似の字形に注意すること。　(2)　「恣意」(しい)の「恣」は、「ほしいままにする。思うままにする」。「恣意」は、「意をほしいままにすること。」(気ままな心)　(3)　助動詞「られる」には、受身・尊敬・自発・可能の意味がある。ここは、「あげることができる」意の可能を表す。ア「られる」は、準体言「の」を修飾している連体形。　(4)　慣用句「証(あかし)を立てる」。仲間としての存在を証明すること。立証。　(5)　現実で、新しい意味世界を生みだしていく子どもたちの自由な精神とそれを表現するために、自分のことばでなく、子どもが生まれる以前から存在する既成の社会的記号(言語記号)を習得しなければならない矛盾との葛藤。　(6)　筆者は、Bのあとに、「しかし」と逆接の接続詞を用いてBの仮説を否定している。筆者は結論で、「子どもは既存の慣習性をも、自分の自発的な意味づけによって受けとめ、さらに自分のその受けとめ方をコミュニケーションの場における対人関係をとおして確かめ修正していくのがみられる。」とのべている。

【二】(1) なれ　係り結びの法則　(2) ① e　② b　③ a　(3) ぬばたまの　(4) 会う方法があればなあ　(5) (ア) 修辞法　序詞　(イ) 働き　下二句の「いつみ」という言葉を導く。効果　相手を恋しく思う気持ちに、あふれる川の流れのイメージを重ねて、より深い心情を表す。　(6)「ただの詞」は、言葉の意味をつなげて、物事の意味や道理を詳細に述べるものだが、「歌」は、詞を飾ることによって、言うに言われぬしみじみとした深い感情が込められているものである。　(7) a　ア　b　カ

〈解説〉(1)「あはれときかるればこそ」の「こそ」は係助詞で、結辞の活用語の已然形と呼応して、「係結び」をつくる。「係結びの法則」。「なり」は、断定の助動詞。已然形は「なれ」。　(2) ①「経」は、ハ行下二段活用の未然形。　②「見」は、マ行上一段活用の連用形。　③「なす」は、ナ行四段活用の連体形。　(3)「妻(つま)といはむとてはまづ若草のといひ」の「若草の」は、「つま・にひ・わか」の枕詞。「夜」の枕詞は、「ぬばたまの」。　(4)「あふよし」の「よし」は、「方法・手段」の意。「もがな」は、終助詞で、願望の意を表す。「〜があればなあ」と訳す。　(5) (ア)「詞の文」(序詞)は、枕詞と機能は同じで、枕詞が五音を主としているのに対し、五音以上が普通である点が異なる。一定の語の上にかかって修飾または句調を整える修辞用語である。　(イ)「働き」は、初句から「いづみ川」までが、「いつ見き」の序詞。序詞の意は、「みかの原に、湧きだしては流れる泉川の、その名のように」。「いつ見きとてかこひしかるらむ」は、「いつあの人をみそめたというのだろうか。(見もしないのにどうして)こんなに恋しいのだろうか。」の意。「あふれ出る泉川の流れ」と「燃え盛る恋慕の情」を重ね合わせている。新古今和歌集にある藤原兼輔の作。　(6)「ただの詞」は、「つぶつぶといひつづけて」(こまごまと述べて)、「ことわりはこまかに」(論理はくわしい)を特徴とするが、「歌」は、「いふにいはれぬ情のあはれ」(言葉では言いつくせないしみじみとした感慨)を表現する。それは、「詞に文(文章の飾り・修辞)をなす故なり」と筆者はのべている。「歌は、ありのままの気持ちをありのま

まに表現するのでなく、実情を飾って優雅に詠まなければならない。」というのが、宣長の歌論である。

(7) 本居宣長の「もののあはれ」論は、(寛政八年・一七九六)の『源氏物語玉の小櫛』。同人誌『文学界』に属した小林秀雄(一九〇二〜一九八三)の作品に『本居宣長』(一九六五〜一九七六)がある。

【三】(1) ① あざな　② かつ　③ ごと　(2) 私はもう何を心配しようか、何も心配しない(と)。

(3) 人の弱み(欠点・過失等)につけこみ攻撃するのが好きだということ。　(4) 當に阿母の目下に在るべきのみと。

(5) 爲ニ二王敦ノ一所ルレ害セ。

(6) 顗・嵩は、何かと人とぶつかることが多かったが、謨は、凡庸で人当たりが良く、人と敵対することがなかったから。

〈解説〉(1) ①「字」(あざな)は、中国で元服の時に、実名のほかにつける名。呼び方のこと。②「嘗」は、「かつ(て)」と読む。「あるとき。以前。」の意。③「如」は、「ごと(し)」と読む。「〜のようだ。」の意。

(2) A「吾復何憂」(吾また何をか憂へんと)の口語訳。反語形。(3) B「好乘人之弊」の「人之弊」は、「人の欠点や過失」。「乘」は、「攻撃する」意。「好乘」は、「好んで攻撃する」意。(4) C「當」(まさニ〜すベシ)や「耳」(のみ)に注意し、訓点に従って書き下すこと。(5) D「爲王敦所害」は、受身形「爲〜所」(…ところトなル)が用いられている。「爲王敦所害」の「所」は、受身の助動詞「る」と訓読し、受身形をつくる。「爲」は、前者は「なル」。後者は「ためニ」と訓読する。(6) 文中の「嵩起曰、」以下の「顗」・「嵩」の性格と「阿奴(謨)」の性格の違いか、後に、前者は王敦に殺され、後者は、侍中・護軍を歴任し後世に名を残すことになった。

【中学校】

【一】(1) ① 伝え合う力 ② 思考力 ③ 想像力 (2) ① 意見 ② 構成 ③ 目的
(3) ① 書き言葉 ② 方言 ③ 敬語 (4) ① a 相手 b 記録 c 感想 d 報告
② a 意図 b 読書

〈解説〉平成十年七月の教育課程審議会の答申をふまえ中学校国語の改訂が行われた。(1)の「目標の改善」では、「目標は、国語による表現力と理解力とを育成するという国語科教育の基本的な理念を継承しつつ、自分の考えを持ち、論理的に意見を述べる能力や、目的や場面などに応じて適切に表現する能力」を重視して、従前の「国語を正確に理解し適切に表現する能力」という文言を「国語を適切に表現し正確に理解する能力」という文言に改めた。また、社会生活に必要な言語能力としての、互いの立場や考えを尊重しつつ言葉により伝え合う力の育成を重視し、新たに「伝え合う力を高めることを目標に位置づけている。」とのべてある。(2) 国語科の領域は、(1)の答申の「自分の考えを持ち、論理的に意見を述べる能力、目的や場面などに応じて適切に表現する能力、目的に応じて的確に読み取る能力や読書に親しむ態度を育てることを重視する」ことをふまえ、従来の「A表現」「B理解」及び〔言語事項〕から、「A話すこと・聞くこと」「B書くこと」「C読むこと」及び〔言語事項〕に改訂された。学年も、第二学年と第三学年が統合され、指導事項の確実な定着を図っている。(3) 設問の言語事項は、小学校との関連を図りつつ、各領域の学習に役立てるための基礎的な事項として従来の位置づけを継承している。今回の改訂では、特に、生徒が日常の言語活動を振り返り、言葉のきまりに気づき、言語生活の向上に役立てることを重視している。(4) ①イの「言語活動例」は、指導内容と言語活動との密接な関連を図り、生徒の主体的な学習活動を促しながら学習の効果を上げるため、それぞれの領域にふさわしい言語活動例が示してある。②は、(2)の領域改訂との関連(「C読むこと」の領域)。

【高等学校】

【二】 (1) ① 適切に表現し　② 伝え合う力　③ 思考力　④ 言語感覚　⑤ 言語文化
(2) 話すこと・聞くこと　書くこと　読むこと　言語事項　(3) ① 目的や場　② 語彙を豊かに
③ 常用漢字　④ 訓読のきまり　⑤ 言語の役割　(4) 言語活動を通して指導すること

〈解説〉平成十一年三月二十九日の高等学校学習指導要領の全面的な改訂により、国語科の改善の基本方針も示された。この方針の具体的な事項を受けて、次のような点を重視して改訂が行われた。

ア．自ら学び自ら考える力など「生きる力」を育成するという改善のねらいに基づいて、目標や内容を設定すること。

イ．小学校、中学校及び高等学校を一貫したものととらえ、生徒の特性等に応じた指導ができるよう、内容を精選し重点化すること。

ウ．言語の教育としての立場を重視し、国語に関する関心を高め国語を尊重する態度を育てるとともに、豊かな言語感覚を養い、互いの立場や考えを尊重して言葉で伝え合う能力を育成するという改善の基本方針に基づいて、高等学校国語の目標、各科目の目標、内容の取扱い等を定めること。その際、内容の領域構成を改めるとともに、各科目及び領域ごとに言語活動例を示すこと。

(1) ウの内容をふまえて、②に「伝え合う力」が、新しく加えられている。(2) イ・ウとの関連で、「A表現」「B理解」の領域が、「A話すこと・聞くこと」「B書くこと」「C読むこと」の三領域に改訂された。「言語事項」は従来と同じ。(3) 「国語総合」は、総合的な言語能力の育成を目ざした必履修科目であり、小・中・高の国語教育を一貫したものととらえ、三領域一言語事項で構成されている。(4) 「言語活動例」は、ウに示されている。これは、領域ごと科目ごとの指導内容を効果的に定着させるためのものであり、学習意欲を高め、主体的な学習活動を通して指導内容を確実に身につけさせることをねらいとしている。

二〇〇八年度 実施問題

【中高共通】

【一】次の文章を読んで、(1)～(6)の問いに答えなさい。

「クマよ」は、星野氏が極北の大自然の中でとらえた感動的なクマの写真とその写真に添えられた詩のような短い文章とで構成されている。雑誌と言うより、小冊子の写真集だ。写真絵本と言ってもよい。そのクマの写真の一点一点をじっくりとながめ、詩を読む呼吸で文章を味わいつつ読み進むと、そこに展開されるのは、もはや風景の単なる描写などではなく、深い哲学的な①シサクの世界なのだ。

一つは、空からの超ロングショットでとらえた見開き二頁全面に広がる写真に添えられた言葉だ。ところどころに地肌のむき出た荒々しい広大な雪氷原のど真ん中に、ケシ粒のように小さく母グマと子グマ三頭が一列になって川に向かっている姿が写っている。そして、添えられた言葉は――。

〈気がついたんだ　おれたちに　同じ時間が　流れていることに〉

たとえ何の説明がなくても、その超ロングショットの写真は見る者を圧倒するだけの物語性とど迫力とを持っている。この言葉は説明のためのキャプションではない。星野氏が様々なシーンに②ソウグウし、魂をゆさぶられるうちに、肉体の深部から湧き出てきたにちがいない言葉だ。写真と言葉はそれぞれに独立している。だが、それらが同一の見開きの頁の中に配置されることによって、それぞれの持つ意味が二乗倍されて鮮烈に浮き上がってくる。

もう一つは、草むらに伏して首をもたげた母グマとその背に乗った赤ちゃんグマを至近距離からアップでとらえた写真に添えられた言葉だ。母グマも赤ちゃんグマも満たされたような穏やかな表情をしている。

〈……おれも　このまま　草原をかけ　おまえの　からだに　ふれてみたい
けれども　おれと　おまえは　はなれている　はるかな　星のように　遠く　はなれている〉

ここでも、写真と言葉との関係は、前記の場合と同じだ。そして、これら二つの言葉には、星野氏があの苛酷な極北の世界に自らを投じ、カメラのレンズを通して何万というシーンを凝視してきたなかから、全身で感じ取り内面で深化させていたに違いない自分とクマとの関係性についての思い、〔ひいては〕人間と自然界との関係性についての認識、が凝縮されている。私はそう感じたのだ。

あれほどクマたちに接近し、あれほど愛情をこめてシャッターを切ってきた星野氏が、自分とクマの間にははるかな星のような距離を感じるとはどういうことだろうか。おそらくカメラマンという、いつもレンズを通して対象を見ることを習性化している者の宿命、したがって自分は対象の中に入り得ない者の哀しみの感情が、その言葉に投影されているかもしれない。しかし、それだけではなかろう。星野氏は大自然の中に身を投じた者だからこそ、人間と他者としての自然界との厳粛な関係について骨身にしみて感じ取っていたのだと思う。その謙虚さが根底にあるがゆえに、読者である私も素直な気持になって星野ワールドに魅惑され、星野氏のカメラアイがとらえたシーンに心をゆさぶられるのだ。もし星野氏が、「おれとクマは一心同体の家族」などといったら、私などは星野氏を向こう側の世界へ行ってしまった特殊な人間として見てしまい、星野ワールドに共感をもって入りこむことはできなくなってしまうだろう。

（　　）、はるかな星のように遠くはなれた存在であっても、クマ(あるいはクマに象徴される大自然)は、人類が太古よりまさに天の星から③ナグサめや癒しや怖れや生きる力を得てきたように、決して無縁なものどころか、なくてはならないいつも視野に入れておくべき大事な存在なのだ。そのいわば共棲関係を、星野氏は、

〈おれたちに　同じ時間が　流れている〉と語るのだと思う。

（柳田邦男『言葉の力、生きる力』より。一部省略等がある。）

(1) 傍線部①～③のカタカナを漢字に直して書きなさい。
(2) 〔ひいては〕の品詞名と、その意味を簡潔に書きなさい。
(3) （　）に当てはまる適切な接続詞を書きなさい。
(4) 傍線部「写真と言葉との関係は、前記の場合と同じだ」とあるが、写真と言葉との関係を筆者はどう述べているか、文中より十一字で抜き出して書きなさい。
(5) 傍線部「謙虚さ」とはどのような謙虚さのことか。本文中の言葉を用いて書きなさい。
(6) 傍線部「共棲関係」とあるが、星野氏の写真集から、筆者が受けとめた「共棲関係」とはどのような関係のことか。二枚の写真とそれらに添えられた言葉の意味をそれぞれ踏まえて説明しなさい。

（☆☆◎◎◎）

【二】次の文章を読んで、(1)～(5)の問いに答えなさい。

亭子《ていじ》の帝、鳥飼院《とりかひのゐん》におはしましにけり。例のごと、御遊びあり。「このわたりのうかれめども、あまたまゐりてさぶらふなかに、声おもしろく、よしあるものは侍りや」と問はせたまふに、うかれめばらの申すやう、「大江の玉淵がむすめと申す者、めづらしうまゐりて侍り」と申しければ、見せたまふに、さまかたちも清げなりければ、あはれがりたまうて、うへに召しあげたまふ。「そもそもまことか」など問はせたまふに、鳥飼といふ題を、みなみな人々によませたまひにけり。おほせたまふやう、「玉淵はアいとらうありて、歌などよくよみき。この鳥飼といふ題をよくつかうまつりたら①むにしたがひて、まことの子とはおもほさ②む」とおほせたまひけり。うけたまはりて、すなはち、

あさみどりかひある春にあひぬればかすみならねどたちのぼりけり

とよむ時に、帝、ののしりあはれがりたまひて、御しほたれたまふ。人々もよく酔ひたるほどにて、酔ひ泣きいとになくす。帝、御袿ひとかさね、はかまたまふ。「ありとある[上達部]、みこたち、四位五位、これに物ぬぎてとらせざらむ者は、座より立ちね」とのたまひければ、かたはしより、イ上下みなかづけたれば、かづきあまりて、ふた間ばかり積みてぞおきたりける。かくて、かへりたまふとて、南院の七郎君といふ人ありけり、それなむ、このうかれめのすむあたりに、家つくりてすむと聞こしめして、それになむ、のたまひあづけたる。「かれが申さ③むこと、院に奏せよ。院よりたまはせむ物も、かの七郎君につかはさむ。すべてかれにウわびしきめな見せそ」とおほせたまうければ、つねになむとぶらひかへりみける。

（『大和物語』より。一部、原文にはない送りがなを補っている。）

(1)　[上達部]の読みを答えなさい。

(2)　傍線部①〜③の助動詞「む」の文法的意味として最も適切なものをそれぞれア〜カから選び、記号で答えなさい。

ア　推量　　イ　意志　　ウ　適当　　エ　勧誘　　オ　仮定　　カ　婉曲

(3)　傍線部ア〜ウを口語訳しなさい。

(4)　傍線部で、帝は女が歌を詠んだあとその見事さにいたく感心している。それはどのような点についてか、本文の内容を踏まえて三点簡潔に説明しなさい。

(5)　『大和物語』は、物語の中でも特に何と呼ばれるジャンルに属するか、漢字で答えなさい。また、『大和物語』の後に成立した同じジャンルの作品をア〜オから一つ選び、記号で答えなさい。

ア　伊勢物語　　イ　落窪物語　　ウ　栄花物語　　エ　保元物語　　オ　平中物語

（☆☆☆◎◎◎）

【三】次の文章を読んで、(1)～(6)の問いに答えなさい。(設問の都合上、訓点を省略した部分がある。)

孟子、見齊宣王曰、①為巨室、則必使工師求大木。工師得大木、則王喜、以為能②勝其任也。匠人斲《けづりテ》而小之、則王怒、以為不勝其任矣。夫人幼而學之、壯而欲行之。王曰、姑《しばらク》舍《おイテ》女《なんぢノ》所學而從我。則［　　］。今有璞《はく》玉《ぎょく》於此、③雖萬《ばん》鎰《いつト》必使玉人彫琢之。至於治國家、則曰、姑《しばらク》舍《おイテ》女《なんぢノ》所學而從我。則何以異於教玉人彫琢玉哉。

(『孟子』より。)

(注) 璞玉＝地中から掘り出したままで、まだ磨いたり加工したりしていない玉。
萬鎰＝一鎰は、二十両。萬鎰は、相当高価なものという意味。

(1) 波線部①～③の漢字の読みを現代仮名遣いで書きなさい。

(2) 文中の□には「いかん」と読み、「どうだろうか」という意味の熟語が入る。漢字二字で答えなさい。
(3) 傍線部Aを書き下し文にしなさい。
(4) この文章には二つのたとえ話がある。初めのたとえに相当する後のたとえの語句を本文中から抜き出して答えなさい。
(5) 傍線部Bを口語訳しなさい。
(6) 孟子が、たとえ話を通して宣王に言いたかったことは何か、四十字以内で答えなさい。

(☆☆☆◎◎◎)

【中学校】

【一】中学校学習指導要領「国語」について、次の(1)～(4)の問いに答えなさい。

(1) 次の文は、第二学年及び第三学年の「1　目標」の一部である。（　①　）～（　③　）にあてはまる語句を書きなさい。

(1) 自分のものの見方や考え方を深め、（　①　）や（　②　）に応じて的確に話したり聞いたりする能力を身に付けさせるとともに、（　③　）を豊かにしようとする態度を育てる。

(2) 次の文は、第二学年及び第三学年の「2　内容」における「B　書くこと」の一部である。（　①　）～（　③　）にあてはまる語句を書きなさい。

ウ　文章の形態に応じて適切な（　①　）を工夫すること。
エ　自分の意見が相手に効果的に伝わるように、（　②　）を明らかにし、（　③　）の展開を工夫して書くこと。

(3) 第二学年及び第三学年の「2　内容〔言語事項〕」に示された書写に関する事項について、目的や必要に応じて調和よく書くために配慮する観点を三つ書きなさい。

(4)「第3　指導計画の作成と内容の取扱い」について、次の①・②に答えなさい。

①「〔言語事項〕の(3)」に示されている事項の取扱いについて、次の（　a　）～（　d　）にあてはまる語句を書きなさい。

イ（　a　）を使用する書写の指導は（　b　）で行い、硬筆による書写の能力の基礎を養うようにすること。

ウ　書写の指導に配当する授業時数の国語科の授業時数に対する割合は、第一学年は（　c　）、第二学年及び第三学年は各学年（　d　）とすること。

②次の文は、教材を取り上げる際の留意事項の一部である。（　a　）～（　c　）にあてはまる語句を書きなさい。

キ　我が国の（　a　）と（　b　）に対する関心や理解を深め、それらを尊重する態度を育てるのに役立つこと。

ク　広い視野から国際理解を深め、日本人としての自覚をもち、（　c　）の精神を養うのに役立つこと。

(☆☆☆◎◎◎◎)

【高等学校】

【一】高等学校学習指導要領「国語」について、次の(1)～(5)の問いに答えなさい。

(1)　平成十年の「教育課程審議会答申」の中で、国語科の「改善の基本方針」はどのように示されていたか、（　①　）～（　④　）に当てはまる言葉を書きなさい。

小学校、中学校及び高等学校を通じて、（　①　）としての立場を重視し、国語に対する関心を高め国語を尊重する態度を育てるとともに、豊かな言語感覚を養い、互いの立場や考えを尊重して言葉で（　②　）を育成することに重点を置いて内容の改善を図る。特に、文学的な文章の詳細な読解に偏りがちであった指導の在り方を改め、自分の考えを持ち、（　③　）能力、目的や場面などに応じて適切に表現する能力、目的に応じて的確に読み取る能力や（　④　）態度を育てることを重視する。

(2) 高等学校「国語」の科目のうち、「国語総合」と「国語表現Ⅰ」はどのように履修させるか、簡潔に答えなさい。

(3) 次の各文は、各科目の「内容の取扱い」について述べたものである。誤っているものを一つ選び、記号で答えなさい。

ア「国語表現Ⅰ」では、古典の表現法、語句、語彙なども関連的に扱うようにする。

イ「国語表現Ⅱ」では、生徒の実態等に応じて、話すこと・聞くこと又は書くことのいずれかに重点を置いて指導することができる。

ウ「国語総合」では、話すこと・聞くことを主とする指導に十五単位時間程度、書くことを主とする指導に三十単位時間程度を配当するものとする。

エ「現代文」では、翻訳の文章や近代以降の文語文も含めることができる。

オ「古典」では、話すこと・聞くこと及び書くことの言語活動を効果的に取り入れるようにする。

カ「古典講読」では、古文と漢文との割合は、一方に偏ってはならない。

(4)「第3款　各科目にわたる内容の取扱い(2)」には、意欲や効果を高めるための配慮事項が示されている。それを具体的に二点答えなさい。

(5)「国語総合」の「内容の取扱い」において、A「話すこと・聞くこと」、B「書くこと」の指導に当たっては、それぞれどのような言語活動を通して行うこととされているか。（ ① ）～（ ⑥ ）に当てはまる言葉を書きなさい。

A 「話すこと・聞くこと」

ア 話題を選んで、（ ① ）や説明などを行うこと。

イ 情報を収集し活用して、（ ② ）や発表などを行うこと。

ウ 課題について調べたり考えたりしたことを基にして、話合いや（ ③ ）などを行うこと。

B 「書くこと」

ア 題材を選んで考えをまとめ、書く（ ④ ）を工夫して説明や意見などを書くこと。

イ 相手や目的に応じて適切な語句を用い、（ ⑤ ）や通知などを書くこと。

ウ 本を読んでその（ ⑥ ）を書いたり、課題について収集した情報を整理して記録や報告などを書いたりすること。

解答・解説

【中高共通】

【一】(1) ① 思索　② 遭遇　③ 慰　(2) 品詞名　副詞　意味　それから引き続いて(それをおしすめて)　(3) しかし　(4) それぞれに独立している　(5) 星野氏がいつもレンズを通して見ている対象の中に自分は入り得ないと宿命を感じており、人間と自然界との厳粛な関係を知っているという謙虚さのこと。　(6) 二枚目のクマの親子の写真のようにどんなに至近距離にいても星のように遠く離れていると感じる大自然だが、一方で、一枚めの写真のようにケシ粒のように小さく見える親子のクマも同じ時間の流れの中でいつも視野に入れて大事にする、なくてはならないものだという関係のことである。

〈解説〉(1) ②「遇」の字を間違えないよう注意したい。　(2) そのものがきっかけとなって、それと同類の他のものに及ぶことを表す。　(3) 前段落との関係から「逆接」の表現がふさわしい。　(4)「前記」とは、「一つ」目の写真についてのことである。　(5)「その謙虚さ」と指示語が使われており、傍線部の前に書かれている内容をまとめればよいのがわかる。　(6)「そのいわば共棲関係を」と、ここも指示語があるので、「どのような関係か」はその前に書かれている内容から判断できる。

【二】(1) かんだちめ　(2) ① オ　② イ　③ カ　(3) ア　とても熟練していて、歌などを上手に詠んだ。　イ　位の上の人も下の人もみな衣服を与えたので　ウ　つらい目をみせないでくれ

(4) ・帝の要求通り、「あさみどりかひある」という上二句の中に、「とりかひ」という題を巧みに詠み込んでいる点。　・「かすみならねどたちのぼりけり」という下二句で、帝のお召しにより御殿にのぼることを突然

許された自らの境遇を巧みに詠み込んでいる点。　・突然の求めにも関わらず、帝のお言葉を聞いてすぐに見事な歌を詠んで見せた点。　(5)　ジャンル　歌物語　作品　オ

〈解説〉(1)　三位以上の者と四位の参議をいう。　(2)　①　下に「に」と助詞があるので仮定と取るが、ここは婉曲でも取れる。　②　省略されている主語が一人称であるので、意志。直後に「と」があると意志であることが多い。　③　下に「こと」と名詞があるので、婉曲。　(3)　現代語訳の問題は、特に重要単語・文法に注目し、それらに忠実に訳すことが大切である。アは、「いと」「らうあり」「よし」「き」。イは、「かづく」「已然形＋ば」。ウは、「わびし」「な〜そ」がポイントになる。　(4)　「物の名(隠し題)」の歌である。返歌は、「当意即妙」であることが求められる。　(5)　『伊勢物語』も歌物語だが、成立は『大和物語』より前である。

【三】(1)　①　つく　②　た　③　いえど　(2)　何如　(3)　工師をして大木を求めしめん。　(4)　工師　玉人　大木　璞玉　(5)　どうして玉を磨く職人に玉を彫り磨く仕方を教えることと異なるであろうか、いや異ならない。(同じである)　(6)　国家を治めるためには、多年学んできたその道の専門家の意見を尊重すべきである。

〈解説〉(1)　頻出の読み単語である。ここは、送り仮名が残っているので判断しやすい。　(2)　「如何(いかんセン)」との区別をしっかりしておきたい。　(3)　「使」があるので、すぐ使役の句形と気づかねばならない。文末に「ん」をつけるのは、直後の文から判断できる。　(4)　工師と大木は、「大工のかしら＝人間」と「専門として扱うもの」という関係である。　(5)　口語訳は、重要漢字や重要句形に注目し、それらに忠実に訳す。「何以」が「どうして」の意の疑問詞。文末が「未然形＋ン哉」になっているので「反語」である。

(6)　2つのたとえともに、「専門家に向かって、学んだ道を捨てておいて自分に従うように言うことは間違っている」ということを言っている。

【中学校】

【一】(1) ① 目的　② 場面　③ 話し言葉　(2) ① 構成　② 根拠　③ 論理　(3) 字形、文字の大きさ、配列・配置　(4) ① a 毛筆　b 各学年　c 10分の2程度　d 10分の1程度
② a 文化　b 伝統　c 国際協調

〈解説〉(1) 第1学年では「話し言葉を大切にしようとする態度」、第2学年及び第3学年では「話し言葉を豊かにしようとする態度」を育てることにそれぞれの重点をおいている。(2) 「B書くこと」の内容のウは構成、エは記述についての指導事項である。(3) 書写の指導事項のアの系列にあたる。(4) ① イは、毛筆の指導のねらい。ウは、書写の国語科全体の授業時数に占める割合を示している。② 教材選定の観点の8項目のうちの2つである。

【高等学校】

【一】(1) ① 言語の教育　② 伝え合う能力　③ 論理的に意見を述べる　④ 読書に親しむ
(2) すべての生徒にそのいずれかを選択履修させる。(3) カ　(4) ・学校図書館を計画的に利用すること。
・音声言語や映像、コンピュータや情報通信ネットワークなどを適宜利用すること。(5) ① スピーチ
② 報告　③ 討論　④ 順序　⑤ 手紙　⑥ 紹介

〈解説〉(1) 改善の基本方針は(ア)にある。(2) 高等学校国語6科目のうちこの2つが必履修科目であり、すべての生徒にいずれかを選択履修させることになっている。(3) 両方又はいずれか一方を取り上げることができる。(4) 第3款(2)は、国語科における学校図書館の計画的な利用と教材・教具の適切な活用を示している。
(5) 「内容の取扱い」の(2)・(3)にある。

二〇〇七年度 実施問題

【中高共通】

【一】次の文章を読んで、(1)～(6)の問いに答えなさい。

昭和二十八年の秋に出た田中美知太郎氏の著書に、「古典の智慧」という新書判の一冊がある。編集のよさもこの書物の魅力のうちであるが、何よりもありがたいのは、ソクラテスが語られても、プラトンやアリストテレスが語られても、研究とは無縁な一般読者には馴染み難い、専門の哲学用語はきわめて少なく、ほとんどが日常語で述べられているということである。(A)

著者は、平明な日常語を選び、続けて、豊かな明暗をかねそなえたギリシア・ローマの思想を表現しているわけで、そのような作業がいかにありふれぬ作業であるかということに対する私自身の感慨は、近年、年を重ねるごとに深まっている。無責任な読者でいられたうちよりも、書く苦楽がわがことの身になっていっそう深まってきた感慨だと言えるかもしれない。(B)

世の中には、難解な表現しかとれないこともなくはないであろう。(　　)「古典の智慧」に限って言えば、難しく書けば書けなくもない内容なのに、平明な表現になっている。といって読者を見下している気配は少しもなく、その証拠に、私はいささかも劣等感を刺激されずにこの書物を読み返してきた。(C)

また、ありふれた日常語で古代の思想を表現するという作業は、著者の読みの柔らかさと深さに加えて、読みの歴史の長さをも必要としているはずだと思うが、そのような手続きののちに、著者自身の言葉で著者のものとなった古代の思想は、読者に対して何ら強いるところがない。①カンキはしても押しつけがましさはない

というのもこの書物の特徴の一つである。(D)

厚い内容の表面張力のようなこの平明な表現は、ａ俗な言い方をすれば、仕込みの豊かな書き手だけのものではないかと思う。知識と経験にわたっての仕込みが豊かであるからこそ、読者のためにではなくて自分自身のために、いよいよ平明な表現が必要になってくるのであろうし、爪先立ったり、声を高くしたりして読者に②ケンジする必要もないのだと思われる。(E)

こういう書物を知ると、仲間うちだけに通用する生煮えの言葉に、自覚もなくよりかかっている文章の甘えを恥ずかしいと見るようになる。恐ろしい③タイマンであると反省もさせられる。(F)

一冊の書物が幾度も読み返せて、しかもその度に新たな快い刺激を得るというのは、何と贅沢な経験であろう。しかし、書物とは、本来そうあるべきものではなかったのか。ｂ自分の仕事に直接の関係はなくてもしばしば「古典の智慧」を手に取り、吉川幸次郎の「漢の武帝」を幾度となく読まされているのも、仕込みの豊かな人の平明な表現にあやかるという点で通じているらしい。(G)

哲学者や文学者のいい仕事に接してこの頃ことに思うのは、文章にあらわれる仕込みの「ほど」の違いである。わずかな持ち物だけを頼りに、わき目もふらず「言葉の海」を泳ぎ切ったものにも、時にそれなりの美しさは輝くが、果して繰り返しての読みに耐えられるかどうか。狭さを厚さに転じるのも容易ではないが、広さに厚さを兼ねさせるのはもっと難しいかもしれない。(H)

心がけだけでは仕込みは叶わない。意識だけでは作品は書けないのと似ている。素質のないところでは、折角の仕込みも宙に浮きかねないが、そうかと言って、素質だけでも作品はよく仕上がらない。年齢におのずから仕込まれるものも少なくはないけれど、仕込みへの意志を持続して持つか持たないかの違いは大きい。(I)

（竹西　寛子『仕込みということ』より。一部省略等がある。）

(1) 傍線部①～③のカタカナを漢字に直して書きなさい。
(2) 傍線部a「俗な」の意味を簡潔に書きなさい。また、「俗」の反対の意味の漢字を一字書きなさい。
(3) （　）にあてはまる適切な接続詞を書きなさい。
(4) 次の一段落は本文中のいずれかの段落の後に入る。どこに入るのが適切か、(A)～(I)から選び記号で答えなさい。

ひょっとすると、本当に大きな思想は、おのずから平明な表現をとる必然性があるのかもしれないし、難解な表現にしかならないという場合は、感じたり考えたりの過程を、もう一度疑ってみる必要もありそうだと考えるようになる。

(5) 筆者の言う「仕込み」の豊かさとは、どういうことか。本文中の言葉を用いて三十五字以上四十五字以内で書きなさい。
(6) 傍線部b「自分の仕事に直接の関係はなくてもしばしば『古典の智慧』を手に取り」とあるが、それはどのような理由からか。「古典の智慧」の表現の特徴を踏まえ、簡潔に書きなさい。

(☆☆☆◎◎◎)

【二】次の文章は、筆者「阿仏尼」がまだ十代のころ、安嘉門院の女房として北山の持明院殿に出仕していたときの回想録である。これを読んで、(1)～(6)の問いに答えなさい。

春ののどやかなるに、何となく積り①にける手習の反古など破り返すつゐでに、かの御文どもを取り出でて見れば、梅が枝の色づきそめし始めより、冬草枯れ果つるまで、折々のあはれ忍びがたき節々を、うちとけて聞え交しけることの積りにける程も、今はと見るはあはれ浅からぬ中に、いつぞや、常よりも目とどまりぬらんかしと覚ゆる程に、こなたの主、「今宵はいとさびしく物恐ろしき心地するに、ここに臥し給へ」とて、我方へも帰らずなりぬ。a あなむつかしと覚ゆれど、せめて心の鬼も恐ろしければ、「帰りなん」とも言はで臥しぬ。

人は皆何心なく寝入ぬる程に、やをらすべり出づれば、灯火の残りて心細き光なるに、ア 人やおどろかんとゆゆしく恐ろしけれど、ただ障子一重を隔てたる居所なれば、昼より用意しつる鋏、箱の蓋などの、程なく手にさはるもいと嬉しくて、髪を引分くる程ぞ、さすがそぞろ恐ろしかりける。削ぎ落しぬれば、この蓋にうち入れて、書き置きつる文なども取り具して置かんとする程、出でつる障子口より、火の光のなほのか②に見ゆるに、イ 文書きつくる硯の蓋もせで有りけるが傍に見ゆるを引寄せて、削ぎ落したる髪をおし包みたる陸奥国紙の傍に、ただうち思ふ事を書きつくれど、外なる灯火の光なれば、筆の立所も見えず。

歎きつつ身を早き瀬のそこととだに知らず迷はん跡ぞ悲しき

ウ 身をも投げてんと思ひける③にや。

（『うたたね』より。）

(注)こなたの主＝ここの部屋の主で、年長の女房。

(1) 傍線部①～③の「に」の文法的意味をそれぞれア～キから選び、記号で答えなさい。

ア　助詞の一部　　イ　副詞の一部　　ウ　形容動詞の活用語尾　　エ　動詞の活用語尾

オ　断定の助動詞　　カ　完了の助動詞　　キ　伝聞推定の助動詞

(2) 本文前段から、動詞の尊敬語と謙譲語を一語ずつ抜き出し、終止形で答えなさい。

(3) 傍線部ア～ウを口語訳しなさい。

(4) 傍線部 a「あなむつかしと覚ゆれど」とあるが、筆者がこのように感じたのはなぜか。その理由を具体的に説明しなさい。

(5)「歎きつつ」の歌において、筆者がこのように深い悲しみに陥ったのはなぜか。その理由として最も適切なものを次のア～エから選び、記号で答えなさい。

ア　ひそかに片思いをし続けてきたが、その寂しさに耐えられなくなったから。

イ　恋い慕っている人との仲を親に反対され、周囲からも止められているから。

ウ　やがて出家しなければならない身なのに、恋しい人ができてしまったから。

エ　互いに心が通じて親しく交際してきた人と別れて、失恋してしまったから。

(6)　次のア～カから、「阿仏尼」の作品を選び、読み方を現代仮名遣いで答えなさい。また、これらの中で二番目に成立した作品を選び、記号で答えなさい。

ア　紫式部日記　　イ　十六夜日記　　ウ　蜻蛉日記　　エ　土佐日記

オ　更級日記　　カ　和泉式部日記

(☆☆☆◎◎◎)

【三】次の文章を読んで、(1)～(6)の問いに答えなさい。(設問の都合上、訓点を省略した部分がある。)

公任ズルコトレ事ニ久シ。人ノ有レバ下謗ル二公ヲ於上ニ一者上、公①輒引キテレ咎ヲ、未ダ二嘗テ自ラ辯ゼ一。至リテハ三人ノ有ルニ二過失一、雖モ二人主盛怒スト一、A可辯者辯之、必得而後已。

榮王宮《ノ》火《アリテ》、延《ブ》二前殿《ニ》一。B有言非天災請置獄劾火事。
當《ル》二坐死《ニ》一者百餘人。公獨《リ》請《ヒテ》レ②見《エンコトヲ》曰《ク》、始《メ》失《スル》レ火《ヲ》時、陛下《ハ》
以《テ》レ罪《スルヲ》レ己《ヲ》詔《ス》二天下《ニ》一。而《シテ》臣等皆上章《シテ》待《ツ》レ罪《ヲ》。今反《ツテ》歸《セバ》二咎《ヲ》
於人《ニ》一、C何以示信。③且火《ニ》雖《モ》レ有《リト》レ迹、D寧知非天譴邪。
由《リテ》レ是《ニ》E當坐者皆免。

（『唐宋八大家文読本』より。）

（注）公＝宋の宰相、大尉文正公。　坐死＝死刑に処せられること。　天譴＝天罰。

(1) 波線部①～③の漢字に、必要なら送りがなも含めて、現代仮名遣いで読みを書きなさい。

(2) 傍線部Aの解釈として最も適したものを次のア～エから選び、記号で答えなさい。

ア　弁護すべき点があれば弁護し、自分が納得するまでその人の弁護をやめなかった。
イ　弁解を申し出る者に対しては機会を必ず与え、本人が得心のいくまで弁解させた。
ウ　雄弁な者が自らの正当性を主張することがあっても、過失は最後まで許さなかった。
エ　弁明してやったほうがよいと考えたが、必ずしも得策でないと判断すると中止した。

(3) 傍線部Bは「『天災ではない。裁判を開いて失火の罪を追及しよう。』と主張する人たちがいた。」の意である。これを参考にして返り点をつけなさい。（送りがなは不要）

有言非天災請置獄劾火事。

(4) 傍線部Cを口語訳しなさい。
(5) 傍線部Dを書き下し文にしなさい。
(6) 傍線部E「當坐者皆免」とあるが、その理由を五十字以上六十字以内で簡潔に書きなさい。

(☆☆☆◎◎◎)

【中学校】

【一】中学校学習指導要領「国語」について、次の(1)～(4)の問いに答えなさい。

(1) 「第1 目標」に書かれている「伝え合う力」とは何か。簡潔に説明しなさい。

(2) 次の文は、第二学年及び第三学年の「1 目標」の一部である。(①)～(③)にあてはまる語句を書きなさい。

(2) 様々な材料を基にして自分の(①)を深め、自分の立場を明らかにして、(②)に書き表す能力を身に付けさせるとともに、文章を書くことによって(③)を豊かにしようとする態度を育てる。

(3) 次の文は、第二学年及び第三学年の「2 内容 C読むこと」の一部である。(①)～(③)にあてはまる語句を書きなさい。

エ 文章を読んで人間、社会、自然などについて考え、自分の(①)をもつこと。

オ (②)をもって様々な文章を読み、必要な(③)を集めて自分の表現に役立てること。

(4) 「第3 指導計画の作成と内容の取扱い」について、次の①～③の問いに答えなさい。

① 次の文は、教材を取り上げる際の留意事項の一部である。(a)～(c)にあてはまる語句を書き

なさい。

(1) 教材は、話すこと・聞くことの能力、書くことの能力及び読むことの能力を（　a　）なく養うことや（　b　）に親しむ態度の育成をねらいとし、生徒の発達段階に即して適切な話題や題材を精選して（　c　）に取り上げること。

② 「B書くこと」の指導に配当する授業時数の国語科の授業時数に対する割合を書きなさい。

③ 「C読むこと」に関する指導について、次の（　　）にあてはまる語句を書きなさい。

ウ　文学作品などの成立年代やその特徴などに触れる場合には、（　　）に扱うことはしないこと。

(☆☆☆◎◎◎)

【高等学校】

【一】高等学校学習指導要領「国語」について、次の(1)～(3)の問いに答えなさい。

(1) 「国語科の科目編成」に示されている科目の中で、必履修科目名とその標準単位数を書きなさい。

(2) 「国語総合」において、各領域の指導が調和的に行われるよう、指導時数の目安が示されている。

①「15単位時間程度」、②「30単位時間程度」を配当するとされているのはそれぞれどの領域ですか。次の空欄にあてはまる形で答えを書きなさい。

［　　　　］を主とする指導

(3) 「国語総合」の「内容の取扱い」に示されている次の事項について、（　①　）～（　⑤　）にあてはまる言葉を書きなさい。

「読むこと」に関する指導については、次の事項に配慮するものとする。

ア　古典と近代以降の文章との授業時数の割合は、（　①　）とすることを目安として、生徒の実態に応じて適切に定めること。なお、古典における古文と漢文との割合は、（　②　）ようにすること。

イ　文章を読み深めるため、（　③　）や（　④　）などを取り入れること。

ウ　読書力を伸ばし、（　⑤　）を養うこと。

（☆☆☆◎◎◎）

【二】「国語」における評価の観点について、(1)・(2)の問いに答えなさい。

(1)　評価の観点が五つある科目名をすべて答えなさい。

(2)　(1)における評価の観点をすべて答えなさい。

（☆☆☆◎◎◎）

解答・解説

【中高共通】

【一】(1)　①　喚起　②　顕示　③　怠慢　(2)　意味　世俗的な・ありふれた　反対語　雅

(3)　しかし　(4)　F　(5)　読みの柔らかさと深さに加えて、読みの歴史の長さをも備えており、知識と経験が豊かであること。　(6)　どのように深く豊かな内容も、平明な著者自身の言葉で書かれている「古典の智慧」のような作品は、幾度も読み返すことができ、そのたび快い刺激を得ることができる。筆者はこのような作品に繰り返して触れ、その平明な表現を自己の表現の範としたいと考えているから。
〈解説〉(3)　前後の各文の内容を考えて決める。前文の内容について続文は逆の内容となっている。したがって「しかし」が適当。　(4)　前文「恐ろしいタイマンであると反省もさせられる」の「反省」の具体的内容が表現されている。　(5)　G段落はD・E・Fのまとめとなる。　(6)　G段落を中心にまとめる。「仕込みの豊かな人の平明な表現にあやかる」

【二】(1)　①　カ　②　ウ　③　オ　(2)　尊敬語　給ふ　謙譲語　聞え交す　(3)　ア　人が目を覚ますだろうかとひどく恐ろしいが　イ　手紙を書き付ける硯で、ふたもしないであったのが　ウ　身投げでもしてしまおうか。　(4)　この夜、出家しようと思っていたのに、年長の女房に引き留められて、自分の部屋に帰れず、出家の機会をのがしそうになったから。　(5)　エ　(6)　いざよいにっき　ウ
〈解説〉(1)　①　助動詞「ぬ」完了・連用形。　②　形容動詞「ほのかなり」の連用形。　③　助動詞「なり」断定・連用形。末尾「あらむ」省略。　(2)　「給へ」補助動詞「臥し」を尊敬。「聞え交し」は「言ひ交し」の謙譲語。　(3)　ア「人やおどろかん～」の「人」は同僚女房たち、「おどろか」は「おどろく」で、ふと目を覚ます意。　イ「文書きつくる硯」は、前の手紙を書くときに用いた硯の意。　ウ「てん」は「つ」助動詞・強意・未然形。「ん(む)」は「む」助動詞・推量・終止形。「～てしまおう。～てしまいたい」の意。　(4)　「今はと見るは～常よりも目とどまりぬらんかし」の心情に注意する。出家しようとしている時に、同僚女房から声がかかったのである。　(6)　ア　紫式部日記　紫式部　ウ　蜻蛉日記　藤原道綱母　エ　土佐日記　紀貫之　オ　更級日記　菅原孝標女　カ　和泉式部日記　和泉式部

【三】(1) ① すなわち ② まみ（えんことを） ③ かつ (2) ア (3) 有レ言下非二天災一請置レ獄劾中火事上。 (4) 何によって信を示すことができようか。 (5) 寧くんぞ天譴に非ざるを知らんや。 (6) 火事は天災で非は自分にあるとしながら、後に家臣を処罰するようなことがあれば正しい政治は行えないと、公が王をいさめたから。

〈解説〉(2) A 「辯ず可き者は之を辯じ、必ず得て而る後に已む」（弁明すべき点があれば、必ず納得するまでやめることはしない） (4) C 「何を以てか信を示さん」（いったい何によって信を世に示すことができようか） (5) D 「寧知レ非二天譴一邪。」 (6) E 「當坐者皆免」は、（この王公の上奏によって）連座の罪に当たった人たちはすべて免罪となった意。公の会見した言葉「始失火時～天譴邪」に注意すること。

【中学校】

【一】(1) 適切に表現する能力と正確に理解する能力とを基盤に、人と人との関係の中で互いの立場や考えを尊重しながら言葉によって伝え合う力のこと。 (2) ① 考え ② 論理的 ③ 生活 (3) ① 意見 ② 目的 ③ 情報 (4) ① a 偏り b 読書 c 調和的 ② 10分の2～10分の3程度 ③ 通史的

〈解説〉学習指導要領参照。

【高等学校】

【一】(1) 国語表現Ⅰ 2単位・国語総合 4単位 (2) ① 話すこと・聞くこと ② 書くこと (3) ① おおむね同等 ② 一方に偏らない ③ 音読 ④ 朗読 ⑤ 読書の習慣

〈解説〉(1) 国語表現Ⅱ 2単位 現代文 4単位 古典 4単位 古典講読 2単位 (3) エ

指導に当たっては、例えば次のような言語活動を通して行うようにすること。(ア)文章に表れたものの見方や考え方などを読み取り、それらについて話し合うこと。(イ)考えを広めるため、様々な古典や現代の文章を読み比べること。(ウ)課題に応じて必要な情報を読み取り、まとめて発表すること。

【二】(1)　国語総合・現代文　(2)　(関心・意欲・態度)(話す・聞く能力)(書く能力)(読む能力)(知識・理解)

〈解説〉〔国語の評価観点〕1「関心・意欲・態度」　2「話す・聞く能力」　3「書く能力」　4「読む能力」　5「知識・理解」

〔各科目の評価観点〕

国語表現Ⅰ・Ⅱ　1　関心・意欲・態度　2　話す・聞く能力　3　書く能力　4　知識・理解

国語総合・現代文　1　関心・意欲・態度　2　話す・聞く能力　3　書く能力　4　読む能力　5　知識・理解

[古典・古典講読]　1　関心・意欲・態度　2　読む能力　3　知識・理解

二〇〇六年度 実施問題

【中高共通】

【一】次の文章を読んで、(1)～(6)の問いに答えなさい。

白い甕に水をはってのぞいてみる、その時の水の色をかめのぞきというと最近知らされた。長いことこの仕事をしていてそんなことも私は知らなかった。藍甕にさっとつけて染まった色をかめのぞきという位にしか思っていなかったが、よく考えてみればそんな筈はないのだった。(A)

仮に一つの甕に藍の一生があるとして、その揺籃期から晩年まで、漸次藍は変貌してゆくが、かめのぞきは最初にちょこっと甕につけた色ではなくて、その最晩年の色なのである。それぞれの甕に仕込む藍は、蓼藍の育成から、すくも(玉藍)に至るまでの過程を、木灰汁、石灰、ふすま、建てる人の心組みまでを含めて、それぞれ微妙に違った生き方をするものであるが、祖先伝来の紺屋と違って、吾々のように一発勝負で建てることを昔から「地獄出し」或いは「鉄砲出し」と呼び、万に一つ建てばよいとされていた。(　)この方法しかないとなれば、何度失敗しても会得するまで繰り返すよりほかなく、そうして体でおぼえこんだものは一層間違いないのである。私も、体が何とか会得するまで五、六年のにがい歳月を経てきたが、藍は建てることのほかに、守ること、染めることの三つを全うしてはじめて芸と呼ばれるというのだった。(B)

折角建った藍を日々守ることとは、毎朝甕の蓋をあけて、顔(中央に浮かんでいる花)の色艶、ピリッとからめの舌加減、櫂のまわし加減にその①キゲンのよしあしを見るのである。熾んな藍気を醗酵させて、まぶしい程の縹色に染め上がりながら、あっという間に短く燃え尽き、夭折してしまう甕もあれば、一朝毎に熟成し、薄紙をはぐように静かに老いてゆく甕もある。どういう加減によるものか、守ることの要諦は、日々の私の心の翳りや動揺がそのまま藍の上に映し出されてゆくのであるから、そのことを熟知することであり、幼子をかかえた母親のように、油断はならないのである。偶々一月すぎ二月すぎても藍は衰えず、中心に凛乎とした紫暗色の花を浮かばせ、純白の糸を一瞬にして群青色に輝かせる青春期から、しっとりと充実した瑠璃紺の壮年期を経て、かすかに藍分は失われてゆくが、日毎に夾雑物を拭い去ってあらわれるかめのぞきの色は、さながら老いた藍の精の如く、朝毎に色は淡く澄むのである。（C）

浜辺の白砂に溶け入る一瞬の②スきとおる水のように、[それ]は健やかに生き、老境に在る色である。決して若者の色ではない。風雪を越えて老境に生きる人の美しさをもし松風にたとえるならば、正にそういう香りある色なのである。（D）

深見重助翁が、生前「ながいことほんまのかめのぞきに出会うたことがおへん、難儀な色どす」といわれたことがあった。その頃の私はまだ若く藍も手がけていなかったので、そんなものかという位にしか受けとれなかったが、今にして思えば、深見さんはかめのぞきの気品のことをいわれたのだと思う。（E）

それは言うまでもなく私の③シュウレンの足りなさによるもので、短く消えていったかずかずの藍に対して本当に申しわけなく思っている。朝毎に藍分を吸い上げられた甕はヨタヨタになりながら、老女の髷のような小さく軽い花を咲かせ、ひっそり染め上がってくると「よお、まあ染まってくれて」と私はひとり礼をいいたい思いになっている。（F）

（志村ふくみ『一色一生～かめのぞき～』より。一部表記等を改めたところがある。）

（1）傍線部①～③のカタカナを漢字に直して書きなさい。

（2）傍線部「漸次」の読み仮名を書き、その意味を簡潔に書きなさい。

(3)（　　）に当てはまる最も適切な接続詞を書きなさい。

(4) 次の一段階は本文中の(A)～(F)のいずれかの段落の後に入る。どこに入るか記号で答えなさい。

実際私にしても、ここ七、八年の間に、最後まで矍鑠《かくしゃく》として格調をおとさずに全うした甕にまだ二度しか出会っていないのである。

(5)【それ】が指す内容を本文中の言葉を用いて答えなさい。

(6) 傍線部「難儀な色どす」とあるがそれはなぜか。藍を染める過程を踏まえて、その理由を簡潔に説明しなさい。

（☆☆☆◎◎◎）

【二】次の文章は、二人の姫君と隠棲している八の宮を薫が訪れる場面である。これを読んで、(1)～(6)の問いに答えなさい。

①七月ばかりになりにけり。都にはまだ入りたたぬ秋のけしきを、音羽の山近く風の音もいとひややかに、槇の山辺もわづかに色づきて、なほ、たづね来たるに、をかしうめづらしうおぼゆるを、宮はまいて、例よりも待ちよろこび a聞こえ給ひて、このたびは心細げなる物語いと多く申し給ふ。「亡からむ後、この君たちを アさるべき物のたよりにもとぶらひ、思ひ棄てぬものに数まへ給へ」などおもむけつつ聞こえ給へば、「一言にても承りおきてしかば、さらに思ひ b給へ怠るまじくなむ。世の中に心をとどめじとはぶき侍る身にて、何ごとも頼もしげなき生ひ先の少なさになむ侍れど、さる方にてもめぐらひ侍らむ限りは、変はらぬ心ざしを御覧じ知らせむとなむ、思ひ給ふる」など聞こえ c給へば、うれしとおぼいたり。

夜深き月の明らかにさし出でて、山の端近き心地するに、念誦いとあはれにし給ひて、昔物語し給ふ。「このごろの世はいかがなりにたらむ。宮中などにて、かやうなる秋の月に、御前の御遊びのをりに dさぶらひあひたる中に、ものの上手とおぼしきかぎり、とりどりにうち合はせたる拍子など、ことごとしきよりも、よしありとおぼえある女御更衣の御局々の、おのがじしはいどましく思ひ、うはべの情をかはすべかめるに、夜深きほどの人の気しめりぬるに、心やましく掻い調べほのかにほころび出でたる物の音など②聞きどころあるが多かりしかな。何ごとにも、女はもてあそびのつまにしつべくイものはかなきものから、人の心を動かすくさはひになむあるべき。されば罪の深きにやあらむ。子の道の闇を思ひやるにも、ウ男はいとしも親の心を乱さずやあらむ。女は限りありて、言ふかひなき方に思ひ棄つべきにも、なほいと心苦しかるべき」など、おほかたの事につけてのたまへる、③いかがさおぼさざらむ、と心苦しく思ひやらるる御心の中なり。(『源氏物語』～椎本～より。)

(1) 傍線部①「七月」の異名を答えなさい。

(2) 傍線部a～dの敬意の対象を次のア～オから選び、記号で答えなさい。

ア　薫　　イ　八の宮　　ウ　姫君　　エ　帝　　オ　女御更衣

(3) 傍線部ア～ウを口語訳しなさい。

(4) 傍線部②「聞きどころあるが多かりしかな」について、対比していることがらを明確にして簡潔に説明しなさい。

(5) 傍線部③のように薫が感じたのはなぜか、その理由として適切なものを次のア～エから選び、記号で答えなさい。

ア　姫君たちのことを託されたが、なぜそのような無理なことを頼むのかと疑問に思ったから。

イ　姫君たちを宮中で育てなかったことを後悔している八の宮の思いに同情したから。

ウ　姫君たちのことを心配する八の宮に対して、自分のふがいなさを悲しく思ったから。

エ　姫君たちのことを心配する八の宮の親心にそれももっともなことだと共感したから。

(6)　光源氏の一生を描いた前半に対して、その子薫の恋に悩む姿を描いた後半の部分は一般的に何と呼ばれているか答えなさい。

（☆☆☆◎◎）

【三】次の漢詩を読んで、(1)～(6)の問いに答えなさい。（設問の都合上、訓点を省略した部分がある。）

贈孟浩然　　李白

吾ハ愛ス孟^a夫子^　　風流天下ニ聞ユ

紅顔ニシテ棄テ二軒冕《べん》ヲ一　　白首臥ス二松□ニ一

酔ヒテレ月ニ頻リニ^b中レ聖ニ　　^①迷レ花不レ事レ君

^②高山安可仰　　^c徒ラ此ニ揖《ゆう》ス二清芬ヲ一

注　軒冕＝高官の車と冠　　聖＝酒飲みの隠語　　揖＝敬意を表する

(1) この詩の形式を答えなさい。
(2) □に当てはまる適切な漢字を、次のア～オから選び、記号で答えなさい。
　ア　柏　イ　林　ウ　風　エ　雲　オ　籟
(3) 波線部a～cの読みを送りがなも含めて、現代反名遣いで書きなさい。
(4)「紅顔」とはこの場合どういう意味か。また、この語の対義語を文中から抜き出して書きなさい。
(5) 傍線部①を口語訳しなさい。
(6) 傍線部②を書き下し文にしなさい。

(☆☆☆◎◎◎)

【中学校】

【一】中学校学習指導要領「国語」について、次の(1)～(4)の問いに答えなさい。
(1)「国語」の内容は三領域一事項の構成で示されている。この三領域一事項とは何か、書きなさい。
(2) 次の文は、第二学年及び第三学年における「読むこと」の目標である。(　)に当てはまる語句を書きなさい。
　(①)や意図に応じて文章を読み、広い範囲から(②)を集め、効果的に活用する能力を身に付けさせるとともに、(③)を生活に役立て自己を向上させようとする態度を育てる。
(3)「読むこと」の指導に当たっての留意事項について次の①・②の問いに答えなさい。
　① 古典の指導について目標とすべき点を二つ書きなさい。
　②「読むこと」の言語活動の例を(　)に書きなさい。
　　(a)「様々な文章を(　)して読んだり、(　)ために読んだりすること。

(b) 目的や必要に応じて(　　)や(　　)をすること。

(4) 「漢字に関する事項」について、中学校修了までに必要とされる漢字の読み、書きについての指導事項をそれぞれ書きなさい。

(☆☆☆◎◎◎)

【高等学校】

【一】高等学校学習指導要領「国語」において、「第三　国語総合」における「話すこと・聞くこと」の指導にあたり、どのような言語活動を通して、その指導を行うこととされているか、(　①　)～(　⑤　)にあてはまる言葉を書きなさい。

ア　(　①　)を選んで、(　②　)や説明などを行うこと。

イ　(　③　)を収集し活用して、報告や(　④　)などを行うこと。

ウ　課題について調べたり考えたりしたことを基にして、話合いや(　⑤　)などを行うこと。

(☆☆☆◎◎◎)

【二】評価について、次の(1)・(2)の問いに答えなさい。

(1) 「古典」における評価の観点を書きなさい。

(2) 評価の信頼性を高めるために、どのようなことを心掛ける必要があるか、三つ書きなさい。

(☆☆☆◎◎◎)

【三】次の各文は、平成十四年度高等学校教育課程実施状況調査「国語Ⅰ」の結果をうけて、国立教育政策研究所教育課程研究センターが示した指導上の改善点である。（　①　）～（　③　）に適語を補い、それぞれの文を完成させなさい。

ア　話合い、発表、討論などの言語活動を意図的、計画的に取り入れるなどにより、（　①　）な思考力を育成することが必要。

イ　（　②　）の仕方に着目する指導や、グループ学習を取り入れるなどにより、自分の言葉で表現しようという意欲を喚起するような指導の工夫が必要。

ウ　教材と同じ作者の他の作品や同じテーマの文章を幅広く読ませたり、書物を調べさせたりする学習活動を取り入れるなど、（　③　）の活用を明確に位置づけた指導の工夫が必要。

（☆☆☆◎◎◎）

解答・解説

【中高共通】

【一】（1）①　機嫌　②　透　③　修練　（2）（読み仮名）ぜんじ　（意味）次第に（だんだん）　（3）しかし　（4）E　（5）かめのぞきの色　（6）藍には建て、守り、染めるの三つの段階があり、これらを全うしなければならない。しかし、藍を建てることは何度失敗しても、体で会得するより他なく、また、守ることの過程は幼子をかかえた母親のように油断がならず、人の心までが反映するという大変困難な作業である。このような過程を経てこそ、藍の最晩年の気品あるかめのぞきの色に出会うことができるから。
〈解説〉(1) 同音異義語や類似の字形に注意すること。(2)「斬」と「暫」とは混同しやすいので注意すること。「漸」(ぜん)は、「だんだん。次第に。」の意。「漸漸」と同じ意。(3) 空欄の前後の文の内容との関わりを正しく把握し、逆説の内容に適切な接続詞を補充すること。「だが」や「ところが」でも許容されよう。(4)「かめのぞき」と容易に出会えない内容について述べてある段落のあとに続く文。(5)「それ」は、指示代名詞。「健やかに生き、老境に在る色」の主語。「藍の最晩年の色。」(6)「藍」の段階(建てること・守ること・染めること)がある。しかも、「建てること」は、会得するまで繰り返し、体でおぼえこまなければならない。守ることでも自分の心の動きがそのまま「藍」に写し出されるため、育児のときの母親の行き方と同じく油断できない。こうした過程を経て、淡く澄む「かめのぞきの色」に出会えるのである。この「藍染め」のプロセスをまとめる。

【二】(1) 文月　(2) a ア　b イ　c ア　d エ　(3) ア　何かのついでの時に訪ねて イ　何となく頼りないけれども　ウ　男の子はそれほど親の心を乱さないだろう。(4) 名手と呼ばれる人の仰々しい演奏よりも、深夜後宮の女性たちが情感を込めて奏でた音色のほうが素晴らしい。(5) エ　(6) 宇治十帖
〈解説〉(1) 陰暦の月の異称は正しく理解しておくこと。春…一月(睦月)・二月(如月)・三月(弥生)　夏…四月(卯月)・五月(皐月)・六月(水無月)　秋…七月(文月)・八月(葉月)・九月(長月)　冬…十月(神無月)・十一月(霜月)・十二月(師走)　(2) a 薫への作者の敬意。ふたつの方向への敬意で、「聞こえ給ひし」の「給

ひ」は、八の宮(動作の為手)への敬意。　b　会話文であるから、薫の八の宮への敬意。　c　aと同じく為手(薫)への作者の敬意。　d　昔物語の会話文。帝の御前での管弦の遊びへ伺候していた人々のことで、帝への敬意を表す。　（3）ア「さるべきもの」は、「しかるべき。それにふさわしい。」の意。「たより」は、「ついで」。「とぶらひ」は、「とぶらふ」の連用形で、「訪ねて」の意。　イ「ものはかなきもの」とは、「ものはかなし」の連体形「ものはかなき」＋「もの」で、「なんとなくはかないもの」の意。　ウ「いとしも」は、「それほどは。大して。格別に。」の意。「や～む」は反語。「親の心を乱すだろうか、いや乱さないだろう。」の意。　（4）②は、「夜更けて人け少なくなったころに～ほのかに外へ漏れて聞こえた音色など」をふまえて、「聞きどころのあるのが多かったものでしたよ。」の意。これに対比されるのは、「御前の御遊びのをりにさぶらひあひたる中に、～ことごとしきよりも」である。　（5）ウ以下の、女には運に結婚相手次第で、どのようにも定まるもので、「なほいと心苦しかるべき」という八の宮の親心への薫の共感である。

（6）「宇治十帖」は、橋姫から夢浮橋までの最後の十帖を、宇治が舞台になっているため、このように呼ばれている。

【三】（1）五言律詩　（2）エ　（3）a　ふうし　b　あたり　c　ただ　（4）(意味）少年(対義語）白首　（5）花の美しさに心を奪われ、君主に仕えることなど考えない。　（6）高山安くんぞ仰ぐべけんや

〈解説〉（1）五字で八句形式は、五言律詩。七字で八句形式は、七言律詩。　（2）押韻は、五言律詩の場合は偶数句末。聞・君・芬(-un)　（3）a「夫子」(ふうし)は、敬称で「孟浩然」のこと。　b「中」は、「あたる」の連用形で「あたり」(連用中止法)。　c「徒」は、副詞で「ただ」と読む。　（4）「紅顔」は、「血色

がよくつやつやしている顔。若々しく美しい顔。」。対義語の「白首」は、「しらが頭。老人。」。三句と四句(頷聯)および五句と六句(頸聯)は対句になる。頸聯の「酔月」と「迷花」も対語。(5)「花に迷ひ(い)て君に事へ(え)ず」の口語訳。「事」は「仕」と同じ意。(6)「安可～」は、「いづくンゾ～べけンヤ」の反語形。

【中学校】

【一】(1) 話すこと・聞くこと 書くこと 読むこと 言語事項 (2) ① 目的 ② 情報 ③ 読書 (3) ① 古文や漢文を理解する基礎を養い古典に親しむ態度を育てること。我が国の文化や伝統について関心を深めるようにすること。② a 比較 調べる b 音読 朗読 (4) (読み) 常用漢字の大体を読むこと。(書き) 学年別漢字配当表の漢字を書き、文や文章の中で使うこと。

〈解説〉(1) 平成十年の学習指導要領中学国語の改訂前は、「A 表現」「B 理解」と言語事項であったが、改訂後は、「A 話すこと・聞くこと」「B 書くこと」「C 読むこと」と言語事項になった。(2) 学年も、改訂後は、第一学年と第二学年および第三学年の二つの学年に統合され、目標も変更した。(3) ①「読むこと」に関する「指導計画の作成と各学年にわたる内容の取扱い」で、古典の指導は改訂前と同じ文言で示されている。②「読むこと」の言語活動例は、「読むこと」が独立した領域になったこともあり、理解領域の言語能力の充実を図った活動例が示されている。(4)「漢字に関する事項」は、中学終了まで、という条件がのべられている。「第二学年及び第三学年」の「言語事項」のアとイの第三学年の読み、書きについての指導をのべること。

【高等学校】

【一】①　話題　②　スピーチ　③　情報　④　発表　⑤　討論

〈解説〉現行の学習指導要領は、従来の二領域(「A　表現」「B　理解」)を「A　話すこと・聞くこと」「B　書くこと」「C　読むこと」の三領域へ改訂した。また、従来の必修科目「国語Ⅰ」や選択科目の「国語Ⅱ」や「現代語」がなくなり、新しく選択必修科目として、「国語総合」が設けられた。また、「各科目の内容の取扱い」では、各科目に、「言語活動例」が示され、具体的な領域での指導が図られている。

【二】(1)　(関心・意欲・態度)　(読む能力)　(知識・理解)　(2)　・評価規準や評価方法の見直しをすること。・評価に関する情報の共有や交換により、教員の判断を共通的なものにすること。　・評価に関する情報を生徒や保護者に適切に提供すること。

〈解説〉(1)　現行の学習指導要領の実施をふまえ、「教育課程審議会」は、「目標に準拠した評価」について、次のように述べている。「評価に当たっては、知識や技能の到達度を的確に評価することはもとより大事であるが、それにとどまることなく、自ら学ぶ意欲や思考力、判断力、表現力などの資質や能力までを含めた学習の到達度を適切に評価していくことが大切である。このため新学習指導要領の下でも、評価の観点「関心・意欲・態度」「思考・判断」「技能・表現」「知識・理解」の四観点による評価を基本とすることが適当である」しかし、現行の学習指導要領は、国語の領域を従来の二領域から三領域に改訂したため、(1)の「古典」における評価に「読む能力」が加わる。　(2)の「評価の信頼性」については、①到達度評価の基準作り、②到達目標設定の基本視点が考えられる。①、②については、校内教職員間の共通理解と組織的な取組みが必要となる。また、生徒や保護者への評価についての認識の徹底を図ることも大切なポイントである。

【三】①　論理的　②　表現　③　学校図書館

〈解説〉「国語Ⅰ」(必修科目)は、旧学習指導要領の科目である。現行学習指導要領の選択必修科目は、「国語総合」。①は、「思考力」に関わる空欄であるから、「論理的思考力」の育成を考える。②は、「自分の言葉で表現しようという意欲を喚起する」ための「表現の工夫」に関わる。③は、読書や書物の調査をするための「図書館活動」に関わる。

二〇〇五年度　実施問題

【中学校】

【一】次の文章を読んで、(1)~(6)の問いに答えなさい。

A　ボランティアにとっての「報酬」とは、経済的なものだけとは限らない。その人によっていろいろなバリエーションが可能なものである。私は、ボランティアの「報酬」とは次のようなものであると考える。その人がそれを自分にとって「価値がある」と思い、しかも、それを自分一人で得たのではなく、誰か他人の力によって与えられたものだと感じるとき、その「与えられた価値あるもの」がボランティアの「報酬」である。

B　ボランティアは、この広い意味での「報酬」を期待して、つまり、その人それぞれにとって、自分が価値ありと思えるものを誰かから与えられることを期待して、行動するのである。その意味で、ボランティアは、新しい価値を発見し、それを授けてもらう人なのだ。

C　ボランティアの「報酬」についてわかりにくいところがあるとしたら、その本質が「閉じて」いてしかも「開いて」いるという、一見相反する二つの力によって構成されているからではないだろうか。

D　人が何に価値を見いだすかは、その人が自分で決めるものである。他人に言われて、規則で決まっているから、はやっているからとかいう「外にある権威」に従うのではなく、何が自分にとって価値があるかは、自分の「内にある権威」に従って、つまり、独自の体験と論理と直感によって決めるものだ。その意味で、価値を①ニンチする源は「閉じて」いる。

E　「内なる権威」に基づいていること、自発的に行動すること、何かをしたいからすること、きれいだと思うこと、楽しいからすること、等が「強い」のは、それらの力の源が「閉じて」いて、外からの支配を受けないからだ。しかし、ボランティアが、相手から助けてもらったと感じたり、相手から何かを学んだと思ったり、誰かの役に立っていると感じてうれしく思ったりするとき、ボランティアは、かならずや相手との□の中で価値を見つけている。つまり、「開いて」いなければ「報酬」は入ってこない。このように、ボランティアの「報酬」は、それを価値ありと判断するのは自分だという意味で「閉じて」いるが、それが相手から与えられたものだという意味で「開いて」いる。

F　「外にある権威」だけに基づいて行動すること、つまり「開いている」だけの価値判断によって行動するのは、わかりやすいことであるとともに、楽なことだ。うまくいかなくとも、自分のせいではないし、いつでも言い訳が用意されているのだから。また、自分の独自なるものを賭ける必要がないから、傷つくこともない。（　　）、「外にある権威」だけに②ジュンキョして判断をするということは、物事をある平面で切り取り、それと自分との関係性をはじめから限定してしまうことになる。それでは、何も新しいものは見つけられないし、だいいち、楽しくない。

G　一方、「閉じて」いるだけのプロセスも、複雑なところはなくはっきりしているし、周りのことを考えなくていいわけだから楽なことである。しかし、そこからは、③ハイタセイとか独善しか生まれない。つまり、「開いている」だけ、または、「閉じている」だけの行動は、わかりやすく、楽であるかもしれないが、力と④ミリョクに欠けるということだ。新しい価値は「閉じている」ことと、「開いている」ことが交差する一瞬に開花する。

（金子《かねこ》郁容《いくよう》『ボランティア　もう一つの情報社会』より。一部省略等がある。）

(1) 傍線部①〜④のカタカナを漢字に直して書きなさい。
(2) 独善 の意味を簡潔に書きなさい。
(3) （　）にあてはまる最も適切な接続詞を書きなさい。
(4) ［　］にあてはまる最も適切な言葉を次から選び、記号で答えなさい。
ア　対立関係　イ　包括関係　ウ　依存関係　エ　相互関係　オ　従属関係
(5) 二重傍線部「『閉じて』いるだけのプロセス」について、次の問いに答えなさい。
① 段落FとGの関係を簡潔に書きなさい。
② ①の関係をふまえ、二重傍線部を文中の他の言葉を用いて書き換えなさい。
(6) ボランティアの「報酬」の本質について、波線部「『閉じて』いてしかも『開いて』いる」を明らかにして、説明しなさい。

（☆☆☆◎◎◎）

【二】次の文章を読んで、(1)〜(6)の問いに答えなさい。

また、「この世に、いかでかかることありけむと、めでたくおぼゆることは、文こそはべれな。『枕草子』に返す返す申してはべるめれば、こと新しく申すに及ばねど、なほいとめでたきものなり。遙かなる世界にかき離れて、幾年あひ見ぬ人なれど、文といふものだに見つれば、ただ今さし向かひたる心地して、なかなか、うち向かひては思ふほども続けやらぬ心の色もあらはし、言はまほしきことをもこまごまと書き尽くしたるを見る心地は、めづらしく、うれしく、①あひ向かひたるに劣りてやはある。つれづれ②なる折、昔の人の文見出でたるは、ただその折の心地して、いみじくうれしくこそおぼゆれ。まして亡き人などの書きたるものなど見るは、いみじくあはれに、年月の多く積もりたるも、ただ今筆うち濡らして書きたるやうなるこそ、返す返すめでたけれ。何事も、たださし向かひたるほどの情ばかりにてこそはべるに、②これは、ただ昔ながら、つゆ変はることなきも、いとめでたきことなり。いみじかるける延喜、天暦の御時の古事も唐土、天竺の知らぬ世のことも、③この文字といふものなからましかば、今の世の我らが片端も、いかでか書き伝へましなど思ふにも、なほ、かばかりめでたきことはよもはべらじ」と言へば、

また、「何の筋と定めて、いみじと言ふべきにもあらず、あだにはかなきことに言ひ慣らはしてあれど、夢こそ、あはれにいみじくおぼゆれ。遙かにあと絶えにし仲なれど、夢には④関守も強からで、もと来し道もたち帰ること多かり。別れにし昔の人も、ありしながらの面影を定かに見ることは、ただこの道ばかりこそはべれ。上東門院の⑤『今はなき寝の夢ならで』と詠ませたまへ③るも、いとこそあはれにはべれ」など言ふ人あり。

（『無名草子』より）

(1) 二重傍線部①②③の文法的説明として、適切なものを次から選び、記号で答えなさい。
　ア 動詞の一部　イ 助動詞　ウ 助動詞の一部　エ 形容動詞の一部　オ 助詞

(2) 傍線部①③を口語訳しなさい。

(3) 傍線部②の「これ」の指すものを次から選び、記号で答えなさい。
　ア 文　イ 筆　ウ 年月　エ 情

(4) 傍線部④の「関守」はここではどのような働きをする者として記されているか、答えなさい。

(5) 傍線部⑤は次の歌の一部です。この歌の掛詞を抜き出し、何と何が掛けられているか答えなさい。
　逢ふこともなき寝の夢ならでいつかは君をまたは見るべき

(6) 次の文中の(A)〜(C)にあてはまる適切な言葉を、それぞれ漢字で書きなさい。

八十余歳の老尼と数人の女房の対話形式で著された『無名草子』は、歴史物語『(A)』の影響を受けていると言われ、作品の中に藤原俊成の選んだ『千載和歌集』は登場するが、次の勅撰和歌集『(B)』の語句は見えないので、鎌倉時代初頭に成立したと思われる。また、その後には(C)の『無名抄』や『方丈記』、阿仏尼の『十六夜日記』などが成立している。

(☆☆☆◎◎◎)

【三】次の文章を読んで、(1)〜(6)の問いに答えなさい。(設問の都合上、訓点を省略した部分がある。)

魏武常ニ言フ、人欲スレバレ危クセントレ己ヲ、己①輒ア心動。因リテ語リテ二所ノレ親シム小人ニ一曰ク、汝懐キテレ刃ヲ密カニ来レ二我ガ側ニ一、我必ズ説ヒテ二心動クト一、執《とら》ヘテレ汝ヲ使メンレ行ハレ刑ヲ。汝②但A勿言。其レ使メレ無カラレ他、B當厚相報。執ハレシ者信レ③焉。不二以テ為サ一レ懼レヲ。遂ニ斬ルレ之ヲ。此ノ人至ルマデレ死C不知也。イ左右以テD為レ實、謀ルレ逆ヲ者挫《くじ》ケリレ氣ヲ矣。

(『世説新語』より)

(注) 魏武＝三国時代の魏の武帝である曹操のこと

(1) 波線部①〜③の漢字に送りがなも含めて、現代仮名遣いでよみがなを書きなさい。

(2) 二重傍線部ア・イの意味を書きなさい。
(3) 傍線部A「勿言」とあるが、なにを「勿言」なのか。具体的に説明しなさい。
(4) 傍線部Bを書き下し文にしなさい。
(5) 傍線部C「不知」とあるが、何を「不知」なのか、七文字以内で答えなさい。
(6) 傍線部D「爲實」とあるが、何を「實」としたのか、文中から抜き出して書きなさい。

(☆☆☆◎◎◎)

【四】中学校学習指導要領「国語」について、次の(1)～(3)の問いに答えなさい。

(1) 次の文は、「第1　目標」である。（　　）にあてはまる語句を書きなさい。
国語を適切に（　①　）し正確に理解する能力を育成し、（　②　）を高めるとともに、（　③　）や想像力を養い言語感覚を豊かにし、国語に対する認識を深め国語を（　④　）する態度を育てる。

(2) 「B　書くこと」の指導に当たっての配慮事項について、次の①・②の問いに答えなさい。
① 必要とされる書く能力が具体的に二つ示されている。簡潔に書きなさい。
② 示された言語活動の例を（　　）に書きなさい。
(a)（　　　）や（　　　）などの文章を書くこと。
(b)（　　　）や（　　　）などの文章を書くこと。

(3) 「言語事項」の書写に関する事項について、書写の指導に配当する授業時数の国語科の授業時数に対する割合の程度を、各学年ごとに書きなさい。

(☆☆☆◎◎◎)

【高等学校】

【一】新高等学校学習指導要領「国語」について、次の(1)～(4)の問いに答えなさい。

(1)「国語」の「目標」に示されている「伝え合う力」とはどのような能力か、説明しなさい。

(2)「国語」の科目名とその標準単位数を例に従って、すべて書きなさい。

例　国語総合(4)

(3)「国語表現Ⅰ」を必履修科目の一つにした理由を、書きなさい。

(4) 次の文は、「国語表現Ⅰ」について説明したものである。正しいものを一つ選び、記号で答えなさい。

① 第一学年で履修させなければならない。
② 内容は、三領域一事項からなる。
③ 小論文の指導にほとんどの時間を配当してよい。
④ 古典の表現法、語句、語彙なども関連的に取り扱う。
⑤ 表現活動についての自己評価を、その単元の評価としてよい。

(☆☆☆◎◎◎)

【二】「国語総合」の年間指導計画表を作成するとき、新高等学校学習指導要領の趣旨を生かしたものにするために、書き入れておくべきだと考えられる項目を、三つ書きなさい。

(☆☆☆◎◎◎)

【三】 次の文章を読んで、(1)～(6)の問いに答えなさい。

また、「この世に、いかでかかることありけむと、めでたくおぼゆることは、文こそはべれな。『枕草子』に返す返す申してはべるめれば、こと新しく申すに及ばねど、なほいとめでたきものなり。遙かなる世界にかき離れて、幾年あひ見ぬ人なれど、文といふものだに見つれば、ただ今さし向かひたる心地して、なかなか、うち向かひては思ふほども続けやらぬ心の色もあらはし、言はまほしきことをもこまごまと書き尽くしたるを見る心地は、めづらしく、うれしく、①あひ向かひたるに劣りてやはある。つれづれなる折、昔の人の文見出でたるは、ただその折の心地して、いみじくうれしくこそおぼゆれ。まして亡き人などの書きたるものなど見るは、いみじくあはれに、年月の多く積もりたるも、ただ今筆うち濡らして書きたるやうなるこそ、返す返すめでたけれ。何事も、たださし向かひたるほどの情ばかりにてこそはべるに、②これは、ただ昔ながら、つゆ変はることなきも、いとめでたきことなり。いみじかるける延喜、天暦の御時の古事も唐土、天竺の知らぬ世のことも、③この文字といふものなからましかば、今の世の我らが片端も、いかでか書き伝へましなど思ふにも、なほ、かばかりめでたきことはよもはべらじ」と言へば、

また、「何の筋と定めて、いみじと言ふべきにもあらず、あだにはかなきことに言ひ慣らはしてあれど、夢こそ、あはれにいみじくおぼゆれ。遙かにあと絶えにし仲なれど、夢には④関守も強からで、もと来し道もたち帰ること多かり。別れにし昔の人も、ありしながらの面影を定かに見ることは、ただこの道ばかりこそはべれ。上東門院の⑤『今はなき寝の夢ならで』と詠ませたまへるも、いとこそあはれにはべれ」など言ふ人あり。

（『無名草子』より）

(1) 二重傍線部①②③の文法的説明として、適切なものを次から選び、記号で答えなさい。

ア 動詞の一部　イ 助動詞　ウ 助動詞の一部　エ 形容動詞の一部　オ 助詞

(2)　傍線部①③を口語訳しなさい。

(3)　傍線部②の「これ」の指すものを次から選び、記号で答えなさい。

ア　文　イ　筆　ウ　年月　エ　情

(4)　傍線部④の「関守」はここではどのような働きをする者として記されているか、答えなさい。

(5)　傍線部⑤は次の歌の一部です。この歌の掛詞を抜き出し、何と何が掛けられているか答えなさい。

逢ふこともなき寝の夢ならでいつかは君をまたは見るべき

(6)　次の文中の(A)～(C)にあてはまる適切な言葉を、それぞれ漢字で書きなさい。

八十余歳の老尼と数人の女房の対話形式で著された『無名草子』は、歴史物語『(A)』の影響を受けていると言われ、作品の中に藤原俊成の選んだ『千載和歌集』は登場するが、次の勅撰和歌集『(B)』の語句は見えないので、鎌倉時代初頭に成立したと思われる。また、その後には(C)の『無名抄』や『方丈記』、阿仏尼の『十六夜日記』などが成立している。

(☆☆☆◎◎◎)

【四】次の文章を読んで、(1)～(6)の問いに答えなさい。(設問の都合上、訓点を省略した部分がある。)

魏武常《ニ》言《フ》、人欲《スレバ》危《クセント》己《ヲ》、己①輒ア心動。因《リテ》語《リテ》所《ノ》親《シム》小人《ニ》曰《ク》、汝懐《キテ》刃《ヲ》密《カニ》来《レ》我《ガ》側《ニ》、我必《ズ》説《ヒテ》心動《クト》、執《とら》《ヘテ》汝《ヲ》使《メン》行《ハ》刑《ヲ》。汝②但A勿言。其《レ》使《メ》無《カラ》他、B當厚相報。執《ハレシ》者信③焉。不以《テ》為《サ》懼《レヲ》。遂《ニ》斬《ル》之《ヲ》。此《ノ》

人至《ルマデ》レ死C不知也。イ左右以《テ》D為レ實、謀《ル》レ逆《ヲ》者挫《くじケリ》レ氣《ヲ》矣。

（『世説新語』より）

（注）魏武＝三国時代の魏の武帝である曹操のこと

(1) 波線部①～③の漢字に送りがなも含めて、現代仮名遣いでよみがなを書きなさい。
(2) 二重傍線部ア・イの意味を書きなさい。
(3) 傍線部A「勿言」とあるが、なにを「勿言」なのか。具体的に説明しなさい。
(4) 傍線部Bを書き下し文にしなさい。
(5) 傍線部C「不知」とあるが、何を「不知」なのか、七文字以内で答えなさい。
(6) 傍線部D「爲實」とあるが、何を「實」としたのか、文中から抜き出して書きなさい。

（☆☆☆◎◎◎）

解答・解説

【中学校】

【一】(1) ① 認知　② 準拠　③ 排他性　④ 魅力　(2) 独りよがりなこと　(3) しかし　(4) エ　(5) ① 並立　②「内にある権威」だけに基づいて行動すること　(6)「閉じて」いるとは、独自の体験や直感に基づいて自分にとって価値があるものを決めることであり、「開いて」いるとは、その価値あるものが他の人から与えられたと感じることである。この両者が重なり合う時に得られるのが「新しい価値」であり、ボランティアの報酬の本質である。

〈解説〉(1) 漢字の表意性に留意し、同音異義語や類似の字形に注意すること。(2)「一人善がり」は、自分の考えや言動を絶対と思いこみ、他人の言うことを一切受け入れない様子。「独善」は「一人よがり」の漢語的表現。(3) 接続詞は、文と文の関係を逆接・順接・累加・並立・択一の関係で結びつける働きをする。(　) の前の文と後の文の内容を正しく読みとること。(4) ボランティアの「開いて」いる「外にある権威」とのかかわりは、相手を必要とする。自分と相手の相互関係。(5) ①「外にある権威」と「内なる権威」の並立関係。② ボランティアの本質は、「閉じて」いて、しかも「開いて」いる二面性をもつ。前者が「内なる権威」、後者が「外にある権威」に代置できる。(6) ボランティアの本質である「内なる権威」(閉じているもの) と「外なる権威」(開いているもの) の、それぞれの特質とマイナス面とのべたあとに、両者の「交差する一瞬に開花する」(筆者の暗喩) をまとめること。

【二】(1) ① ウ　② エ　③ イ　(2) ① 面と向かっているのに比べて劣っているでしょうか。(いや、そんなことはありません。)　③ この文字というものがもしなかったとしたら、今の世の中の我々のほんの一端もどうして後世に書き伝えましょうか。　(3) ア　(4) 二人の恋路を邪魔する者　(5) 掛詞(なき)(無き) と (泣き)　(6) A 大鏡　B 新古今和歌集　C 鴨長明

〈解説〉(1) ① 完了の助動詞「つ」の已然形　② 形容動詞「つれづれなり」の連体形。③ 完了の助動詞「り」の連体形。　(2) ① 「やは」は、反語の係助詞。「あひ向かひたる」は、対面していること。③ 「ましかば~まし」の仮実仮想。「いかでか」は、「いかにてか」の略。反語形をつくる副詞。　(3) 文中の「昔の人の文見出でたるは~まして亡き人などの書きたるものなど見るは、~返す返すめでたけれ。」から答えを導く。　(4) 「夢には関守も強からで (ずて)」は、夢の中では、「関守」も「恋の通い路」を制止するほどきびしくないことを言っている。　(5) 掛詞は、同訓(音)異義語を利用して、一語に両様の意味をもたせる修辞法。「なき」の訓に、「(今は)無き」と「泣き(寝)」の意味を掛ける。　(6) 「無名草子」(藤原俊成女作・一一九六~一二〇二年ごろ成立)。王朝文学へのあこがれを物語評論の形にまとめたもの。「大鏡」は、平安時代の歴史物語。「新古今和歌集」(一二〇五)は、後鳥羽院の勅命による八番目の勅撰和歌集。「無名抄」(一二一二) は鴨長明の歌論集。

【三】(1) ① すなわち　② ただ　③ これ　(2) ア 胸騒ぎがする　イ 側近　(3) 魏武の命令によって、刀を忍ばせて魏武に近づいたこと　(4) 當に厚く相報ゆべし　(5) だまされたこと
(6) 人欲危己、己輒心動

〈解説〉(1) ① 「輒」(音はチョウ・訓は、すなわち)、「そのたびごとに」の意。「便」「即」「乃」「則」(すべて、

「すなわち」）との異同を確かめておく。②「但」（音はタン・訓は、ただ・ただし）、「それだけ、もっぱら、いたずらに」の意がある。③「焉」（音はエン、訓は、疑問副詞では、「いずくんぞ」等があるが、ここは、指示代名詞の「これ」。(2)　イの「左右」は、「左右の側近の者たち」(3)　小人（召使い）に、武帝が話した内容。「汝懐刃密来我側～執汝使行刑。」(4)　再読文字「當」（まさニ～ベシ）に注意。

(5)　武帝の言葉を信じたためにだまれて殺されたことに対しての不知。(6)　武帝が常に口にしていた言葉。

【四】(1)　①　表現　②　伝え合う力　③　思考力　④　尊重　(2)　①　・相手や目的に応じて、効果的な文章を書く能力を高める。　・様々な形態の文章を書かせ、論理的に書く能力を育てる。②　(a)（説明）や（記録）　(b)（手紙）や（感想）　(3)　一学年（10分の2）　二・三学年（10分の1）

〈解説〉(1)　旧学習指導要領では、「国語を正確に理解し適切に表現する能力を高めるとともに～」と示してある。改訂後は、「表現」と「理解」の位置が入れ替わり、新しく「伝え合う力」が加えられた。(2)　①と②は、「指導計画の作成と各学年にわたる内容の取り扱い」の1の(3)に示してある。①は(3)のア。②は(3)のイ。

(3)　「言語事項」の書写に関する事項については、「指導計画の作成と各学年にわたる内容の取り扱い」の2の(3)にのべてある。書写の指導に配当する授業時数については、同じく(3)のウに示してある。

【高等学校】

【一】(1) 人と人との関係の中で、互いの立場や考えを尊重しながら、言語を通して適切に表現したり的確に理解したりして、円滑に相互伝達、相互理解を進めていく能力　(2) 国語表現Ⅰ(2)国語表現Ⅱ(2)現代文(4)古典(4)古典講読(2)　(3) 適切に話したり書いたりする力など、現代の社会生活に生かすことのできる言語能力の育成を重視しているから　(4) ④

〈解説〉(1) 「伝え合う力」の育成は、新学習指導要領「国語」に盛りこまれた文言で、これからの国際化、情報化社会を主体的に生きぬくために必要な自己表現力と理解力を習得させる目的がある。相互尊重、相互理解を図るベースとなる国語力である。(2) 「国語表現Ⅰ」と「国語総合」は選択必修科目。(3) 「伝え合う力」の育成の一環でもある。新学習指導要領案には「言葉で伝え合う力の育成を重視し、自分の考えを持ち、論理的に意見を述べるなど社会人として必要な言語能力を確実に育成する」と述べてある。(4) 「各科目の内容の取り扱い」の「国語表現Ⅰ」の(3)前段参照。

【二】○「聞くこと・話すこと」「書くこと」の配当時間数　○評価規準（評価方法）　○学校図書館の活用　○他教科や総合的な学習の時間との関連　○学習指導要領との関連

〈解説〉新学習指導要領は、従来の「A　表現」「B　理解」の二領域を、「A　聞くこと・話すこと」「B　書くこと」「C　読むこと」の三領域とし、特に、表現能力の育成を主眼とした国語教育を目指している。「国語総合」は、国語の基礎学力の充実を図る教科であり、各領域の国語力の調和的な育成を求めている。

評価の基準も従来の、相対評価（集団に準拠した評価）から、単に集団内での知識の量の多少による学力の評価でなく、知識や技能の到達度の評価にプラスして、自ら学ぶ意欲や思考力、判断力、表現力などの資質や能力まで含めた学習の到達度を適切に評価する絶対評価（学習指導要領の示す目標に照らしてその実現の状況を見る評価）へ移行している。

「総合的な学習の時間」は、教科の枠を超えて横断的・総合的な学習や生徒の興味や関心に基づく学習により、自ら学ぶ意欲や学び方やものの考え方の習得および主体的な問題解決能力を培うものである。

【三】(1)　①　ウ　②　エ　③　イ　(2)　①　面と向かっているのに比べて劣っているでしょうか。（いや、そんなことはありません。）　③　この文字というものがもしなかったとしたら、今の世の中の我々のほんの一端もどうして後世に書き伝えましょうか。　(3)　ア　(4)　二人の恋路を邪魔する者　(5)　掛詞（なき）（無き）と（泣き）　(6)　A　大鏡　B　新古今和歌集　C　鴨長明

〈解説〉(1)　①　完了の助動詞「つ」の已然形　②　形容動詞「つれづれなり」の連体形。③　完了の助動詞「り」の連体形。　(2)　①　「やは」は、反語の係助詞。「あひ向かひたる」は、対面していること。③　「ましかば～まし」の仮実仮想。「いかでか」は、「いかにてか」の略。反語形をつくる副詞。　(3)　文中の「昔の人の文見出でたるは～まして亡き人などの書きたるものなど見るは、～返す返すめでたけれ。」から答えを導く。　(4)　「夢には関守も強からで（ずて）」は、夢の中では、「関守」も「恋の通い路」を制止するほどきびしくないことを言っている。　(5)　掛詞は、同訓（音）異義語を利用して、一語に両様の意味をもたせる修辞法。「なき」の訓に、「（今は）無き」と「泣き（寝）」の意味を掛ける。　(6)　「無名草子」（藤原俊成女作・一一九六～一二〇二年ごろ成立）。王朝文学へのあこがれを物語評論の形にまとめたもの。「大鏡」は、平安時代の歴史物語。「新古今和歌集」（一二〇五）は、後鳥羽院の勅命による八番目の勅撰和歌集。「無名抄」（一二一二）は鴨長明の歌論集。

【四】(1) ① すなわち ② ただ ③ これ (2) ア 胸騒ぎがする イ 側近 (3) 魏武の命令によって、刀を忍ばせて魏武に近づいたこと (4) 當に厚く相報ゆべし (5) だまされたこと (6) 人欲危己、己輒心動

〈解説〉(1) ①「輒」(音はチョウ・訓は、すなわち)、「そのたびごとに」の意。「便」「即」「乃」「則」(すべて、「すなわち」)との異同を確かめておく。 ②「但」(音はタン・訓は、ただ・ただし)、「それだけ、もっぱら、いたずらに」の意がある。 ③「焉」(音はエン、訓は、疑問副詞では、「いずくんぞ」等があるが、ここは、指示代名詞の「これ」。 (2) イの「左右」は、「左右の側近の者たち」 (3) 小人(召使い)に、武帝が話した内容。「汝懐刃密来我側～執汝使行刑。」 (4) 再読文字「當」(まさニ～ベシ)に注意。 (5) 武帝の言葉を信じたためにだまれて殺されたことに対しての不知。 (6) 武帝が常に口にしていた言葉。

●書籍内容の訂正等について

弊社では教員採用試験対策シリーズ（参考書，過去問，全国まるごと過去問題集），公務員試験対策シリーズ，公立幼稚園・保育士試験対策シリーズ，会社別就職試験対策シリーズについて，正誤表をホームページ（https://www.kyodo-s.jp）に掲載いたします。内容に訂正等，疑問点がございましたら，まずホームページをご確認ください。もし，正誤表に掲載されていない訂正等，疑問点がございましたら，下記項目をご記入の上，以下の送付先までお送りいただくようお願いいたします。

> ① **書籍名，都道府県（学校）名，年度**
> （例：教員採用試験過去問シリーズ　小学校教諭 過去問　2025 年度版）
> ② **ページ数**（書籍に記載されているページ数をご記入ください。）
> ③ **訂正等，疑問点**（内容は具体的にご記入ください。）
> （例：問題文では“ア～オの中から選べ”とあるが，選択肢はエまでしかない）

〔ご注意〕

○ 電話での質問や相談等につきましては，受付けておりません。ご注意ください。

○ 正誤表の更新は適宜行います。

○ いただいた疑問点につきましては，当社編集制作部で検討の上，正誤表への反映を決定させていただきます（個別回答は，原則行いませんのであしからずご了承ください）。

●情報提供のお願い

協同教育研究会では，これから教員採用試験を受験される方々に，より正確な問題を，より多くご提供できるよう情報の収集を行っております。つきましては，教員採用試験に関する次の項目の情報を，以下の送付先までお送りいただけますと幸いでございます。お送りいただきました方には謝礼を差し上げます。

（情報量があまりに少ない場合は，謝礼をご用意できかねる場合があります）。

◆あなたの受験された面接試験，論作文試験の実施方法や質問内容

◆教員採用試験の受験体験記

送付先	
	○電子メール：edit@kyodo-s.jp
	○FAX：03-3233-1233（協同出版株式会社　編集制作部 行）
	○郵送：〒101-0054　東京都千代田区神田錦町 2-5　協同出版株式会社　編集制作部 行
	○HP：https://kyodo-s.jp/provision（右記の QR コードからもアクセスできます）

※謝礼をお送りする関係から，いずれの方法でお送りいただく際にも，「お名前」「ご住所」は，必ず明記いただきますよう，よろしくお願い申し上げます。

教員採用試験「過去問」シリーズ

徳島県の
国語科 過去問

編　集　© 協同教育研究会
発　行　令和6年2月25日
発行者　小貫　輝雄
発行所　協同出版株式会社
〒101-0054　東京都千代田区神田錦町2 - 5
電話　03－3295－1341
振替　東京00190－4－94061
印刷所　協同出版・POD工場

落丁・乱丁はお取り替えいたします。